時間がなくても、お金がなくても大丈夫！

eBay《イーベイ》で月50万円を確実に稼ぐゴールデンルール

藤木雅治
Masaharu Fujiki

同文舘出版

はじめに

こんにちは、eBay（イーベイ）専門家・藤木雅治です。この本を手に取っていただき、誠にありがとうございます。僕のデビュー作『「eBay」で月50万円稼ぐ法』が出版されてかなりの時間が経過しました。「eBayを始めたい！」という方も飛躍的に増え、eBayという名前も数年前とは比べ物にならないくらいに浸透してきました。それでも「eBayって何？」という人もまだまだ多いと思います。

eBayは、1995年にアメリカで誕生したオークションサイトです。日本でのサービスはないのですが、海外ではAmazonと肩を並べるほどの巨大なEコマースサイトで、商品を売ったり買ったりしているアクティブユーザー数が1億6000万人以上もいると言われている、もの凄いマーケットです。

アメリカにはeBay、Amazon以外にも数多くのEコマースサイトが存在するのですが、ある調査によると、「一番利益が取れる！」と圧倒的に支持されているのがeBayです。元々がオークションからスタートしているeBayですから、Amazonとは違い、出品できる商品の自由度も高く、あなたの個性を思いっきり出せるという特徴があります。前作では、僕がそれまでに経験した成功法則をベースに書いてみました。いわば、僕流のeBayでの稼ぎ方でした。

今回の本を出すキッカケとなったのは、僕に寄せられた「eBayでの多くの人の悩みを解決したい！」という強い想いからです。

僕は、これまで数百人という生徒さんを中心に数多くの相談を受けてきました。彼らとやり取りをする上で、ある二つの顕著な悩みが浮き彫りになってきました。それはeBayをするための「時間がない」「お金がない」だったのです。

僕自身、この悩みを何とかしようと、ここ数年実験を繰り返してきました。その悩みを解決するのが本書の役目です。もし、あなたが「時間がない」、「お金がない」ためにeBayをやれていないとしたら、ぜひ、初めから最後まで順番に読んでみてください。eBayで成功するためには、最新のテクニックやノウハウも必要ですが、その前に「eBayを成功させる！」という心持ちが一番大事だと感じています。

成功に必要な要素の80％はマインドだと言っても過言ではありません。ですから、今回僕は2章のすべてをマインドにしています。ビジネスは方法論だけではうまくいきません。きちんとした考え方、心の持ち方、それらがベースにあっての方法論です。eBayビジネスを成功させるのためにクレバーである必要はありません。一番大事なのは経験値なのです。経験値はコツコツとやる人にしか稼ぐことができない、目に見えない価値です。

この見えない価値を積み重ねることは、継続からしか得ることができません。何もむずかしいことを覚える必要なんて一切ありません。続けること、前に進むことだけをどうか止めないでください。「eBayビジネスで成功するんだ！」と心に決めたなら、少々の失敗で心を折らないでください。真面目に、愚直に続けていれば、経験があなたを成功へと導いてくれます。自分を信じられるのは自分だけです。あなたをあなた自身が励ましながらコツコツ、コツコツとゴールへ向かいましょう。この本は、そんなコツコツ頑張るあなたに対し、大いなる時短で貢献できると信じています。

『eBayで月50万円を確実に稼ぐゴールデンルール』 もくじ

1章 eBayアカウントが停止にならない方法

2章

eBayビジネスで成功するためのマインドセット

3章

誰よりも売れるためのeBay最強カスタマイズ!

4章 まずは輸出で脱サラ、独立する方法！

5章 資金ゼロ＆隙間時間で稼ぐ eBay無在庫最強販売テクニック！

6章

輸出だけではない「世界せどり」という新しい手法とは？

7章

儲かる出品者になるためのゴールデンルール！

8章

eBayで稼ぐためのマル秘テクニック！

9章

eBay&Paypalの便利技を覚えて効率アップ！

10章

最強のカスタマーサービスを知ろう！

カバーデザイン　斎藤　稔
本文ＤＴＰ　三枝未央

eBay

1章

eBayアカウントが停止にならない方法

1 90日間は「みそぎ期間」だということを知っていますか?

2 どんな時にアカウントが停止されるの?

3 セラー・ダッシュボードを理解してアカウントを守る!

4 Defect Rateって何?

5 Below Standardを最速で解消する方法!

6 eBayを味方につけてアカウントを守る!

7 eBayでアカウント停止にならないためのゴールデンルールとは?

1 90日間は「みそぎ期間」だということを知っていますか？

●一番大事なのは「eBayアカウント」

さあ、これからeBay（イーベイ）で成功する旅に出かけていきましょう！

まず、あなたに最初にお聞きします。eBayビジネスを手がけていくうえで一番大事なものは、何だと思いますか。いかがですか？

正解は「あなたの**eBayアカウント**」です。アカウントがなければ、せっかくあなたに売る商品や方法があったとしても何もできないからです。

そこで1章では、あなたのアカウントを守るために知っておくべきことを示していきます。ですから、この1章は絶対に飛ばさずにお読みください。最も重要な内容となっているからです。

●90日ルールとは何か？

では、さっそく始めましょう。まず、eBay（イーベイ）とPaypal（ペイパル）には「90日ルール」というものがあります。この項目の大見出しを見ると、「みそぎ期間」と書いてあります。その言葉通り、あなたが試されている期間だと思って間違いありません。

eBayは、あなたのことを性善説では見ていません、性悪説で見ていると思ってください。このため、たとえあなたが悪事を働く人でなくても、もし、疑わしい行動を取っていると見られた場合、とくに最初の90日間は「アカウント停止」になるリスクが高いと考えておきましょう（アカウント停止を英語でaccount suspendと言います）。

このため、最初の90日間は慎重にも慎重を期して行動すべきです。この期間にeBayが好むような動きをして、しっかりとあなたのeBayアカウントの信頼度を上げておくことが肝要です。

eBayは1995年にサービスを開始して以来、詐欺まがいの行為を働く出品者によって、eBayの看板が著しく汚されてきた歴史があります。その経験を元に、現在、彼らが考える最高の防御システムを構築しています。

といっても、1億6000万人もの人がeBayを活発に利用していますので、人間がいちいち監視することなど不可能です。そこで、アカウントをプログラムによって監視しているわけです。

わかりやすくいえば、あなたが何月何日の何時何分にeBayへログインし、どの商品を検索し、購入したか。そして商品を落札してどれくらいの時間を空けて支払いを始めたか。これらすべての情報が、あなたのアカウントに書き込まれていると思ってください。

eBayに信頼されよう！

このように、あなたのeBay上での行動はすべて記録・保持されており、出品を開始して90日間はテスト期間として捉えていると考えられますから、この期間中にeBayへの信頼度を上げておきましょう。

とにかく、eBayにとって良い人になることです。これに尽きます。第一印象が大事なのです。日常生活でも同じことが言えるのではないでしょうか。第一印象が悪かった人を信用するには、それなりの時間がかかると思います。それと同じことです。

最初に第一印象を良くしておくと、その後のeBay上での活動が有利になります。たとえば、検索結果の上位に表示されたり、**リミット**（出品枠）が順調にアップしていったりするのです。

オークションを利用しよう！

eBayと同様に、Paypalにも「みそぎ期間」があります。Paypalに登録しての当初は、資金の引き出しが21日毎にしかできません。では、この引き出し制限を解除するにはどうしたらよいのでしょうか。最初に商品が販売されて90日が経過していること、25のアメリカのバイヤーから商品を購入してもらうこと、２５０ドル以上の取引額があること、この三つです。

ここで一番つらいのは、90日間は解除されないことです。90日という解除日数については致し方ありませんが、25の商品をアメリカのバイヤーに売らなければならないので、ここはオークション形式で、それもアメリカ限定で、早めに25の取引を成立させましょう。そして合計２５０ドル以上の売上をあげてください。

急いで実績を上げるにはオークションがよいと思います。アメリカのeBayに出品していても、アメリカ以外のバイヤーがメインの場合は、いつまで経っても解除されませんので、ここは戦略的に動くことをお勧めします。

2 どんな時にアカウントが停止されるの？

eBay ビジネスで大事な eBay アカウントですが、どんなことをすると「**アカウント停止**」（サスペンド）になってしまうのでしょうか。

アカウント停止には、期間限定と永久停止の二つがあります。期間限定ならまだしも、永久停止となると問題は深刻です。そうならないように、初めにしっかりと知識を頭に入れておきましょう。

まず第一に、eBay の手数料を支払わなかった場合、アカウント停止になります。手数料の支払い忘れには注意しましょう。

手数料はあなたのクレジットカードからチャージされます。通常は月1回です。ところが、出品を始めてすぐのときは、細かく手数料を請求されるのです。これを「**トレードリミット**」と呼んでいます。「90日間はみそぎ期間」と前項でも述べましたが、まさしく、それに該当します。

手数料を請求されたら、迅速に支払いをしましょう。放置することは絶対にしないでください。

お客様とは決して争わない！

二番目に気をつけることはなんでしょうか。それは、お客様から何度もクレームを受けてしまうことで、これはアカウント停止になる危険性が大きいという点です。

eBay は顧客満足第一主義です。お客様に満足を与えられない出品者は、eBay にとってはまったく不要な存在です。とくに出品を始めてクレームが多発したら危険度マックスだと自覚しましょう。

クレームを最小限に抑えるコツは、「お客様と争わない！」を肝に銘じることです。たくさんの取引をしていれば、なかには理不尽なことを言い出す人にも出会います。人の価値観は千差万別、あなたの気持ちをわかってもらおう、などという考えは捨てましょう。

それよりも最優先に行なうべきことがあります。それは、お客様から eBay にクレームを上げられないようにすることです。不満を生まないように慎重に取引をしましょう。

三番目に大事なのは、eBayのルールを遵守することです。eBayではルールを**「ポリシー」**と呼んでいます。eBayのルールは膨大な数がありますので、すべてを把握することは不可能だと思います。

しかし、少なくとも禁止商品は出品しないようにしましょう。軽いルール違反は警告が来て済むと思いますが、重大な違反となれば、即時、永久停止の可能性があるからです。

その他にも、メールアドレスや電話番号に問題があった時には、アカウント停止になります。メールアドレスは大丈夫と思いますが、電話番号が変わったときには変更するのを忘れないようにしましょう。

❶ 出品禁止品リスト

- **アダルトグッズ**
- **アルコール類**
  事前承認されたワインを除く。コレクター価値があるボトルについては新品であること、ボトル自体が中身より価値がある場合は出品できる
- **生き物、動物の標本等**
  生きた動物、ペットの販売は禁止。ただし、熱帯魚、エスカルゴは可能ですが、政府の許可証が必要のようです
- **アート芸術品**
  行動規範に同意したセラーのみ販売可能。偽物の出品を抑える狙いがあるようです
- **遺跡や墓等から持ち出された物**
- **触媒コンバータ**
  ガイドラインを見て出品できる物かどうかを確認してください
- **携帯電話機（許可を得た販売者でなくてはなりません）**

- **チャリティ基金を請う出品**
- **中古の洋服**

  出品できますが、きちんとクリーニングした物に限ります
- **コイン**

  すべて本物であること、きちんとしたクリアな説明を付けることが必要です
- **企業等と販売契約が必要な商品は、許可がない場合は出品できない**
- **使用済みの化粧品**
- **偽札、偽コイン、偽の切手**
- **クレジットカード**
- **麻薬、ステロイド**
- **麻薬に類似する可能性のある物**
- **非合法の電気器具**
- **盗聴器や監視装置**
- **輸出禁止品等**
- **イベントチケット**
- **銃器、武器、ナイフ**

- **食べ物**

  病気治癒を目的とするもの、低音殺菌していないデイリーフード、熱殺菌していないフルーツジュース、消費期限を過ぎた軍事用の食べ物、腐りやすい食べ物、フタが開いている物、消費期限を過ぎた物、法で禁止された内容物を含む物、販売ライセンスを必要とするもの、輸出入が禁止されている物
- **ギフトカード**
- **政府関係のドキュメント**
- **政府関係の制服**
- **政府関係の ID やライセンス**
- **危険物**

  バッテリー、花火、フロンガス等
- **人間の体の一部や遺体**
- **輸入禁止商品**
- **アメリカと日本の間でトレードが禁止されている商品**
- **法律違反を含む活動を助長する商品**

  イーブック等
- **ピッキング器具**
- **宝くじ**
- **個人情報**
- **起業クーポン**

- **大人向けのアダルト的商品はメインサイトには登録できない**
  Everything Else カテゴリをご覧ください。出品できる商品が把握できると思います。ただし、18 歳以上のメンバーしか閲覧できません
- **医療器具**
- **ネットワークビジネス、ねずみ講**
- **差別的な要素を含む品**
- **殺虫剤**
- **植物**
- **警察関連の品**
- **政治的な記念品**
- **送料メーター**
- **薬の処方箋**
- **禁止サービス**
- **リコールされた商品**
- **スロットマシーン**
- **切手**
  「偽物ではない」という詳細の掲載が必要
- **株券、証券**
- **盗品**
- **教師用のテキストブック**
- **タバコ**
- **航空会社等の書類、制服等**
- **旅行**
  許可を持っている会社、個人に限る
- **有毒な雑草、種**
- **ワイン**
  （事前承認されたワインを除く。コレクター価値があるボトルについては新品であること、ボトル自体が中身より価値がある場合は出品できる）

3 セラー・ダッシュボードを理解してアカウントを守る！

これからeBayビジネスを始める方は、必ずあなたのeBayアカウントの健康状態を毎日チェックすることを習慣化しましょう。チェックするのは**Seller Dashboard（セラー・ダッシュボード）**です。まず、Seller Dashboardがどこにあるかを説明します。

My eBayにログインして、次ページの❶に示すSeller Dashboard Summaryという箇所を見つけてください（ただし、My eBayの表示はユーザーの状態によって違う場合もあります）。見つかったら、右下に「Go to your dashboard」というリンクがあるので、それをクリックしてください。すると❷が表示されます。

● Below Standardは赤信号！

❷の上から順に見ていきましょう。

①は、現在のあなたのセラーとしての**アカウントレベル**です。アカウントのレベルはBelow Standard、Above Standard、Top Ratedの3種類があります。ここで2番目のAbove Standard以上であれば問題ありません。できれば、Top Rated（Top-rated seller）であれば最高です。

気をつけなければならないのは、Below Standardと表示されていた場合です。Below Standardは完全な赤信号ですから、Below Standardを早く解消しないと出品制限がかけられたり、最悪の場合はアカウント停止になります（1章6項の「Below Standardを最速で解消する方法！」を参照）。

②は、もし、今日更新されたらどうなるか、ということを現在のデータから算出された予想（Seller Level）です。ここもBelow Standardとなっていると危険ですので、細心の注意を払うようにしてください。

③はDefect Rateを表示しています。Defect Rateは2％を超えてはいけません。そこで、この「％」の表示がどうなっているかも常にチェックにしてください。

④Late Shipment Rateは、お客様が商品を予定通りの日に受け取れたか（届いたか）どうかをチェックするところです。eBayでは、あなたの選択した発送方法での予想到着期間が決められています。ですから、0・

００%と表示されていることが好ましいといえます。

⑤はCases closed without seller resolutionと呼ばれているものです。何か問題が起き、あなたとお客様の間で話し合いによる解決ができない場合、お客様からeBayのシステムを通してクレームが上げられ、お客様はeBayへ裁定を委ねることができます。

eBayに問題を解決させた時に%が出ます。この%もアカウントに影響しますので0・99%以下であることが望ましいと言えます。

⑥はトラッキン番号の付与率が表示されています。Top-rated seller（7章1項）になりたい場合は90%を越えておくことが必須ですので、注意しておきましょう。

1 Go to your dashboardをクリック

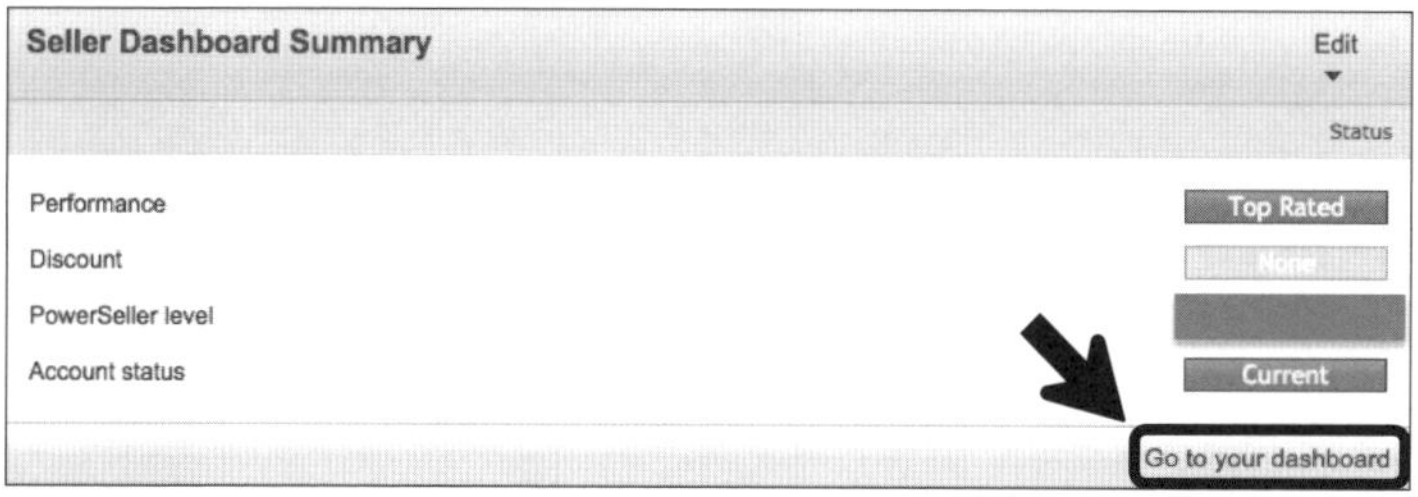

2 Seller Dashboard（セラー・ダッシュボード）を見ていく

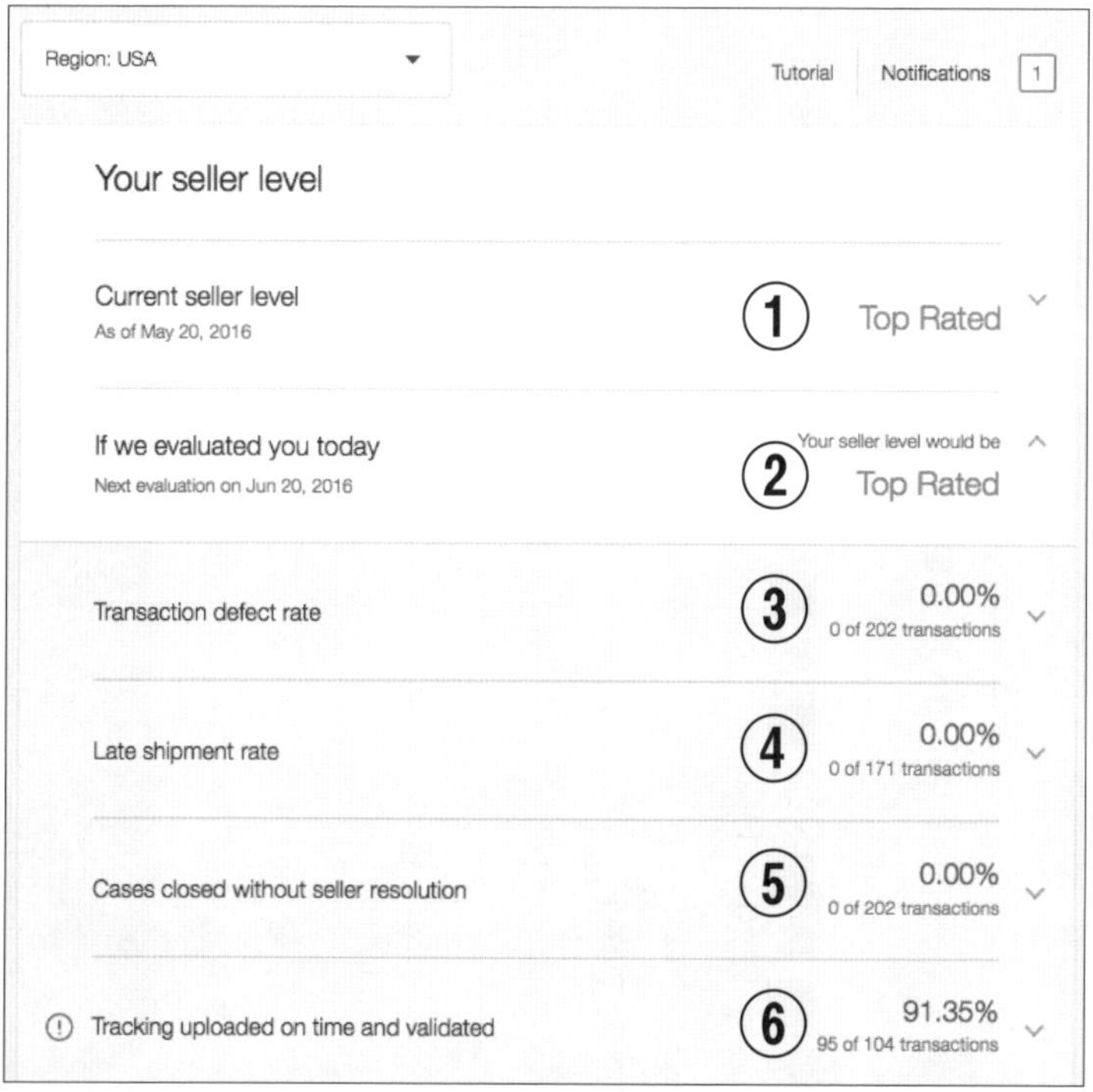

4 Defect Rateって何？

eBayには出品者（セラー）を評価する一つの基準として、**Defect Rate**というものがあります。現在のeBayでは通常の評価（Feedback）はあまり重要ではなく、このDefect Rateがあなたの eBayアカウントに大きな影響を与えます。

● Defect Rateとは何か？

Defect Rateを辞書で引くと「欠陥率」とあります。つまりeBayにとって出品者のパフォーマンスとして欠陥的な事象が起こった場合、eBayではそれをマイナスポイントとして加算するシステムを取っています。このDefect Rateを理解していないと、あなたが知らない間にBelow Standardに落ちてしまい、いきなりアカウントの永久停止となる危険性があるのです。

Defect Rateの対象は3点です。まず第一にCancel Transacition（あなた都合のキャンセル）、次にCases closed without seller resolution（eBayのシステムを通してクレームをあげられた場合、あなたの努力では問題解決できず、eBayに裁定を委ねられる場合）、そしてLate Shipment（想定期間内に商品が届かない場合）の3点が減点対象となります。

● eBayは品切れを嫌う！

まず、Cancel Transaction（あなた都合のキャンセル）ですが、これはあなたが商品を販売した際、販売商品を調達できずに出品者の都合でキャンセルすることを意味します。これをOut of Stockと言いますが、「eBayは在庫切れを一番嫌う」ということをしっかりと認識しておきましょう。

一般的に、eBayは**無在庫販売**を禁止しているとされていますが、実はそうではありません。

アメリカの一般的なセラーの多くはAmazon.comの商品を無在庫でeBayに出品している人が多いのが現実です。海外では無在庫出品ビジネスのことをDrop Shippingと呼んでいて、eBayもそれは認めていますが、「在庫切れは許さない！」というのがeBayの姿勢だと覚えておきましょう。

Defect Rate は0%が理想

二番目が、Cases closed without seller resolution です。たとえば、商品に何か問題があったときなど、お客様は eBay のシステムを通してクレームをあげることができます。これを**オープンケース（Open Cases）**と言うのですが、オープンケースでは初めは当事者同士で話し合いの解決の場が与えられます。できるだけ、自助努力で問題を解決するようにしてください。一番早いのは返金処理することです。万が一、お客様から eBay に対して裁定を委ねられると、それだけで Defect Rate に影響してしまいます。

納得がいかないこともあると思いますが、ここは返金処理で未来を取りましょう。Defect Rate がマイナスになるだけで、あなたの商品の検索結果などに影響するからです。Defect Rate は0％が理想です。

約束した発送時間内に商品を出荷

三番目が、Late Shipment です。これは、①商品を発送したときの運送会社が伝票をスキャンした日時、②トラッキング番号により配達されたという証明、③お客様がきちんと予想期間内に到着したことの報告、の三つの要素からなるのですが、自分の手を離れてからは何もできません。

何が一番大事かというと、出品ページで約束した発送時間(Handling Time)内に必ず Mark as shipped（発送済み）にして商品を出荷することです。トラッキング番号がある場合は、Add Tracking Number にトラッキング番号を追加すれば発送済みとなります。

1「発送済み」にして出荷

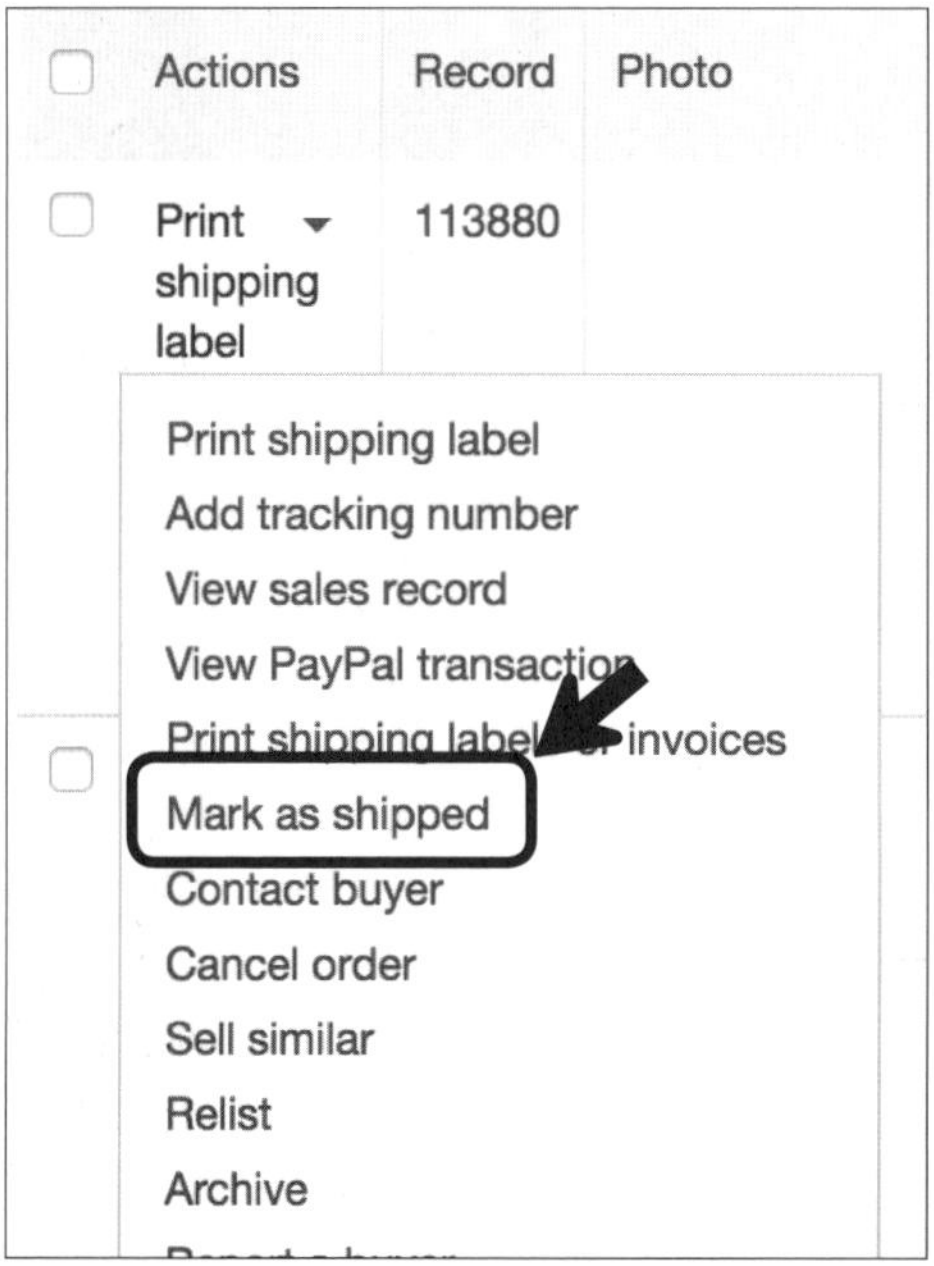

5 Below Standardを最速で解消する方法！

本章3項の「セラー・ダッシュボードを理解してアカウントを守る！」で、あなたのeBayアカウントの健康状態を定期的にチェックするように書きました。アカウントの健康状態レベルが3段階あったのを覚えていますか。①Below Standard、②Above Standard、③Top Ratedの三つです。

ここで、Above Standard以上であれば何の問題もありません。しかし万が一にも、一番下のBelow Standardになっていたら大問題だと述べました。このまま対策を立てずに放置しておくと出品制限、最悪はアカウント永久停止になってしまいます。すぐにBelow Standardを脱出できるような行動に出ましょう。

ここを脱出するには、基本取引量、それも**良い評価（Positive Feedback）**を得られる取引量を増やすことから始めてください。それとは別に、出品者として商品を売らなければダメかというと、そうではありません。買い物をして得た評価も対象となります。ラッキーにもeBayではお客様に対して出品者はPositive Feedbackしか付与できないのです。

Below Standardを突破しよう

まず、多くの買い物をしましょう。これは評価の率を上げることに貢献することになるからです。

次に、低価格で在庫切れが生じない商品をたくさん出品しましょう。ネット上よりも、自宅近くのショップで常に商品が在庫にストックされている商品を探すのが肝要です。

これはあくまでも、Below Standardを解消するためですので、在庫切れには慎重になってください。もしショップで出したいと思う商品を見つけたら、店員さんに売り切れになりにくい商品かどうかも確認するようにしましょう。

100円ショップの商品を探せ

個人的にお勧めなのは100円ショップです。100円ショップなら商品を安く大量に購入できます。eBayには１００円ショップの商品を上手に販売しているセラーが多数いますので、まずは彼らをリサーチしましょう。

　ここで大切なのは「早期にBelow Standardを脱すること」が目的ですから、効率よく売れている商品を安く出品することです。

　まずはDaiso Japanで検索してみます。すると数多くの商品が検索結果に表示されます。そこから左メニューにあるSold Listingsで落札価格をチェックし、それを０・９９ドルなどで出品し、大量に販売すれば大丈夫です！

2 100円ショップの商品が狙い目

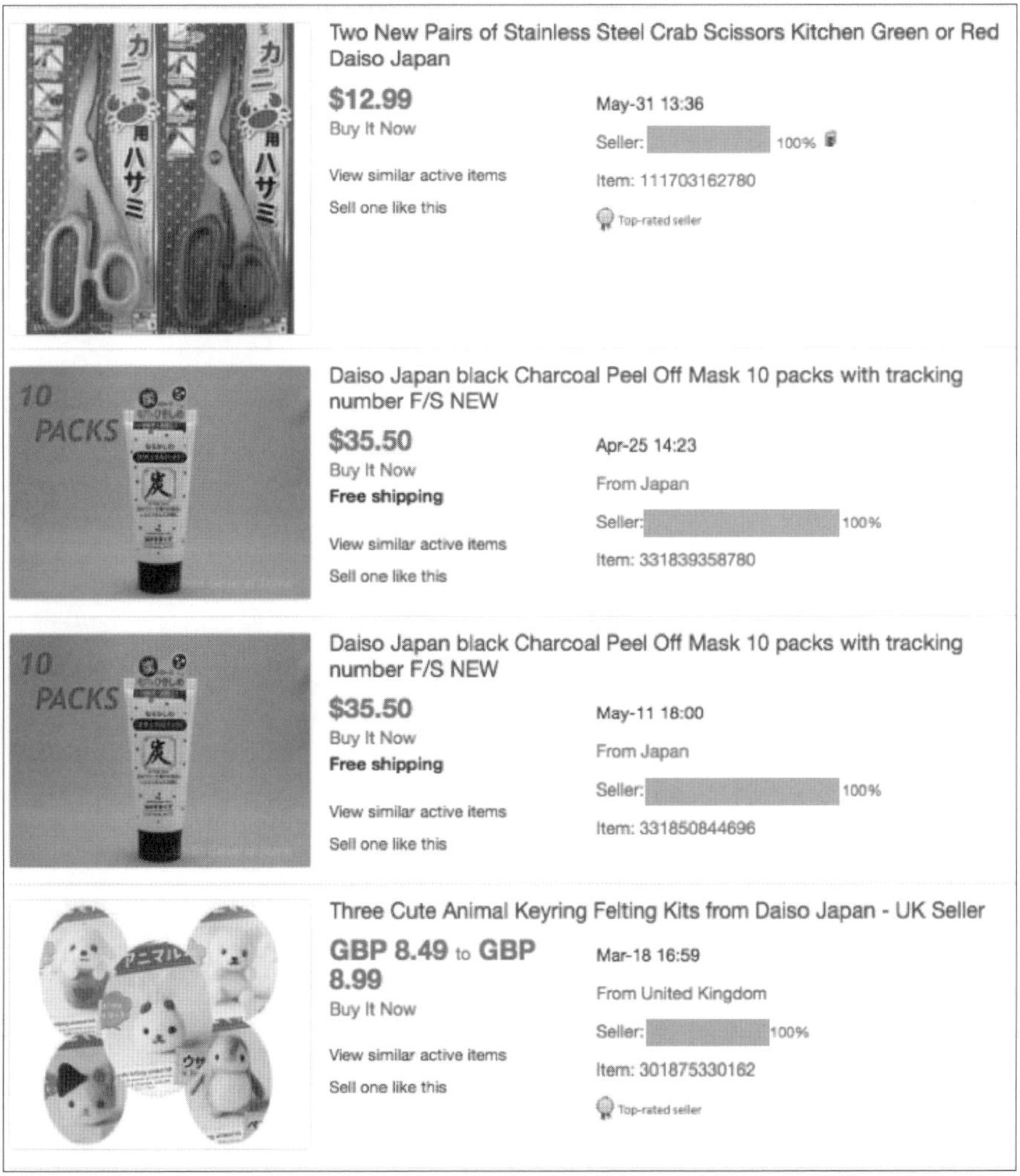

6 eBayを味方につけてアカウントを守る！

eBayに好かれる鉄板ルール

eBayに印象良くスタートすること、それはまずは「買い物からスタートする」ことです。eBayはいきなり出品する人を警戒しています。そのためにeBayがリミットを設けていることを理解してください。「買い物をすること＝eBayの利益になる」、ここがベースとなるのです。eBayで買うことによって、取引の流れを理解することのポイントは高いと思います。

そしてお客様として円滑な取引をするかを間違いなく見ているので、商品を購入したら時間差なく支払いをしましょう。ここは重要ポイントです。

また商品が到着したら必ずFeedback（評価）を入れることを忘れないでください。今までの経験から、少なくとも10の商品をそれぞれ異なる出品者から購入してください。これで10の評価をもらえますから一石二鳥です。「私は良いお客様ですよ！」とeBayに示してから出品へと移行する。ここは鉄板ルールなので、ぜひこの通り実行してください。

なお、**初めての出品は「10商品、500ドルまで」**と決められています。まずは10品を出品しましょう。それも家にある不用品であれば仕入れをする必要もありません。とくに昔のものが眠っていたら、さらに良いでしょう。というのは、eBayではAmazonに出ていないような商品を販売してくれる人を待っているからです。ですから、日本の押し入れに眠っていたレアものを出品できれば、さらにeBayを味方にすることができます。

オークションから始めよう

商品が決まったらオークションに出品してみましょう。不用品であれば、あなたにとっては捨ててもよい商品だと思うので、できれば０・９９ドルでスタートするオークションが理想です。なぜ低価格のオークションにするのか、それには理由があります。

eBayは「良い人」との出会いを求めているのと同時に、ビジネスですので「利益をもたらしてくれる人」も求めています。古いレアものには必ず需要があります。それも低価格のオークションで出品されているなら、間違いなく落札されるでしょう。

自動的にリミットアップされる

10商品を出品してすべて売れる、これ以上のアピールはありません。確実にマックスのリミットアップが可能です。同時に、その後の展開が凄く楽になります。なぜなら、このパターンに入ると、あなたのeBayアカウントの評価は非常に高いので、その後にとても良いことが起こるからです。リミット枠を埋めると、eBayはあなたのことを好きになるので自動でリミットを上げてくれるのです（1がeBayから来た実際のメールです）。

この好循環に入ると、リミットアップ交渉をいちいちする必要もありません。商品が落札されて入金があれば、すぐに評価を入れてください。なぜなら支払いを完了した時点でお客様は義務をすべて果たしているからです。

そしてできるだけ入金日に発送をしましょう。最初の落札から90日間はみそぎ期間だと、冒頭の項でも書きました。とても大事な期間ですので、しっかりとeBayを味方につけられるように気を引き締めて取引を行なってください。

1「リミット枠」に関するeBayからのメール

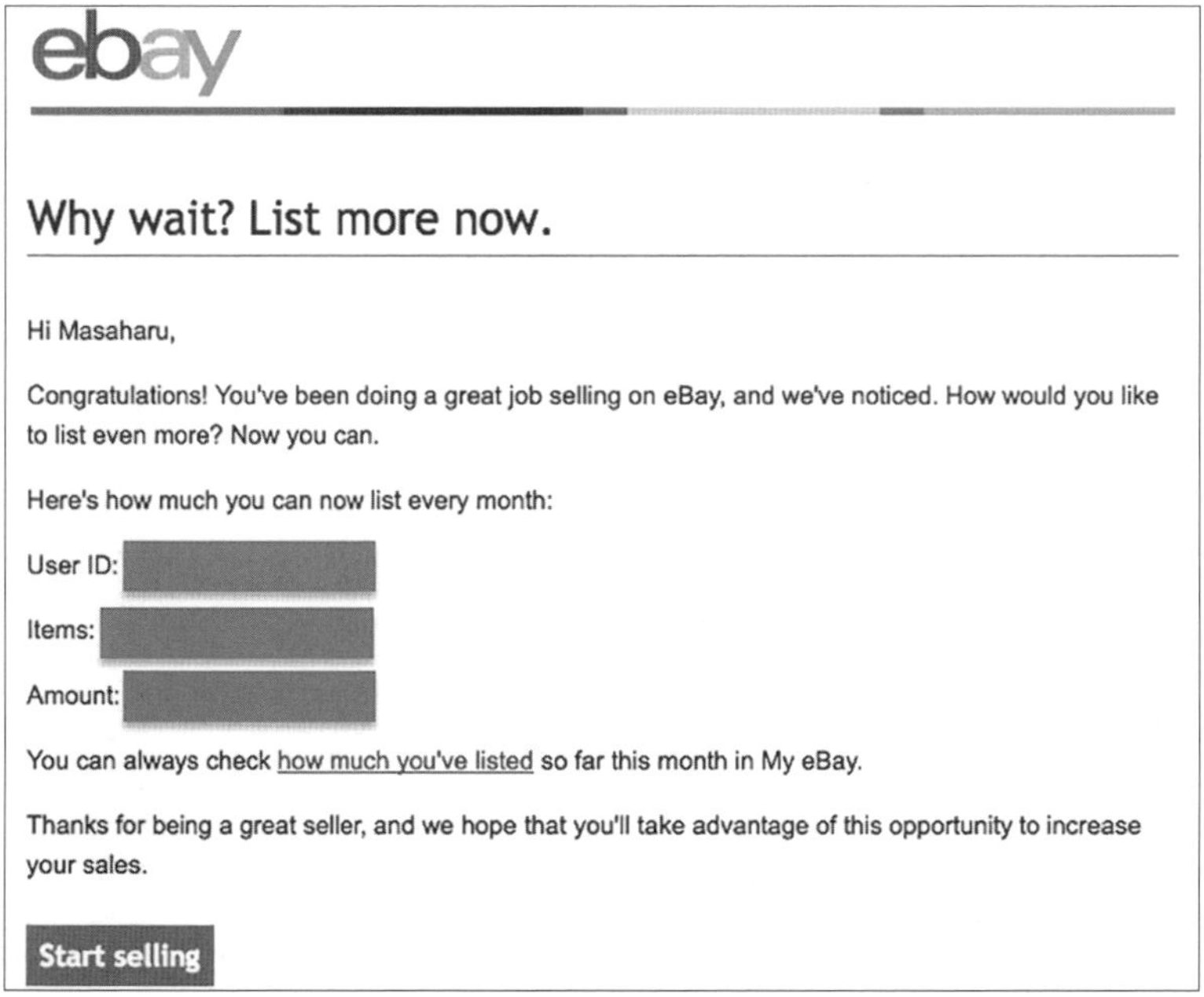

ebay

Why wait? List more now.

Hi Masaharu,

Congratulations! You've been doing a great job selling on eBay, and we've noticed. How would you like to list even more? Now you can.

Here's how much you can now list every month:

User ID: [redacted]

Items: [redacted]

Amount: [redacted]

You can always check how much you've listed so far this month in My eBay.

Thanks for being a great seller, and we hope that you'll take advantage of this opportunity to increase your sales.

Start selling

7 eBayでアカウント停止にならないためのゴールデンルールとは？

この項では、「eBayが望むセラー像」について触れてみたいと思います。これはeBayが公式に発表しているものなので、まさにゴールデンルールです。

まずは、何度か述べてきましたが、お客様とのトラブルは迅速に解決しましょう。とくにOpen Caseされたときは、当事者同士で解決できないとあなたのDefect Rateに影響してしまいます。

次に、自身で決めているハンドリングタイム内に商品を発送することです。その期間を超えてしまうとアカウントに影響します。たとえば5日間と設定したら必ず5日以内に発送してください。できれば「入金当日に即発送！」がベストです。アカウントの評価は間違いなくアップします。

在庫切れはご法度

そして、在庫切れを起こさないように注意を図ることです。eBayは無在庫を実は禁止していません。日本に限らず世界中のセラーの多くが、なんと無在庫です。だからといって、在庫切れを起こすことはご法度です。

また、適正な送料と手数料を必ず設定するようにしましょう。セラーの中には商品価格を安くし、送料で儲けようとする人もいます。万が一、eBayがそれを発見するとアカウント停止も覚悟しなければなりません。この送料の件でeBayは、それらの情報を出品ページにも記載し、お客様にわかりやすくして欲しいというお願いをしています。

このことは売る要素としても重要です。システム上でセットすれば、それで十分というわけではありません。商品説明と同時に送料についても明確に記載しておくことで、お客様は安心すると思います。

また、Return Policy（返送条件）を遵守するように求めています。Return Policyはあなたが返送期間等を設定するので、自身で設定したルールは必ず守りましょう。

プロ意識を常に持とう

お客様からの問合せには迅速に返答してください。

eBayはAmazonとは違って24時間以内に返信しないとアカウントに影響するというルールはありませんが、それでも「迅速に対応する」ことはビジネスの鉄則です。あなたのリピーターづくりにも大切な要素ですので、できるだけ早く返信しましょう。「鉄は熱いうちに打て」の言葉があるように、いま、その商品が欲しくて質問してきているのかもしれませんので、遅い返信はビジネスの機会損失であるとお考えください。

最後に求めているのが「プロ意識を持つ」です。ネット上のフリーマーケット感覚で始まったeBayですが、現在はまったく違います。プロセラーしか求めていません。不用品だけを販売するにしても、eBay上で取引をするならプロとして行動して欲しい、とeBayでは切に願っています。

これは僕からのアドバイスですが、現在「副業」が注目されています。けれども、マインド的に「副業」として捉えてしまうのは反対です。副業であろうが本業であろうが、それはお客様には関係のないことです。プロの意識を持つことで、あなたのeBayからの評価は大きく変わります。常にプロとしての意識をもって行動しましょう。

最後ですが、説明通りの商品を送りましょう。写真と違う商品を送らないように気をつけてください。

1 eBayの求めるセラー像を説明するページ

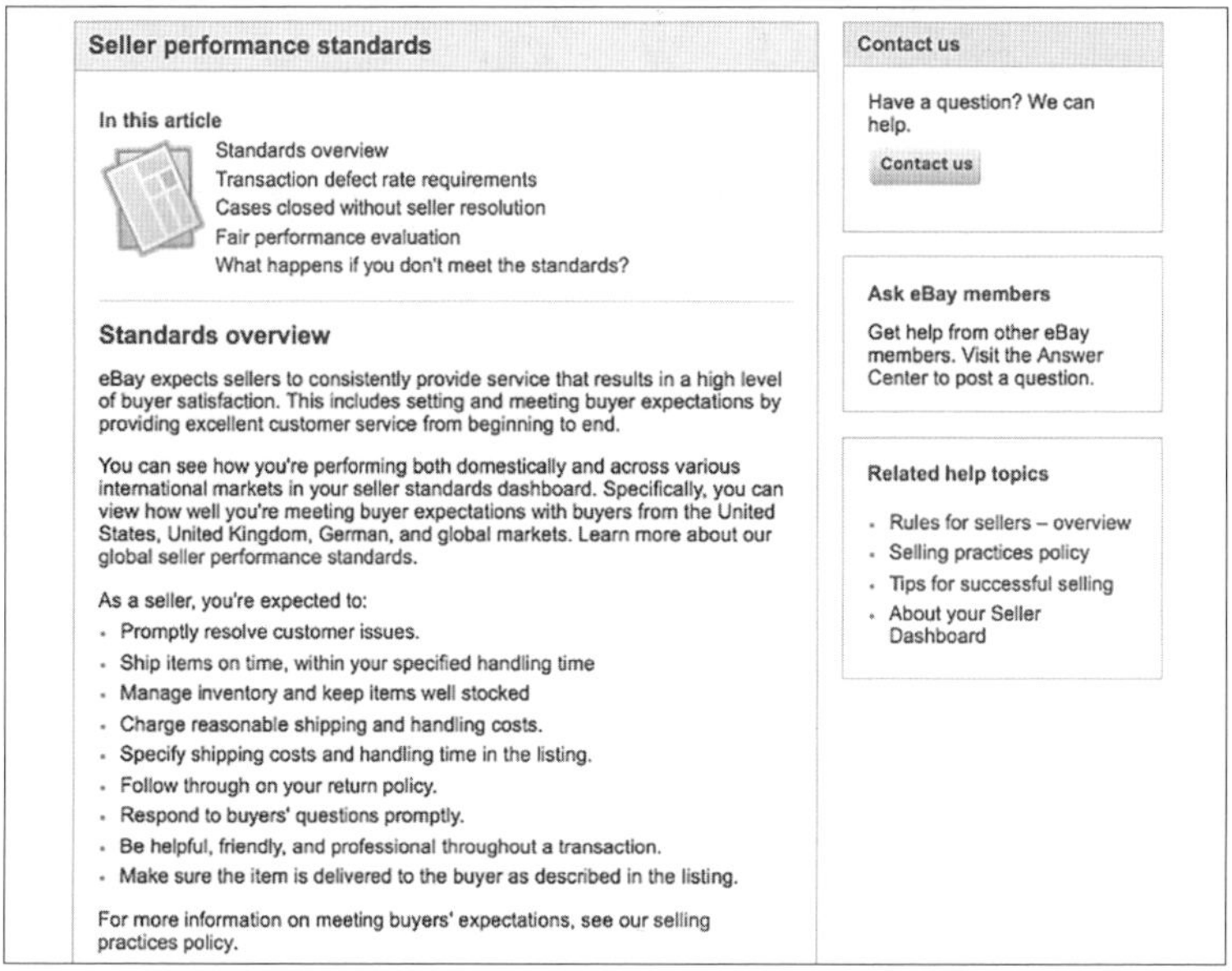
Seller performance standards
In this article
Standards overview
Transaction defect rate requirements
Cases closed without seller resolution
Fair performance evaluation
What happens if you don't meet the standards?
Standards overview
eBay expects sellers to consistently provide service that results in a high level of buyer satisfaction. This includes setting and meeting buyer expectations by providing excellent customer service from beginning to end.
You can see how you're performing both domestically and across various international markets in your seller standards dashboard. Specifically, you can view how well you're meeting buyer expectations with buyers from the United States, United Kingdom, German, and global markets. Learn more about our global seller performance standards.
As a seller, you're expected to:
Promptly resolve customer issues.
Ship items on time, within your specified handling time
Manage inventory and keep items well stocked
Charge reasonable shipping and handling costs.
Specify shipping costs and handling time in the listing.
Follow through on your return policy.
Respond to buyers' questions promptly.
Be helpful, friendly, and professional throughout a transaction.
Make sure the item is delivered to the buyer as described in the listing.
For more information on meeting buyers' expectations, see our selling practices policy.
Contact us
Have a question? We can help.
Contact us
Ask eBay members
Get help from other eBay members. Visit the Answer Center to post a question.
Related help topics
Rules for sellers – overview
Selling practices policy
Tips for successful selling
About your Seller Dashboard

http://pages.ebay.com/help/policies/seller-non-performance.html

eBay

2章

eBayビジネスで成功するためのマインドセット

1 本気でやること

ノウハウコレクターにはなるな！

本書には、eBay で儲けるための実践的ノウハウが余すところなく書かれています。ですから、本書のノウハウを実践することにより、あなたは確実に eBay で稼げるようになります。

ただ、その前にぜひ理解して欲しいことがあります。それは「わかる」と「できる」との違いです。そして、僕があなたに一番なって欲しくないこと、それは「ノウハウコレクター」です。「ノウハウコレクター」とは、eBay に関して言えば、eBay での稼ぎ方を単に知識として詰め込んだだけの人を指します。

成功する人には共通点があります。それは「行動力」です。とにかく行動する力があるのです。人は行動して失敗して、体感して初めて「何かをつかむ」のです。

必ずゴールを設定しよう！

この本は、最強の eBay ビジネスノウハウ本だという自負が僕にはあります。おそらく本を読み進めてもらうと、「お～っ凄い！」という内容がどんどん出てくると思います。

しかし、です。「はじめに」にも書いたように、実践しないとあなたには何も起こりません。ノウハウを得てそれを実践する、当初はマニュアル片手にたどたどしく、思ったようにならないことも多いと思いますが、そこを乗り越えてください。必ず「できる」がやってきます。この「できる」まで落とし込むと eBay での売上も上昇するはずです。

テクニックはあくまで補足です。まずしっかり実践すること。何もしないでは何も起きません。毎日与えられている時間を有効に使って eBay に触れてください。気がついたら、四六時中、eBay のことばかりを考えている自分が居たならば、あなたは成功への道を歩み始めたと言ってよいと思います。

そして必ずゴールを設定しましょう。これから成功する旅に出るあなたには、終着点が必要なのです。さぁ、eBay 成功へのゴールへ向かって歩き出しましょう！

2 Take Action!

前項でも触れたように、学んだことを行動に移すことは非常に大事です。eBayで成功するために、いま、すぐに行動に移しましょう。

もちろん、それはいきなり出品しろ、ということではありません。eBayで成功するために何かを始めるということです。

勇気を出して一歩を歩き始めた人だけが成功する!

eBayをやっていない人は、すべてeBayに関してはビギナーです。最初は、誰だってeBayの仕組みなんて知りません。始めた頃はまったくの素人で、考えてみれば恥ずかしい失敗も多々ありました。ただし、僕は常に行動にだけは移していました。だから、いまの僕があるのです。

失敗というのは、素晴らしいことです。失敗して、失敗して、失敗して、それでどんどん賢くなります。失敗を少なくしたければ、勉強をすればよいのです。

eBayに関する勉強をしましょう。eBayは少しもむずかしくありません。勉強しながら実践し、実践しながら勉強をすれば、必ず成功が向こうから近づいてくると思ってください。努力もしないで勝手にダメだと判断しないことです。成功するんだ、という執着心だけはしっかり持っておきましょう。

僕がこれまでに経験することで得てきた数々のノウハウを、本書を通じてあなたにすべて提供します。ですから、この本を読んでeBayを徹底的に理解し、出品を始めればスムーズに事が運ぶと思います。

ぜひ、今日から、いやこの瞬間から何かを始めましょう。何もしなければ、何も生まれないのです。

eBayスタートのゴールデンルールとは?

僕がお勧めするeBayスタートのゴールデンルールがあります。それはまず、「買い物から始めること」です。いきなり出品(販売)するのはやめてください。eBayは、楽しく売り買いのできる健全なマーケットになることを切望しています。それをeBayではコミュニティと呼んでいます。

まずは買い物をすることで「お客様の気持ち」を知ってから出品するのと、何も「お客様の気持ち」を知らないで出品するのとでは、あなた自身の eBay ビジネスの今後へも大きな影響が出てきます。

しかも、買い物をすることで、あなたの eBay アカウントの評価は高くなります。評価０で出品するよりも、評価10で出品するほうが、スタートの売上にも大きな影響を与えることでしょう。

もう一つ、評価という意味では、買う側にとって大きなメリットが eBay にはあります。それは、eBay では売り手（セラー）はお客様（バイヤー）には、良い評価(Positive) しか付与できないルールがある、という点です。これは大きい特典です。

eBay への信頼度を上げることができる！

そういうと、「商品を購入することで集めた評価でしょ?」と思うかもしれません。ただ、eBay を見てもらえればわかることですが、出品者の評価を見たときに、それはすぐにはわからないことなのです。

ですから、買い物をして「お客様の気持ち」を理解することも非常に大事ですが、この「良い評価が集まる」ということも凄く大事なことです。

また、eBay は新規出品者をかなり警戒しています。たとえば、買い物もしないでいきなりブランド品等を出品し、それによってアカウントが永久停止される人も多数いるのです。新規出品者が自覚しなければならないのは、eBay は「悪いことをした場合」にアカウントを停止するのはもちろん、「怪しいと思われた場合」にも、アカウントを停止することがある、という点です。

その意味でも、買い物をすることで eBay に対しての信用度をまずは上げておきましょう。

では、買い物で信用度を上げるポイントを伝授しましょう。買い物をした時は、間髪《かんはつ》を入れずに支払いをすることです。買い物をしたまま数日も支払いをしないでおくのはご法度です。迅速に支払いをすることは eBay から高く評価されます。

逆に、商品が到着したら出品者への評価も忘れないようにしてください。きちんと評価を入れてあげると eBay からの心象は良くなります。

3 誰でもできることを「継続」するのが大事

eBayで成功する人、成功できない人の違いは何でしょうか。これまで多くの生徒さんと触れ合ってきて、明確な違いがあることがわかりました。

それは「誰でもできることは誰でもできる」けれども、「誰でもできることを継続する」ことができる人は少ない、という事実です。つまりモチベーションを維持することが一番むずかしいことなのです。

ゴールから逆算する発想

僕も常に心の中で葛藤があります。とくにサボリ魔の僕は自分が楽になるほうに、楽になるほうに流れていって、結局、意味のない時間をたくさん無為に過ごして来てしまいました。

この悪い癖を何とか克服しようとして見つけたのが「ゴールから逆算する」という考え方です。eBayは物販ビジネスですから、売上と利益が大事です。まずは大目標、つまり売上のゴールを設定することから始めてください。その時に利益も明確に紙に書き出してみましょう。

そして、その儲かったお金であなたが何をしたいのか。何を欲しいのか。何を買いたいのか。それをリストとして書き出してみてください。何でもかまいません。

目標リストをつくろう！

やりたいこと、買いたいものなどをズラッと書き出してください。そうです、あなたの欲しいものリストです。eBayの売上だけを目標にするのではなく、何のためにeBayビジネスをするのか、それが大事です。

単純に「eBayが好きだから！」という人もいるかもしれませんが、ほとんどの人の場合、eBayはあなたの人生の目標ではなく、あくまでもあなたの人生を豊かにする手段の一つでしかないはずです。そのように考えると、eBayも一つの通過点でしかないのかもしれません。

本書をここまで読んだら、この本を少し置いて、さっそくリストをつくってみましょう。リストをつくり終えたら、またここから読み出してください。

目標を達成するには何が必要か

どうでしょうか。おぼろげに頭の中にあるのと、実際に紙に書き出すのとでは、まったく違ったと思います。「ゴールや欲しいものを視覚化する！」、たったこれだけで、あなたの脳がその目標に向かってフルスピードで回転を始めているのです。

そして次が大事です。それらを達成するためには、どうしなければならないのか。その「方法、手段」を書き出してみることです。

あなたが eBay に使える時間を割り出して、目標を達成するために何が必要なのか。それをたくさん書き出してみてください。その中からベストだと思う方法から順番に一つひとつ実行してください。必ず結果はついてきます。

現状に絶対に満足しないという考え方が大事！

そして、さらに大事なのは「現状に絶対に満足しない」ということです。何かを達成しても、「まだまだ、上がある、そこを目指せ！」と僕は、自分の心に言い続けました。

すると自然に、きちんと行動しないと気持ちが悪くなってきたわけです。何でもそうですが、習慣化すれば、いまは面倒に思うことであっても、きっとできるようになると思っています。

継続こそ力なり

この項の冒頭で、「誰でもできることを継続する」のはむずかしいと述べました。個々の能力差なんて、ほとんど関係ないのです。継続することさえできれば、誰でも eBay で成功することが可能です。

「三日坊主」という言葉があります。人というのは、昔から継続するのが大の苦手です。だからこそ、継続できるということが一番大事なのです。

才能とか、運と思いがちですが、あなたが行動を起こして頑張って継続する。継続できれば、それは習慣となります。

eBay を習慣化できたあなたには、きっと素晴らしい運命が待っているはずです。

4 先輩に学ぶ

新しく何かを始めるときというのは、誰かを先生にしませんか？　僕にも師匠は存在します。

これからeBayで稼ごうとしているあなたには、eBayの偉大なる先輩方から多くを学ぶことをお勧めします。何も先輩セラーにコンタクトして教えてもらうということではありません。eBayはオープンなマーケットですので、教材としての先輩セラーは多数存在します。

その中から師匠と勝手に決めるセラーを見つけるにはどうしたらよいのでしょうか。

●優秀なセラーは簡単に探し出せる

まずは、eBayで適当なキーワードを使って検索してみましょう。すると、商品がずらっと並ぶと思います。ここではJapan Staplerで検索してみました（1）。

その中から一つの商品を選んでみましょう。太い矢印の商品のタイトルをクリックして出てきたのが2です。矢印の所を見てください、UPCとあると思います。現在のeBayではUPCコードの入力をするように促され

1 適当なキーワードで検索してみると商品がずらりと並ぶ

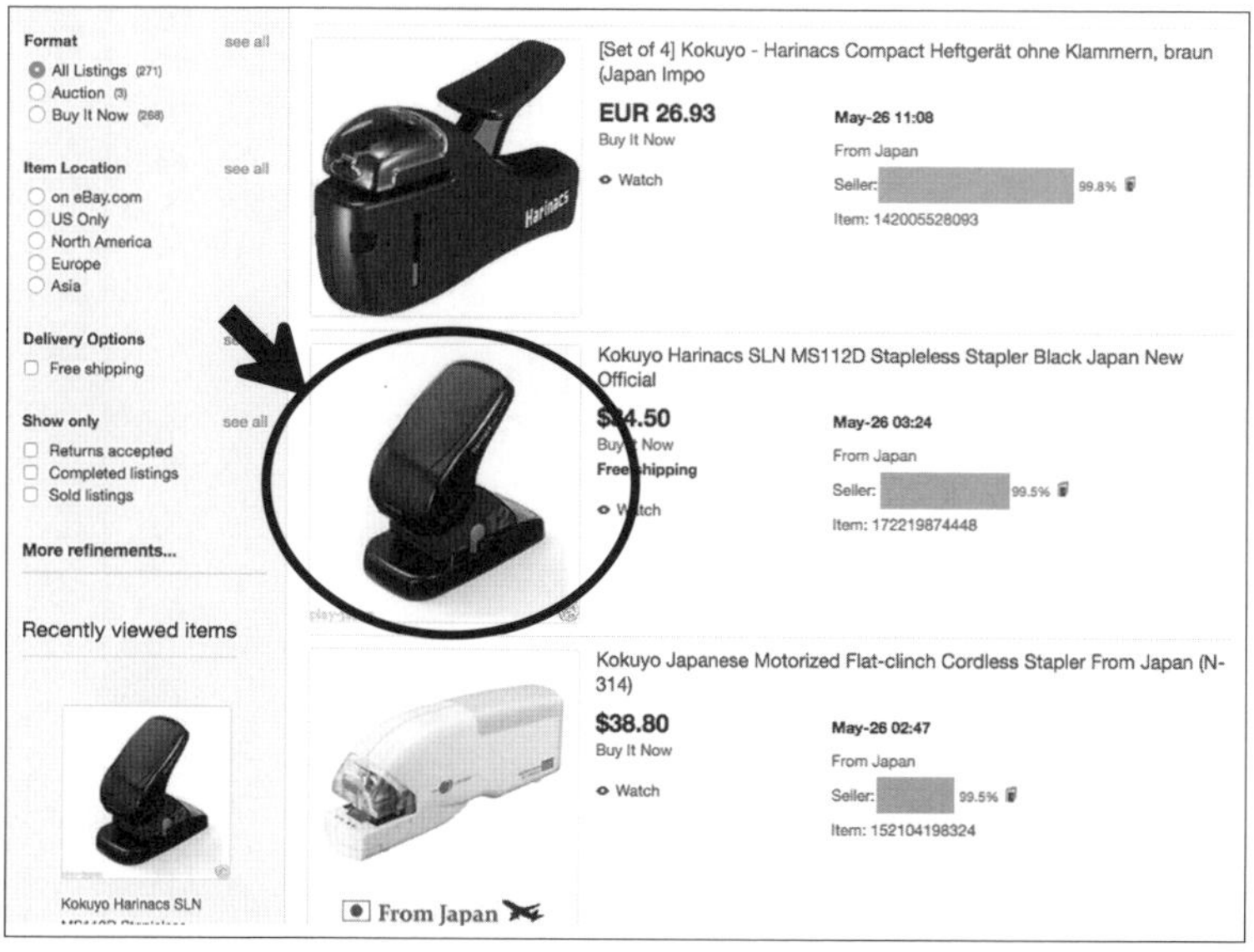

ます。ＵＰＣコードとは商品コードのことで、日本ではＪＡＮコードに相当します。

ＪＡＮコードとは、商品についているバーコードの下に番号が掲載されていますが、あれがＪＡＮコードです。このＪＡＮコードをコピーして、そのＪＡＮコードをeBayで検索してみましょう。すると完全に一致した商品検索結果が表示されます。

2 UPC（JAN）コードをコピーして検索

コードから師匠を見つける

3をご覧ください。eBayの特色として、この検索結果の上位に表示されているセラーはeBayから高く評価されている人たちです。ですから、ＪＡＮコードで検索可能な場合は、ＪＡＮコードで検索しましょう。この検索結果で上位表示されているセラーは、少なくとも効率よく商品を売っているはずです。

これらのセラーのeBay IDをメモし、リスト化することをお勧めします。商品を出品する前にできるだけ多くの優秀セラーをピックアップしてください。あなたが本気なら１００のセラーをリスト化しましょう。

そしてまず見るべきは、彼らの付けた「タイトル」です。現在のeBayで差別化するにはタイトルがもっとも重要です。タイトルに特徴あるセラーを集中的に研究することをお勧めします。「急がば回れ」です。まずは、先輩の良いところを大いに吸収しましょう！

3 優秀な上位セラー（師匠候補者）を発見する!

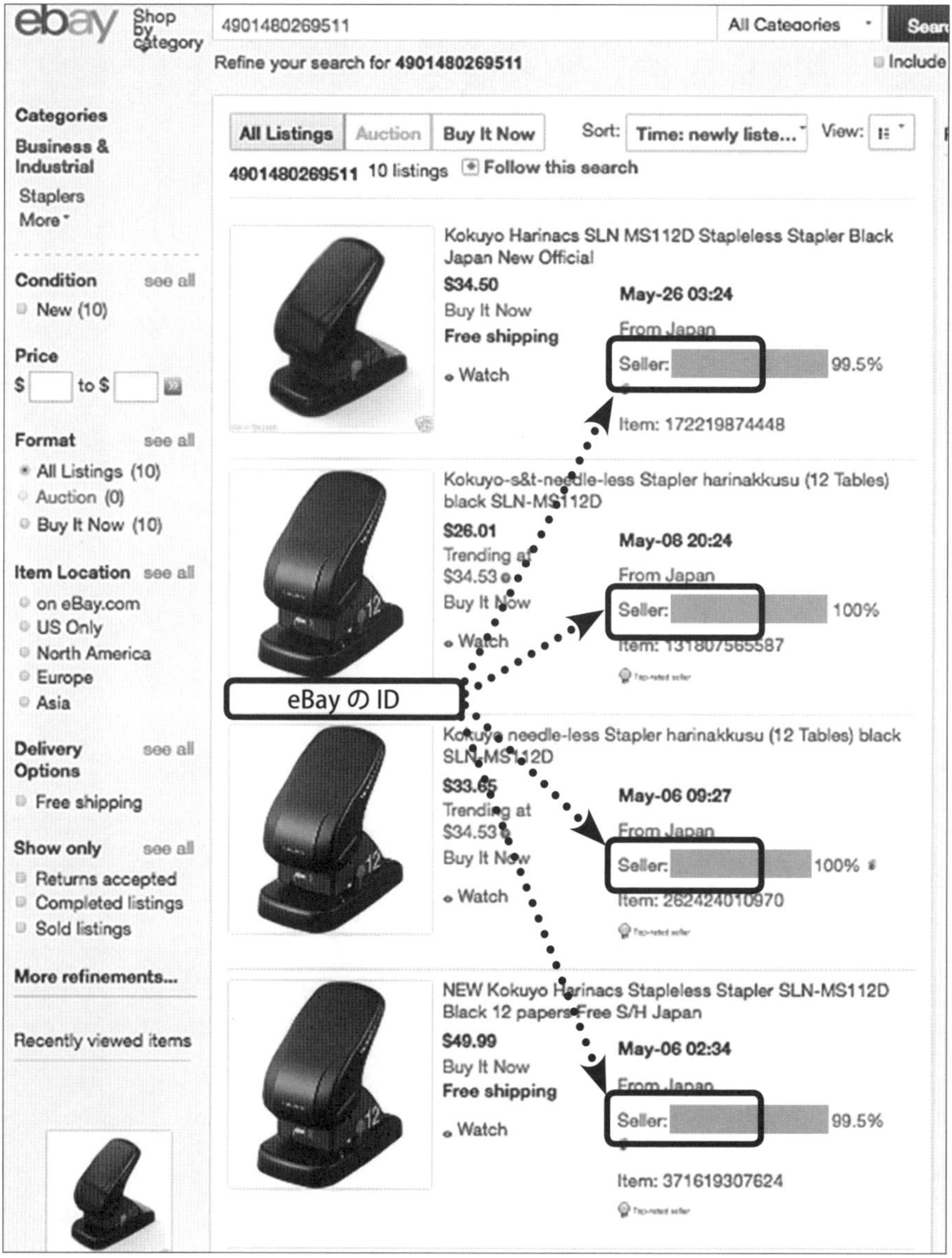

5 半年先をイメージしよう

これから eBay で生計を立てていこうと考えているなら覚悟が必要です。とくに最初の3か月は必死にやってください。僕のメソッドに沿って eBay をやれば3か月でリミットの金額枠は1万ドルには達成しているはずです。これで枠ができれば、月5万円程度の副収入は入ります。しかしこの本のテーマは「月に50万円を稼ぐ」です。最初の3か月で5万円を達成できた人は基礎ができているので、そのボリュームを効率的に大きくできる可能性があります。

そこで、あなたには半年先をイメージして行動するようにして欲しいのです。すでに、ゴール設定の大切さを書きましたが（2章3項）、ここでは短期目標の設定をお勧めします。3か月、6か月先のゴールを設定します。このゴールは現実的な数字を明確にすべきです

評価が少ない段階での戦略は？

多くの生徒さんが6か月から10か月ほどで eBay からリミットの金額枠数千万円をもらっています。彼らに共通していたのは「最終ゴールを決める、短期のゴールを決める」という二つのゴール設定を徹底していたことです。

僕からのお勧めは、まず5万円の副収入を勝ち取ることです。それもまだ多くのリミットを持っていない段階で利益を得る精度を上げることです。この段階で利益を確保するには工夫が必要です。まだ評価もほとんどありません。そうなると、必死で工夫しないと売れないということになります。

この段階ではしっかりとリサーチをしましょう。ライバルが少なく、効率的な商品とはどんなものなのか。まだ eBay の評価数が少ない段階ではいくらくらいの価格なら不安なく見込み客は購入してくれるのか。どんな写真が効果的なのか。商品の説明ページにはどんなことを書けばよいのか。返品ポリシーはどのように設定すれば見込み客が欲しくなるのか。そしてこれらの条件を満たした時に、さらに安心感を持ってもらうにはどうすればよいか、それらを一つひとつ考えてみてください。

6 お客様の気持ちに添うことが最初の第一歩

eBayを始める人には、買い物から始めることを勧めています。これは他の項でも少し触れました。もちろん、最初に評価を稼ぐという意味もありますが、それ以上に重要なのは、将来、あなたにとって必ずプラスになる効果を自然に学習できること、そこに狙いがあります。

僕は常日頃ビジネスの交渉ごとでは相手の目線に立って相手の言葉を理解するように心がけています。つまり相手の立場に立った時の見え方と、自分の立ち位置から見る見え方がまったく違うということです。とくにeBayでは、「売りたい！」という気持ちが先立ちます。売り手マインドが先行してしまうと、知らずに見込み客が引いてしまうようなことを商品説明ページに無意識に列挙してしまうようになります。

あなたの目的は、できるだけ効率的に利益を確保することです。頑固親父のショップにせず、お客様の気持ちを理解できるようになってください。そのためには、買い物は最高の学習となります。大切なあなたのお金を使ってこれから買い物をするわけですから、必死です。

●自分のお金を使うことの大切さを知る

そうです、何かを購入するのです。これだけであなたのマインドは真剣になることでしょう。ここでは1・99ドルのように安いものではなく、50ドル以上の商品を購入して欲しいと思います。衝動買いできるレベルの金額では学習効果は落ちます。失敗を許されない金額のものを購入して欲しいと思います。

その場合、どんな点が「買う」ための決定基準になるでしょうか。僕の場合は、まず欲しい商品が決まったあと、その商品が複数出品されている場合、高額の商品ならFeedback（評価）を見て、他のお客様が残しているメッセージも確認します。とくにNegative（悪い）評価がある場合は、悪い評価を入れた理由を確認します。他にも、事故が起こったとき、出品者がどのように対応してくれるのかも大きなポイントです。

このようにお金を出す視点でeBayを見ることはとても勉強になるのです。

7 eBayに愛されるためのマインドセット

これからあなたがeBayを始めるにあたって、最初に知っておくべき最も大事なことは「eBayとはどういうものか」を理解することです。

コミュニティの性質を知ること

eBayは、Eコマースサイトと呼ばれ、商品をネット上で販売する形式ですが、eBay自体は一貫して「コミュニティ」であると主張しています。

「**コミュニティ**」とはどういう意味かというと、すべてがきちんとしたルールのもとで適正に売買が行なわれ、「売り手も買い手もハッピーになれる場」をeBayは提供する、ということです。

コミュニティなのでお互いに「良い」と思えば、褒めることも非常に大事な要素になります。逆に、「悪い」と思うことがあれば、こういう人には気をつけたほうがいいよ、と他の人に教えてあげるのも、一つの基本、マナーです。それが具体的には「評価」ということにつながります。

評価集めの目的で低額品を大量購入しない！

売り手として評価を集めるという場合、とても重要な方法として「買い物をする」ということを前項でも述べました。

しかし、最もやりがちな「低額商品を大量買いして評価を荒稼ぎする」というやり方は、非常に危険です。そういった買い物をするのは「評価稼ぎ」とみなされてしまい、最悪の場合、アカウントを削除される危険性があるからです。

「1日に10個以上」の購入は多すぎる！

では、どのように買い物をするとよいのか。これは、どうしてもeBay側の評価の問題になりますが、私の経験からいうと、買い物は一日2～3個以内に押さえておく、というのがよいでしょう。

ふつうの値段の商品であれば心配ありませんが、あまりにも低い金額の商品をたくさん購入するのは危険なようです。つまり、eBayから、「これは欲しいものを買っていない」「明らかに評価稼ぎだ！」と思われてはダメだということです。eBayから嫌われないように気をつけましょう。

安く売るならオークションで

また、出品者としても最初は安い商品を大量に出品するということもやめたほうがいいでしょう。

なぜでしょうか。それは、「評価を短期間で稼いで何か変なことをするのではないか？」と思われる場合があるからです。

ですので、安い金額で商品を販売する場合は、**オークション形式**で販売してください。オークションの場合は、開始価格が安い位置から始まり、オークション形式で価格が上がっていく過程を踏んでいるので、問題がないと言えるからです。

気持ちの良い取引を心がけよう

次に心がける点は、気持ちの良い取引です。ここはeBayはコミュニティだという考えを持つこと、eBayがコミュニティといっている部分の主たる所です。買い手の人も売り手の人に対して気持ちよい取引、売り手の人は買い手の人に対して気持ちの良い取引をするように、すべてを迅速に処理してください。

eBayから、「手数料に関して支払いをお願いします」や「今月は○○になっています」というお知らせがきた場合は、それに対して、すぐに対応してください。期間は短いほうがいいです。

たとえば、クレームをもらった時、「バイヤーが、こういうクレームをあげています」というお知らせがきた場合もすぐに対応するようにしてください。

もう一度言いますが、対応の時間は短ければ短いほどいいです。どのようなトラブルが起こるかわからないですが、トラブルが起きたときには必ず返金を念頭においておきましょう。

返金して、バイヤーに安心感を与えるようなセラーは高評価を与えられるからです。

eBay

3章

誰よりも売れるための eBay最強カスタマイズ!

1 最もスムーズに成功するための基本ルール

2 返品ポリシーが持つ重要な意味とは?

3 「藤木の売れるテンプレ」で一瞬で
説明ページをつくる方法

4 最速でリミットアップする方法

5 秘伝のタレ戦法で、どんどん売れる!

6 除外国設定でリスクを
大幅に軽減する

1 最もスムーズに成功するための基本ルール

この章では、できるだけ早くeBayで成功するための基本ルールを伝授したいと思います。1章でも同様の要素を書きましたので、多少重複する部分もあるかもしれませんが、とても重要なことですので復習の意味もこめて、しっかり読んでみてください。

信用の大きさ＝収入の大きさ

eBayで成功するには、「eBayに与える第一印象」がとても大事です。そのことは実社会でも同じですが、「信用の大きさ＝収入の大きさ」と思っていただいてよいと思います。この法則はeBayにも当てはまります。なぜなら、eBayに一度不信感をもたれると、eBayはあなたがその後いくら一所懸命に出品をしても、信用がない状態では、見込み客に出品ページを見てもらえない所にどんどん追いやられてしまうからです。

わかりやすく説明すると、目抜通りに出店できていたあなたが、信用を失うと同時に、店を裏通りへと追いやられてしまうイメージです。

そんなことにならないためにも、eBayでスムーズに成功するための基本ルールをしっかりと頭に入れておきましょう。

まず、買う側の気持ちを理解しよう

第一の基本は、出品前にできるだけ多くの買い物をすること、これは何度か指摘してきましたが、最も大事なことです。自分自身の大事なお金を使うことで、あなたは真剣に出品者を選ぶはずです。この「出品者を選ぶ」という何気ない行動こそ、間違いなくあなたを良い出品者へと押し上げてくれるのです。

買い手として求めたことを、今度はあなたが出品者としてお客様に提供するのです。これは理屈ではありません。このプロセスを通った人と、そうでない人とでは、まったく違います。

人と違う販売方法を考える

次に大事なのは「人と違ったことをする」という意識

を常に持つことです。「周りがこれをやっているから、自分も同じようにする」という意識では、自らを過当競争の中に入れていくようなものです。

　工夫のない人は早々に撤退してしまいます。工夫の簡単な例としては「セット販売」があります。多くの人が1点だけで出品していますが、もし、セットで出品することができれば、それだけで十分に差別化になります。1品当たりの利益率は落ちても、セット販売なので利益総額は大きくなります。これは100円ショップの商品を売る際に力を発揮します。

ふつうの本立てを「iPadスタンド」として売る

　次は思考の転換です。eBayはAmazonと違って自由度が凄く高いのが特徴です。その自由度を大きく発揮できるものこそ、タイトルです。これはある人の話です。100円ショップでふつうに売っていた本立てを彼はなんとiPadスタンドとして出品しました。これがヒットしてかなり儲けたそうです。発想の転換です。

　次に有在庫で出品したい人はeBayの最大のライバルであるAmazonにない商品、つまりレアものを出品することです。レアものオンリーの人はどんどん自動でリミットが上がります。仕入れ資金に余裕がある場合は有在庫はとても有効です。

　ほかにも、取扱商品で理想的なのは消耗品を扱うことです。在庫を切らすことなく、消耗品を無在庫で販売できると、たとえ1品あたりの利幅は小さくても大きく利益を押し上げてくれます。とにかく落札率を上げる努力を最初の3か月でやってください。

　eBayは営利目的の企業です。あなたが良い人で効率よく売ってくれる人なら、eBayはどんどん売れるようにして手助けしてくれますよ！

1 100円ショップ商品のセット売りの例

2 返品ポリシーが持つ重要な意味とは？

eBayで出品する際、必ず設定しなければならないものに「**返品ポリシー**（Return Policy）」があります。これは返品が必要になった時に、どのような条件で返品を受け付けるか、または受け付けないかを設定する箇所です。返品ポリシーは自由に設定できますし、指定範囲であれば本来、何の制限もありません。

ただし、ここには大きな意味が潜んでいることを知っておいてください。大事なことは、お客様にできるだけ優しい設定を心がけることです。この返品ポリシーは、見込み客が同一商品をいくつか候補にあげて迷っている時の大事な選択要素です。また、返品ポリシーの設定によっては、出品ページの検索結果ランキングに影響を与えます。できるだけ目立つ位置に表示してもらうためには、可能な限りお客様に優しい設定を心がけましょう。

●設定の意味をきちんと把握しよう

では、どのように設定するとよいのでしょうか。まず返品ポリシーを見てください（**1**）。デフォルトではAll returns acceptedにチェックが入っています（①）。ここは何日以内の返品なら受け付けるという意味です。14日、30日、60日と選択できます。

お客様が買いたくなるのは安心の60日ですから、できれば60を選びましょう。ここで選択した日数（ここでは30日）は**2**の下に表示されることがあります。期間が長いほど有利になります。また現在のeBayは30日以上を選択しないと、Top rated plusにはなれません。

1の②で、返品にどう対応するかを選択します。Money Back、Money Back or replacement（buyer's choice）、Money Back or exchange (buyer's choice)です。つまり、返金、返金または代替品、返金または商品交換です。③は返品の際、返品送料を誰が負担するのか（お客様か出品者か）を選択します。④は返品手数料を取るかどうかの選択です。取らない（NO）か10%、15%、20%を選択します。⑤で、あなた独自の説明を加えることができます。⑥はNo return accepted「返品は受け付けない」で、ここは選択しないようにしましょう。

1 eBayの返品ポリシー（デフォルト）

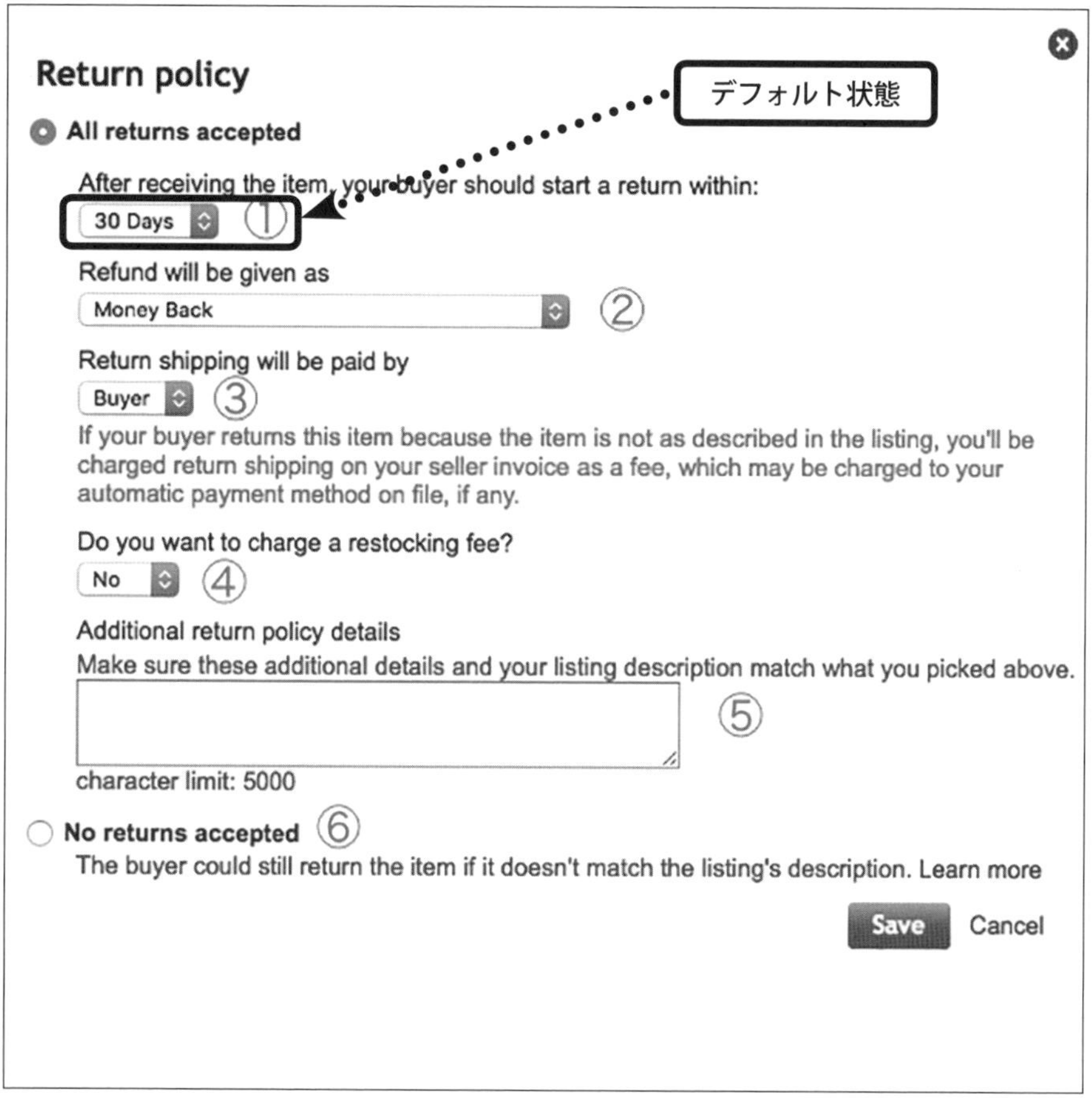
Return policy
デフォルト状態
All returns accepted
After receiving the item, your buyer should start a return within:
30 Days ①
Refund will be given as
Money Back ②
Return shipping will be paid by
Buyer ③
If your buyer returns this item because the item is not as described in the listing, you'll be charged return shipping on your seller invoice as a fee, which may be charged to your automatic payment method on file, if any.
Do you want to charge a restocking fee?
No ④
Additional return policy details
Make sure these additional details and your listing description match what you picked above.
⑤
character limit: 5000
No returns accepted ⑥
The buyer could still return the item if it doesn't match the listing's description. Learn more
Save
Cancel

2 具体的な返品日数を設定すると

Price: US $9.99
Buy It Now
Add to cart
Add to watch list
上図の①が表示
される場合がある
1-year protection plan from SquareTrade - $2.52
Free shipping
30-day returns
Ships from Japan

3 「藤木の売れるテンプレ」で一瞬で説明ページをつくる方法

多くの人は、英語が得意ではありません。しかしGoogle翻訳等をうまく駆使してしっかりビジネスを展開しています。そこは最低限のコミュニケーションさえ取れればまったく問題ありません。お客様からの問合せ等への返信は、意図が通じれば大丈夫です。

商品説明にはオリジナルテンプレートを使う

しかしながら商品説明ページは、やはり第一印象が大事です。ここは「とりあえず通じる」レベルではお客様に不信感を与えます。

たとえば、あなたがヤフオクで何かの買い物をしようとして、欲しい商品を見ていたとします。良さそうなタイトルを見つけてクリックし、商品説明ページを読み始めたとき、そこに書かれている日本語がなんともぎこちないものであったら、あなたはどう感じるでしょうか。綴りも違うし、文法もおかしい。これだけで大きなマイナスだと思うでしょう。

そこで、読者の方へのプレゼントとして「テンプレート」を用意しました。英語に自信がない場合は活用してください。テンプレートには日本語訳もつけていますので、意味を理解しながら適宜、使い分けてください。

言葉にはパワーがある！

では、このテンプレートの意図を説明します。インターネット上の取引は顔の見えない取引なので、お客様もあなたも不安だと思います。このテンプレートの一番上には「100% Guranteed」(100%の保証)と入れています。あなたはお客様を口で説得することはできません。安心感を与えるためには、力強い言葉が必要です。「保証してくれているんだ」とお客様に安心してもらいましょう。

そして100% customer satisfaction guranteed.(お客様満足を100%保証します)と、ここでも100%の保証を強く打ち出しています。あなたの商品説明ページを見てくれているのですから、購入してくれる可能性が高いということです。ですから、ここで重要なのは、お客様自身が「あなたから買う理由」を提供することなのです。そこで大事なのは「言い切る！」こと。言葉は大事です。迷っているお客様へはこのような言葉こそ、パワーがあるのです。

あなたは責任感の強い人だ、と印象付けしなければなりません。「この人は信用できそうだな」と思ってもらえるように「言い切る勇気」を持ちましょう！

1 藤木オリジナルのテンプレート

100% Guaranteed
（100% 保証します！）

my goal is to make your experience with me as stressfree as possible. Items that are faulty beyond the description given on our auction site, please contact me.
気持ち良いお取引になるよう努力させて頂いております。当方の商品に説明以上の問題がある場合はご連絡をお願いいたします。

100% customer satisfaction guaranteed.
（お客様満足を 100% 保証します！）

However, customers who abuse eBay's feedback system and leave a complaint before contacting me are not eligible for a refund.
しかしながら eBay の評価システムを乱用されるようなお客様（ここでは悪い評価をいきなり入れる方への対応です）は、事前にご連絡がない限りご返金は致しません。

Important notice
（重要なお知らせ）

We guarantee all the displayed items are authentic, and there are no pirated or illegally copied items.Please feel reassured. If you have made two or more successful bids, we combine those items. We package and seal those successfully bid items properly when dispatching.
表示している商品はすべて本物を保証致します。海賊版でもありません、違法なコピー品でもありません。どうかご安心ください。もし二個以上落札頂いた際は同梱いたします。落札された商品は丁寧に梱包＆発送いたします。

Note: Import duties, taxes and charges are not included in the item price or postage charges. These charges are the buyer's responsibility.
注意：輸入関税、税金、手数料は商品価格、送料には含まれていません。これらはお客様の負担となりますこと、ご了承ください。

Please check with your country's customs office to determine what these additional costs will be, prior to bidding / buying.

4 最速でリミットアップする方法

eBayで最初の大きな壁は出品制限（リミット）です。1章6項でも多少、そのノウハウに触れましたが、eBayの公式上のルールでは最初の落札商品から90日間はリミットアップ交渉ができません。ただし、事前にアカウントの信頼性を高めておけば、すぐにリミットをアップしてくれます。ここを知っているかどうかで、初速の売上が大きく変わります。

まずは買い物で評価を集めよう

最速でリミットをアップさせるには、アカウントへの信頼度を早期に上げることです。まずは買い物です。お客様としてスタートすることが第一歩です。たくさん買えばよいものではありません。というのは、前述したように、いきなり安価な商品の大量買いをすると、アカウントを停止される可能性があるからです。これはeBayから「評価集めをして、出品の際に悪いことをするのではないか」と思われてしまい、疑わしきは阻止するという意思の表れだと思います。ですから、欲しいものを購入してください。

そして落札したら即座に支払いを済ませましょう。商品が到着したら評価を入れることも忘れずに。最初の信頼は買うことによって勝ち取ります。

買い物で得た評価を10ほど集められたら、今度は不用品をオークションに出品しましょう。できれば0・99ドルから出せると高確率で落札されると思います。ここは儲けよりもリミットアップするための実績づくりだと思ってください。商品が落札され、お客様から入金があれば即評価を入れましょう。

最初に不用品を出品することには、もう一つ大きな意味があります。それはPaypalでパーソナルアカウントからビジネスアカウントにアップグレードせずに出品し、商品が落札されたけれど、お金を受け取れないということが多発していることです。

Paypalアカウントには2種類ある

Paypalのアカウントには、パーソナルアカウント、ビジネスアカウントの2種類があります。パーソナルアカウントでは商品を購入することはできても、支払いを受け取ることはできないのです。

もし、お金を受け取れない状況でモタモタすると取引がスムーズにいかず、アカウントにマイナスの要素を与える心配もあります。そこで不用品が力を発揮するのです。不用品なので仕入れをしていません。このような事態が発生した時は、とにかくお客様へ後で支払いをお願いしてください。そして該当商品にMark payment received とありますので、ここをOKに設定すると、システム上はお金を受け取ったことになります。

リミットアップ交渉を忘れずに

そして、すぐにトラッキング番号付きの郵便で発送をしてください。これでシステム上は取引完了となります。後は早めにアップグレードし、再度お客様にお願いして支払いをしてもらいましょう。

問題なく取引を完了できれば、**リミットアップ交渉**をしましょう。リミットアップ交渉は電話とメールで交渉可能です。電話のほうが一発でリミットが上がりますので英語で交渉可能であれば電話をお勧めします。

1 メールには下記のようなフォームが表示される

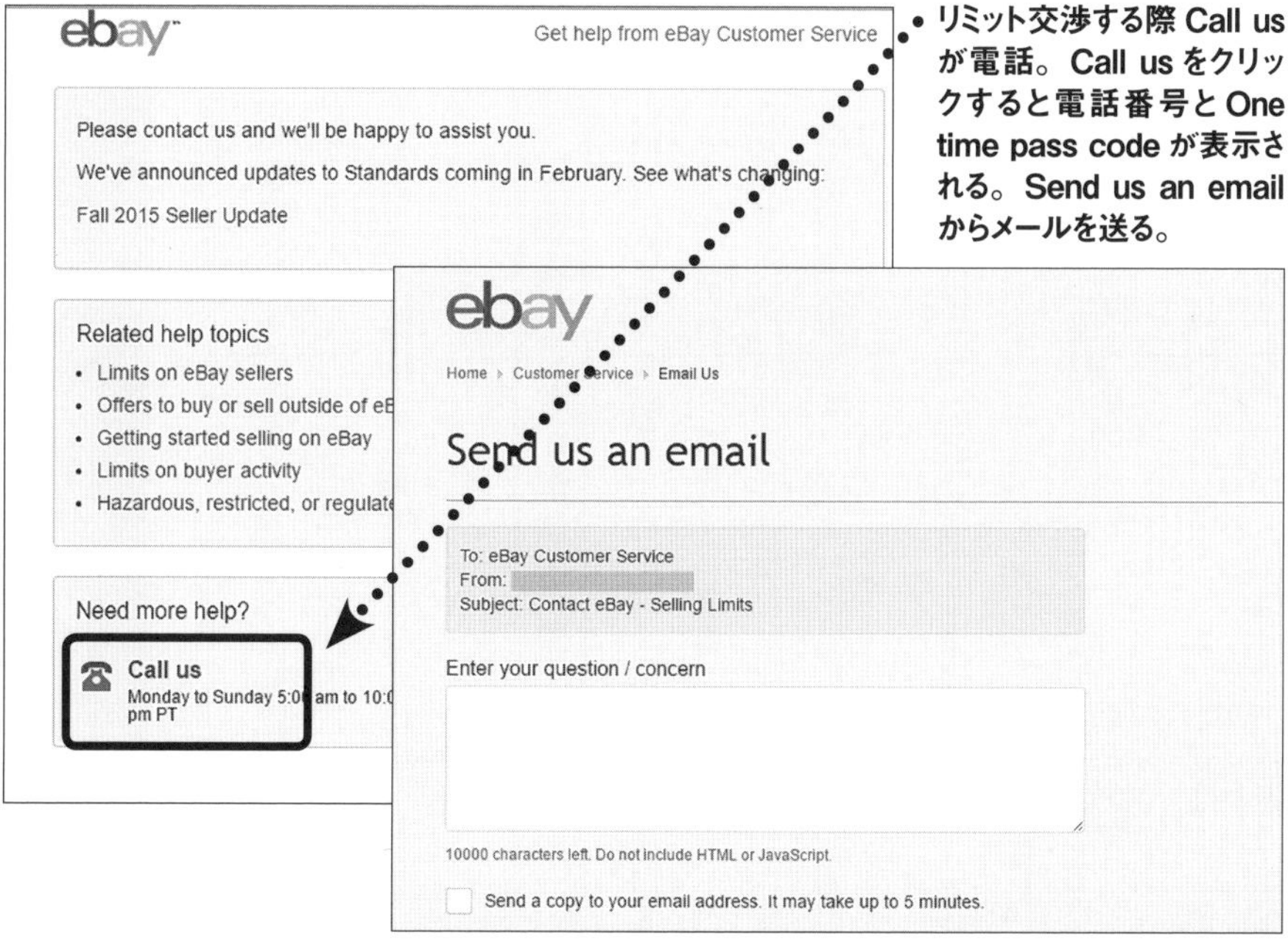
ebay
Get help from eBay Customer Service
Please contact us and we'll be happy to assist you.
We've announced updates to Standards coming in February. See what's changing:
Fall 2015 Seller Update
Related help topics
Limits on eBay sellers
Getting started selling on eBay
Limits on buyer activity
Need more help?
Call us
pm PT
ebay
Home › Customer Service › Email Us
Send us an email
To: eBay Customer Service
From:
Subject: Contact eBay - Selling Limits
Enter your question / concern
10000 characters left. Do not include HTML or JavaScript.
Send a copy to your email address. It may take up to 5 minutes.
リミット交渉する際 Call us が電話。Call us をクリックすると電話番号と One time pass code が表示される。Send us an email からメールを送る。

5

秘伝のタレ戦法で、どんどん売れる！

eBayでたくさん商品を出品していくと、ある時、ふと気づくことがあります。それは、「一度売れた商品がまた簡単に売れている！」という現象です。どうしてこのようなことが起きるのでしょうか。

出品したら早期に売り切る

実はeBayは、販売履歴のある出品ページを高く評価するようにシステムを組んでいるからです。売れたページというのはeBayに利益をもたらしているページです。つまり、お客様が選んでくれたページです。これはeBayから見ると「優秀なページ」となるのです。

ここは重要な部分です。あなたが一番初めにやらなければならないのは、出品した商品を早期に売り切る、という点です。一度、販売履歴をつくれるとそのページは自動的に検索結果の上位へ上昇します。つまり見込み客に容易にリーチできる場所へeBayが連れて行ってくれるのです。

逆に言えば、全然売れないページをずっと出品していると、eBayはそのページの検索結果ランクをどんどん下げていきます。ページランクが下がるということは、見込み客からどんどんあなたのページが遠ざかるということになるのです。時間が経過すればするほど、売れなくなります。

0を1に変えることが最も大事！

それでは、最初に売り切るためには一体どうしたらよいのでしょうか。それは「**0を1にする**」ことです。何としてでも、出品した商品をできるだけ時間差なく売り切る、これが最も大事です。つまり出品して直後が勝負の分かれ目です。

では、どうしたらすぐに売れるようになるのでしょう。それはやはり価格です。あなたが初めて出品する際は、ライバルよりも低い価格で出品してください。ここで0を1にするのです。

「でも、それでは薄利すぎて儲からないのでは？」という声が聞こえてきそうですが、実はそうではありません。0を1にする効果は絶大です。その後、少しずつ価格を上げても売れるからです。これは間違いなく、検索結果ランクの影響だと考えられます。

工夫しない出品者が全然売れない原因は、ここにあります。「工夫しない→売れない→eBayからの評価が下がる→ページランクが下がる→売れない……」という悪循環に陥るというわけです。

● Out of Stock Optionの設定を忘れずに！

そこで今度はその貴重な販売履歴のあるページを大切に育てる方法を説明しましょう。

まず、売れるページではGood 'Til Canceled（自分でキャンセルをするまで出品する）に設定しておいてください。なぜかというと、30日ほどの設定では出品が終了してしまうと大切な販売履歴が消えてしまうからです。そこで、再度そのページを出品しても販売履歴が0です。はじめからのやり直し。これは痛い。ですから、この設定は大事なので忘れないでください。

しかし売れる商品でも在庫切れの場合もあります。その際は通常はいったん出品を停止することになります。これではまたリセットです。ただ、これを回避する方法をeBayでは用意しています。それがOut of Stock Optionです。この設定をしておくと、たとえ数量が0になっても出品状態をキープし、90日以内に在庫が戻れば販売履歴を保持したまま継続できるのです。その意味では、絶対に設定しておきましょう。

設定はMy eBay > Account > Site Preferences > Selling Preferences にあります。そこでYesにチェックを入れてApplyのボタンをクリックすれば、それで完了です。

1 Out of Stock Option 設定画面

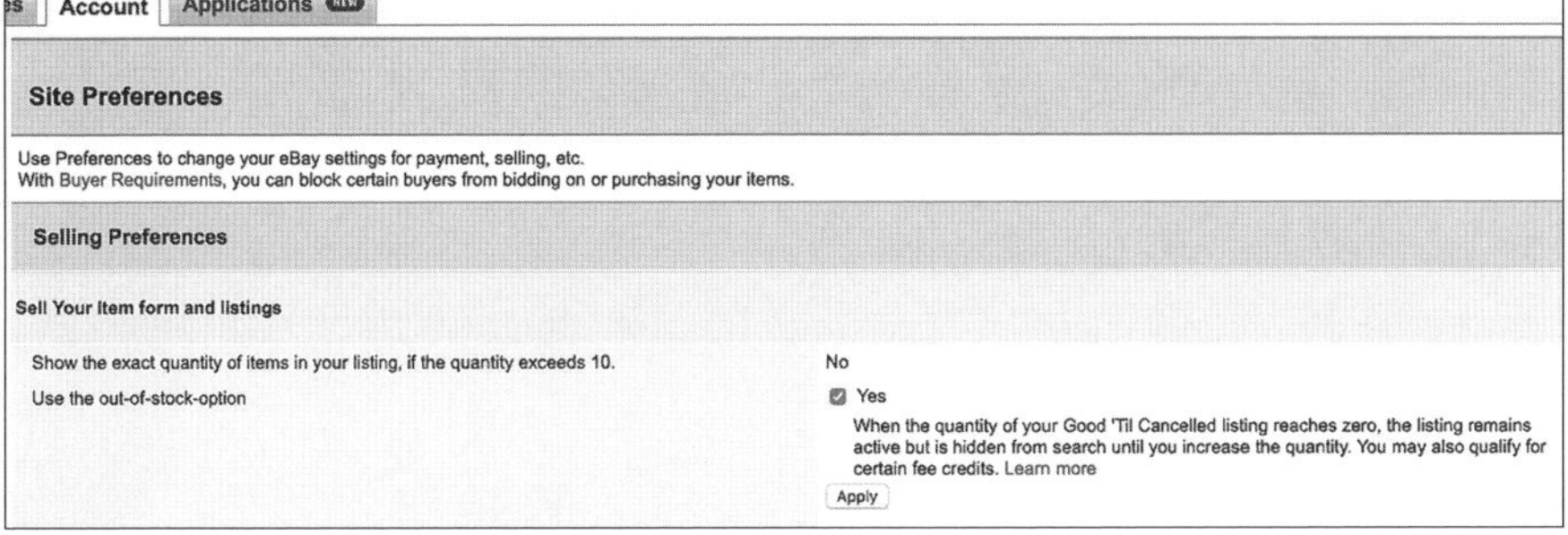
Account
Applications NEW
Site Preferences
Use Preferences to change your eBay settings for payment, selling, etc.
With Buyer Requirements, you can block certain buyers from bidding on or purchasing your items.
Selling Preferences
Sell Your Item form and listings
Show the exact quantity of items in your listing, if the quantity exceeds 10.
No
Use the out-of-stock-option
Yes
When the quantity of your Good 'Til Cancelled listing reaches zero, the listing remains active but is hidden from search until you increase the quantity. You may also qualify for certain fee credits. Learn more
Apply

6 除外国設定でリスクを大幅に軽減する

eBayビジネスをやっていて感じるのは、システムが非常に良くできていることで、細かく設定できます。その分、初めは戸惑う面もあるとは思いますが、自分好みにカスタムできるのは大変便利です。

発送除外国を設定する

ここでは一例として、「発送地域を除外できる設定」について解説します。

まず、eBayにログインして、My eBay ＞ Account ＞ Site Preferences ＞ Shipping Preferences（**1**）を見てください。この中にExclude shipping locations from your listingsがありますので、そこで除外国を設定できます。右端にEditというリンクがあるのでクリックしてください。

すると、**2**が表示されます。このページで除外国を設定します。ところで、本書の5章では「世界せどり」という、新しいeBayの稼ぎ方を紹介しています。それを行なうために必要な除外設定が、Domestic（アメリカ国内）であるAlaska/Hawaii US Protectorates（アメリカ保護領）APO/FPO（軍事施設）を除外という設定です。

これはアメリカでの国内転売を行なうとき、通常Amazonアメリカの商品は送料無料が多く、これらの地域は無料の対象とならないためにトラブルが起きる可能性があります。それを未然に防ぐ目的で設定しています。「世界せどり」をする場合は必須の設定です。

細かく除外国を設定することも可能

また、PO Box（私書箱）にもチェックが入っていると思います。これは僕の個人的な設定ですが、PO Box向けへの取引で過去に問題があったためです。頻繁に問題が発生するとは思えませんが、ここはあなたの判断で設定してください。

なお、5章ではGlobal Shipping Programについて説明しますが、そこで除外国設定を反映させるためには、ここにチェックを入れてください。

Internationalは地域を大きく選択することができま

す。たとえばAsiaを除外国にじたい場合は、チェックを入れてください。Asiaの中の国別に除外国を細かく設定することも可能です。

3のようにずらっとAsiaの国々が表示されるので、商品を発送したくない国にチェックを入れて最後にApplyをクリックすれば設定完了です。

1 発送地域の除外設定をする

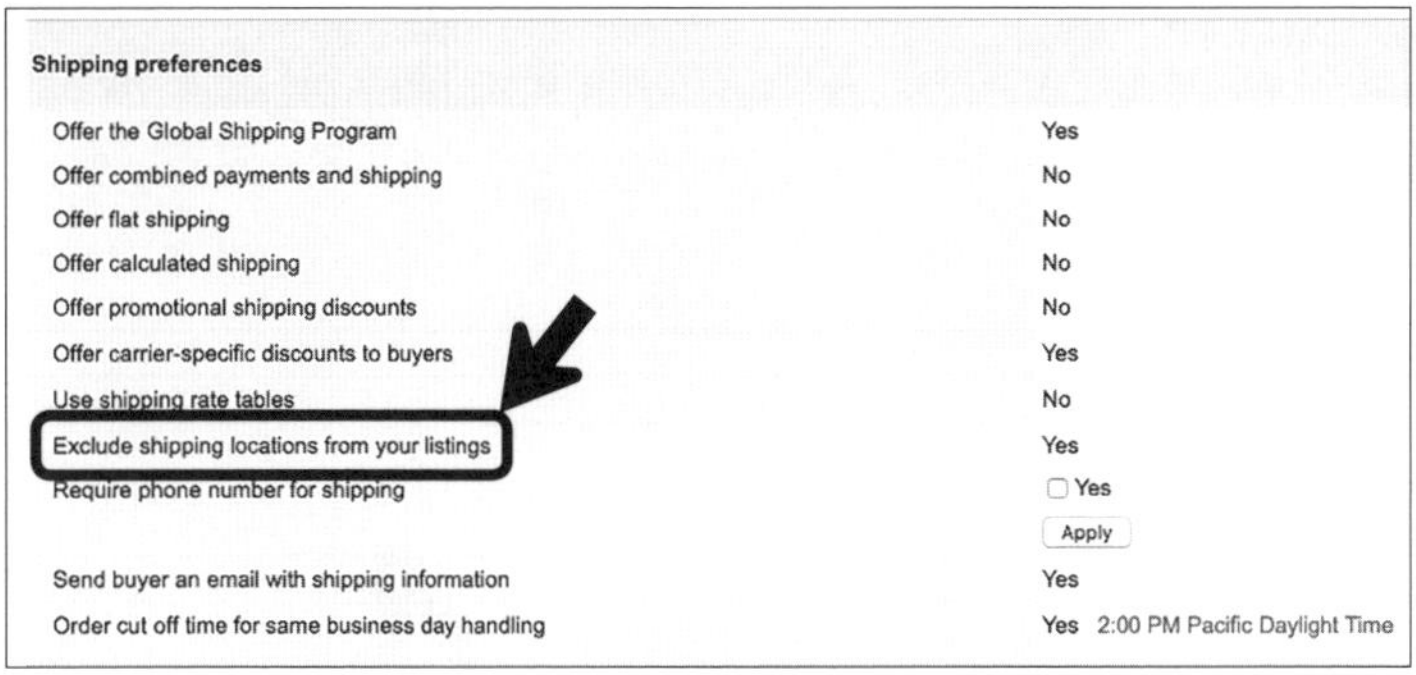

Shipping preferences	
Offer the Global Shipping Program	Yes
Offer combined payments and shipping	No
Offer flat shipping	No
Offer calculated shipping	No
Offer promotional shipping discounts	No
Offer carrier-specific discounts to buyers	Yes
Use shipping rate tables	No
Exclude shipping locations from your listings	Yes
Require phone number for shipping	☐ Yes Apply
Send buyer an email with shipping information	Yes
Order cut off time for same business day handling	Yes 2:00 PM Pacific Daylight Time

2 細かな除外設定をする

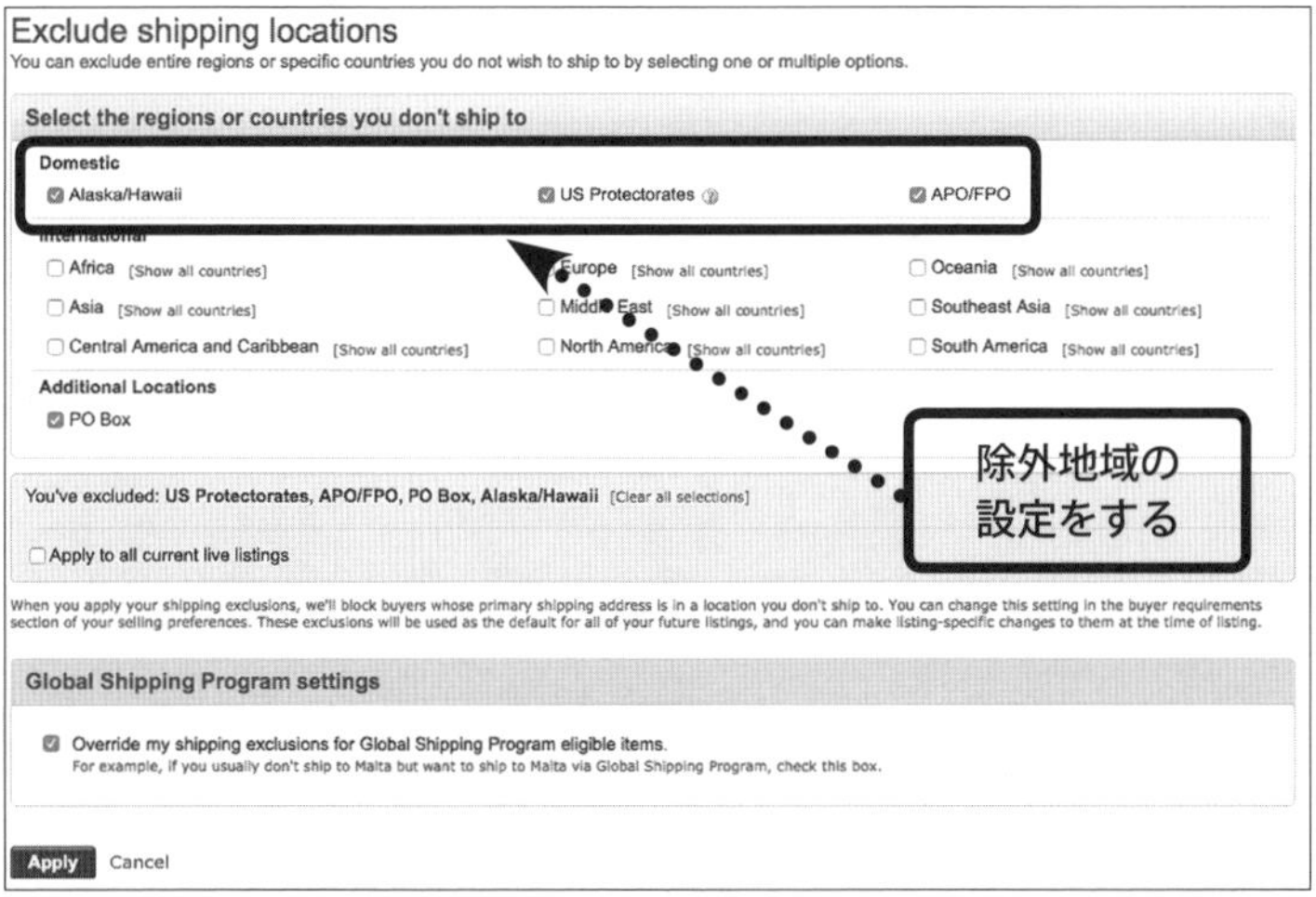

3 アジアでの除外設定

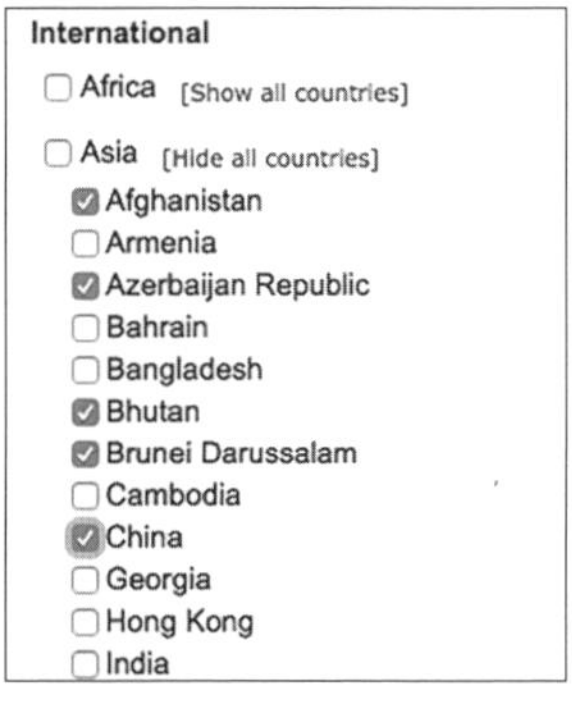

eBay

4章

まずは輸出で脱サラ、独立する方法！

1 最短で独立、脱サラするためのロードマップ

この項では、eBayで独立、脱サラするためのロードマップを覚えてください。

「6か月で自立できる」を目標に

eBayでは、最初は「10商品500ドル」という出品制限（リミット）がかけられています。この出品制限の枠をいかに短期間に大きくできるか、それが大きなキーとなります。

ここを最速で大きくするためには、短期でeBayに好かれる体質をつくる必要があります。大事なことは他の項でもすでに書いていますが、この本の目的として、「6か月でeBayを使って自立できること」にゴールを設定しています。

まずは買い物をして10の評価を集める。そこから10商品をオークションで出品する、ここで一つでも売れたらリミットアップ交渉をすること。

この初動の動きをどれだけ短期間でできるか、それが最も大事なことになります。スタートから3か月は必死にやってください。1か月目で100商品、5000ドルの出品枠を取ります。ここから最も利益が取れる内外価格差の大きな商品の輸出を始めます。最初の半年間は輸出に集中しましょう。この輸出をマスターすれば、半年後の独立、脱サラも可能です。

この数か月の行動で、あなたが見る人生の風景は大きく変わります。誰にも左右されず、自分の貴重な人生の時間を自分でつくれるようになるのです。とにかくこの時期は一心不乱に行動してください。

なぜツールを使うのか？

輸出で生活できるレベルになると、今度はAmazon jpの商品を無在庫で出品する方法を覚えましょう。ツールを使いながら効率よい出品を行ないます。ツールはほとんどが有料ですが、ここまででツール代を出せるように輸出で稼いでいるので大丈夫です。ツールを探す際には、「eBay_輸出_ツール」とグーグルで検索すればいくつか出てくると思います。自分に合ったツールを選んで使

いましょう。

ツールを使う理由は、出品枠が大きくなってくると、それを一つひとつ人手でつくるのは膨大な時間がかかってしまい、せっかく大きな出品枠をもらっても使い切れなくなるからです。ツールを使うことにより大きな時短となりますし、ここから有在庫ではなく、無在庫の販売を行なっていきます。

まずは日本から無在庫で輸出するスタイル、そしてここから「世界せどり」という海外のマーケット（Amazon.com や他のマーケット）を使うツールを使った無在庫販売を始めることにより手間をかけることなく、確実に売上を積み重ねていくのです。

大きな枠を使い切るには

実は eBay で1000商品以上の出品枠を持っている人は、ごくわずかです。どうして枠を持っていないのか。それは自力での出品では限界があるので、それ以上の出品枠を eBay からもらえていないからです。

しかし、本書に書いてある方法を使えば、どんなに大きな枠をもらっても対応することが可能です。外注を使えば梱包、発送も不要です。もっと上級者になれば、海外の業者に外注することも可能です。経験と売上を着実に積み重ねていけば、あなたの自由度はどんどん増していきます。そのためには、生活費以上の利益を取れることを最低限の目標に eBay を進めていきましょう。

旅行もホテルも無料になる

無在庫でたくさん売ることの隠れた大きなメリットがあります。それは浪費、消費せずマイルやポイントがどんどん貯まることです。僕は現在マイルだけに強いクレジットカードを使っているのですが、マイルだけでなくホテルのポイントも貯まります。現在、飛行機もタダ、ホテルも無料になりました。この恩恵はかなり大きいです。人生の楽しみの一つである旅行も無料になりますので、焦らずにしっかりとこのビジネスをつくってください。

2 半年で独立するための輸出最強ノウハウ①

レア物を探せ！

短期間で独立、脱サラするためには、レア物に詳しくなる「**eBay 輸出**」が鉄板です。事実、僕は2005年にこの点に気づいたことで、翌月から生活費を稼ぐことができるようになりました（当時のeBayには出品制限＝リミットはありませんでした）。

まずは、eBayの検索フォームにJapanと入力してみましょう。ここではすべてのカテゴリの商品が出ているので、カテゴリを絞ります。高利益を取れるカテゴリはCollectiblesです。ここでは後述する「リサーチ前に必ずやる必須設定」（5章）で解説している設定を試みてください。検索結果が倍以上になります（**1**）。

多数の高額商品が表示されていると思いますので、これで完璧なリサーチが可能になります。輸出で大事なのはリサーチ力を高めることです。リサーチ力向上＝利益アップと覚えておきましょう。ここから大事になるのが「先輩に学ぶ」ことです。

売れた商品のリストづくりから始める

お気に入りのブログやサイトがあれば、多くの人はそれをブックマークしていると思います。それと同じように、まずは効率よく販売している出品者を「お気に入り」にマークしてください。お気に入りの出品者を多数集めたら、今度は彼らの過去の販売履歴をチェックしてみましょう。過去の売れた商品を確認するには、商品検索結果ページの左メニューにSold listingsというのがあります。ここをクリックしてみてください。価格が緑色で表示されていると思います（**2**）。緑色が過去に実際に販売された価格です。

このページの上のほうを見ると、「417」と表示されています。この数字は出品者が過去3か月に販売した商品数です。この数字が大きければ大きいほど、多数の商品を販売している出品者だとわかります。

まずは、売れた商品のリストをつくっていきましょう。輸出の場合、どれだけリストをつくれるかが命です。リストの中にお金が眠っている、と考えてください。

1 高価なレア物を探す

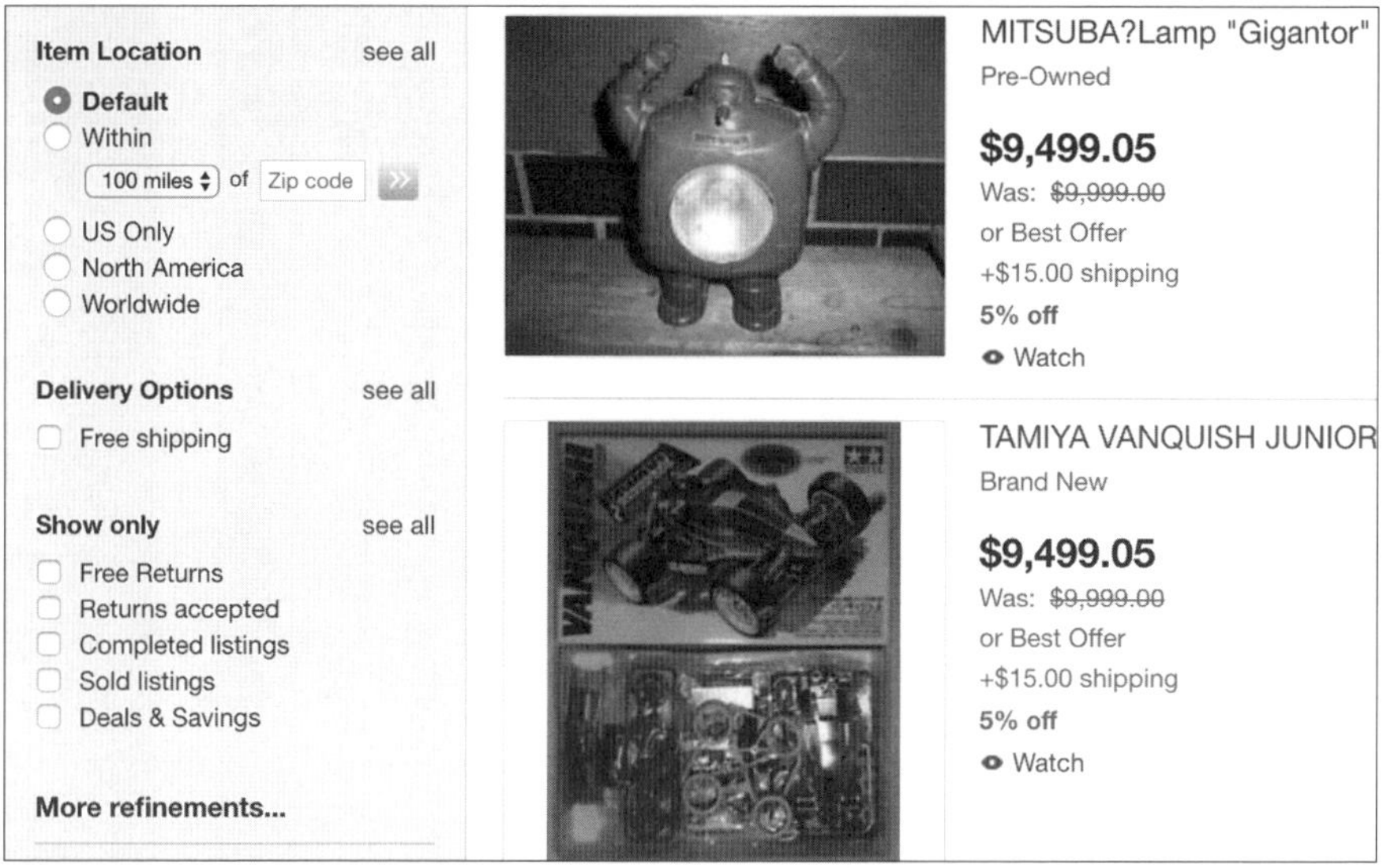

2 過去の販売履歴をチェックする

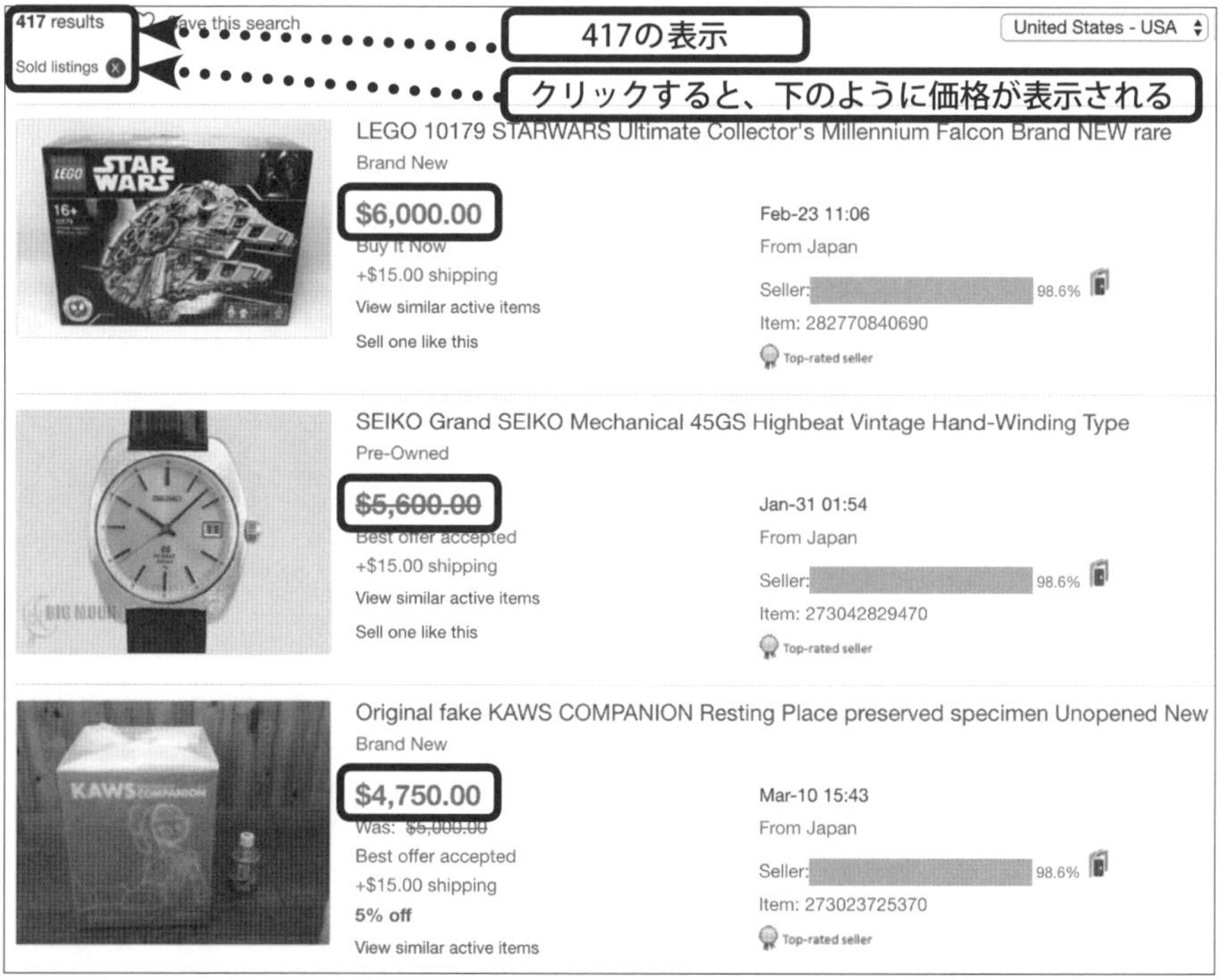

3 半年で独立するための輸出最強ノウハウ②

eBayで売りやすい価格帯は？

ときどき、「どのくらいの価格帯が一番売れやすいですか？」と聞かれますが、eBayで売りやすい価格は50ドルまで、と覚えておきましょう。50ドル前後であれば衝動買いができます。

このため、商品構成としては買いやすい商品を7割、高額の商品を3割というバランスがよいと思います。ただし、安い商品にはあまり手間をかけたくないので、仕入れ不要な無在庫販売も手法に入れると、効率が上がります。

1か月15万円の利益を確保しよう

売りやすい商品で1日に５０００円の利益を上げることができれば、それだけで一か月に15万円の利益を得ることが可能になるのです。

有在庫で商品をリサーチするケースについては、前項の「半年で独立するための輸出最強ノウハウ①」でSold listingsの説明をしていますが、前ページ（前項）の❶図には続きがあり、それが次ページの❶です。このメニューを見てください。実は、金額の幅を指定することができることがわかります。

たとえば、❶のように「Price $30 ~ $50」と金額の幅を指定すれば、すぐに30ドル~50ドルの商品データを引き出すこともできます。ここでも売れている商品で仕入れ可能な商品をリスト化しておきましょう。

リサーチでとても大事になるのが、このリスト化するということです。繰り返しますが、リストがお金を生み出します。

回転率の高い商品をリスト化する

あなたがある程度売れた商品をリスト化した後、効率の良い商品だけを残すように整理をしてください。多くの人が失敗しているのは、落札結果だけを元に仕入れを起こすことなのです。この短絡的なリサーチをして仕入れを起こすと、キャッシュフローが悪くなる可能性があります。

そこで、効率よく売れる商品を簡単に判別する方法をお教えします。あなたが売りたい商品のeBay上での需要と供給を確認しましょう。Active listingsが現在出品されている結果、Sold listingsは過去3か月の落札結果と説明しました。

ですから、もう答えは簡単です。現在の出品数と過去3か月の販売数を比較することです。現在50出品されていて、過去3か月で3個しか売れていないような場合、売り手過剰です。当然、売れるまでは相当な時間がかかると予想されます。

ですから、できるだけ需要と供給がイコールな商品、またはそれ以上の商品をリスト化して、あなたの仕入れの対象とすることをお勧めします。

回転率の高い商品をトライ・アンド・エラーして、繰り返しながら確実に売上を積み上げていきましょう。

1 金額幅を指定してリスト化する

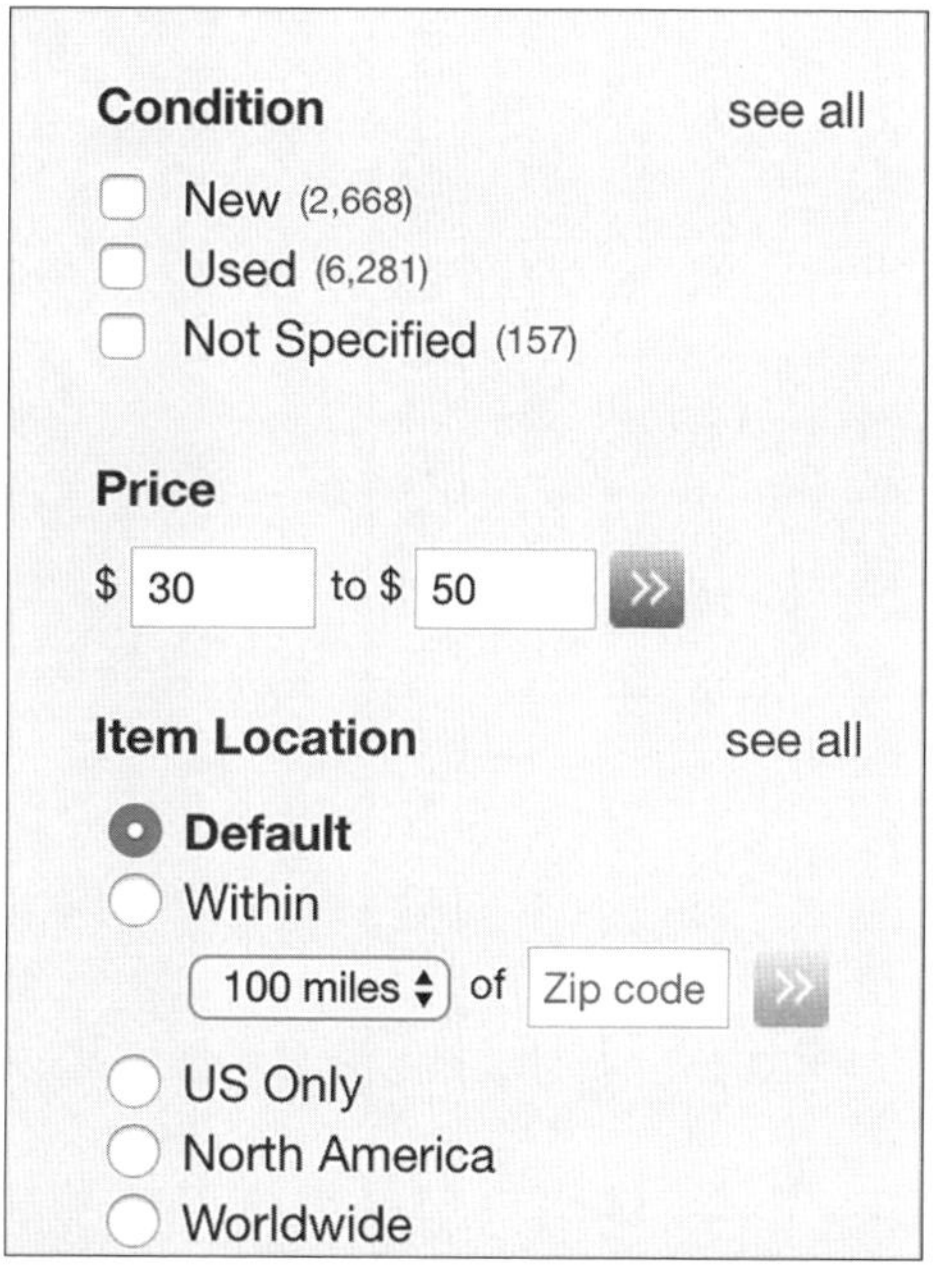

4

誰も知らない最強のAmazon無在庫販売テクニック

通常の無在庫販売テクニック

eBayで大量に商品を出品している日本人出品者の多くは**無在庫販売**です。無在庫販売をしている人を見つける方法は簡単です。eBayの検索フォームにjapanと入力し、たとえばカテゴリとしてHealth & Beautyを選び、価格帯の上限200ドルで検索してみましょう。すると、カタログ写真らしき商品が多数並んでいます（**1**）。このようなケースでは、Amazon無在庫セラーの可能性が非常に高いと言えます。

あなたが興味ある商品がAmazonでも販売されているかどうかを見るには、ブラウザのGoogle Chromeで商品画像を右クリックし、Google画像検索というメニューから検索結果が出ます。Amazonで販売されている場合は高確率で上位に検索結果が表示されているので、後はリンクをクリックすれば確認できます。

通常は、このような方式でAmazonの商品を利用して無在庫販売をするのですが、ここからは違う形での無在庫販売テクニックをあなたに伝授します。

「中古商品を無在庫で」という発想

通常、無在庫での商品販売には「新品を販売する」という先入観があります。僕のeBayコミュニティでは、この常識を根底から覆す方法で多くの会員さんが稼いでいます。それは「中古品」です。中古品での無在庫販売は可能です。また、新品の無在庫販売は薄利ですが、中古の場合は高い利益率を確保することも可能です。

常識を疑うと、新しいアイデアが降りてきます。このeBay上でAmazon無在庫販売をしている出品者のほとんどが新品を取り扱っているので、そこに中古の商品を投入すればそれだけで大きな差別化が可能です。いわば「**無在庫による中古商品販売戦略**」です。

日本のAmazonには無数の中古品が販売されています。ここを狙って無在庫販売でも大きな利益を確保するのです。

Amazon中古販売での狙い目は雑誌類です。Amazonには1円で販売されている雑誌・書籍が山のようにあります。なぜ1円で販売できるかというと、Amazonからもらえる送料を上手に浮かせて稼いでいるから1円でも儲けられるからです。

「本当なのか?」と思う人もいると思うので、事例を画像(2)で掲載します。利益というのは「仕入れで決まる!」が鉄則です。

このように大きな利益を1円の雑誌で稼げるのです。ここは多くのeBay出品者の盲点なので、ぜひ実行に移してください。eBay輸出も工夫しだいで、まだまだ大きな可能性を秘めているのです。

1 新品雑誌はeBayで$15.98で落札されていた

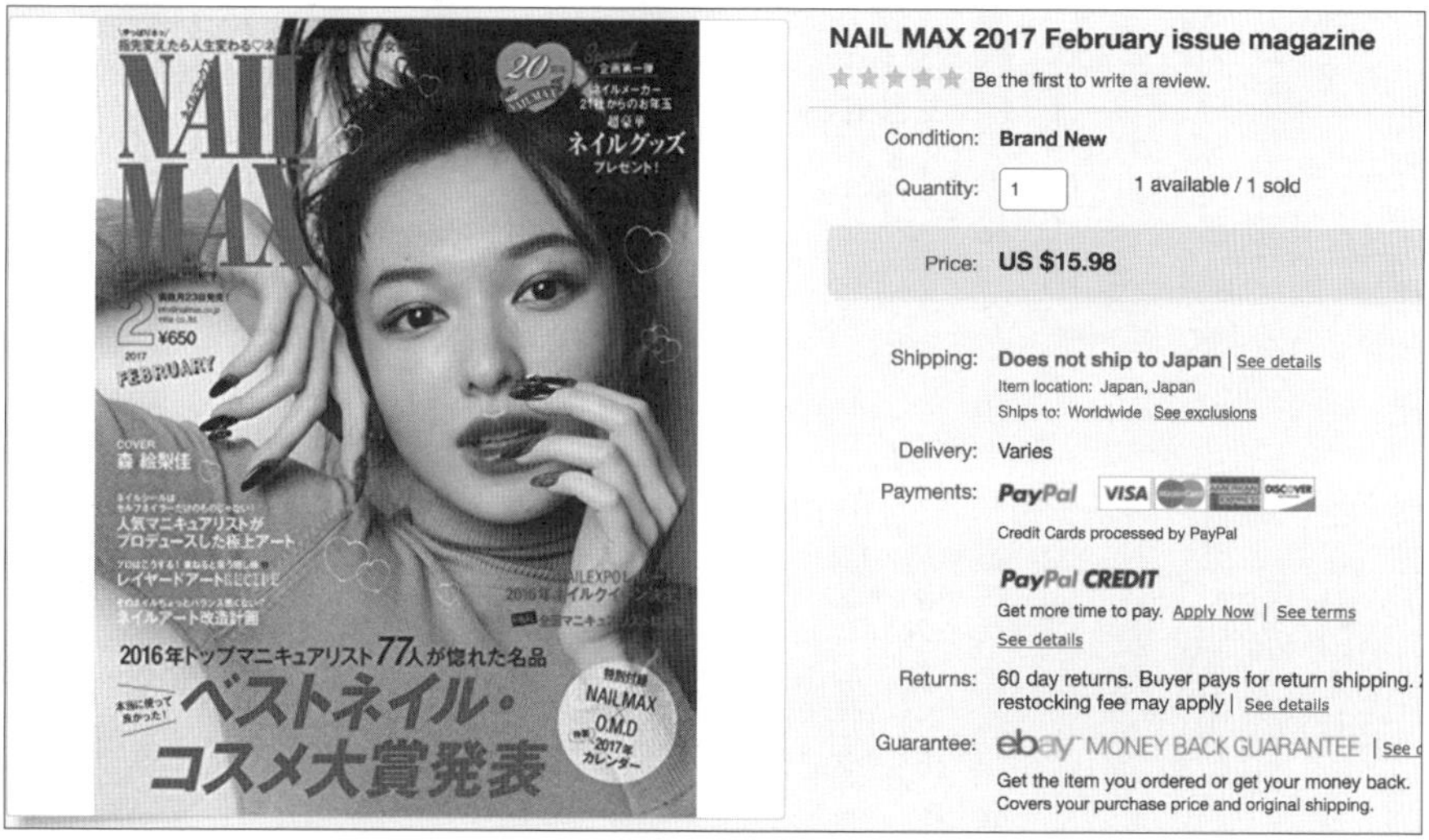

2 Amazonでは中古で何と1円で販売されていた!

5 Amazon無在庫、ヤフオク無在庫のeBay最強ツールとは？

最短で脱サラ、独立するためには、最初の3か月～6か月、一心不乱にeBay輸出に取り組んでほしいと思いますが、できるだけ効率よく稼ごうと思う場合は、ツールの利用を強くお勧めします。「**ebay　輸出　ツール**」とGoogleで検索すれば出てきます。ここでは手前味噌になりますが、僕のeBayコミュニティの会員さん限定で提供しているAmazonを使った無在庫輸出ツール「Z」とヤフオクを使った無在庫輸出ツール「Bay Cash」を紹介します。

Amazon用の無在庫輸出ツール「Z」

まずは、Amazonを使った無在庫輸出ツール「Z」から説明します。「Amazonからの無在庫輸出は儲からない」という人をよく見かけますが、僕たちのコミュニティではAmazonの中古商品を無在庫輸出することで多くのTop rated sellerを短期で輩出していますので、間違った情報を信じないようにしましょう。

さて、このツールの凄いところは一発検索でeBayとAmazonの価格差リストを表示することができて、3クリック程度で英語を知らなくてもeBayに出品してくれるツールという点です。作業効率が大きく向上するのでリミット幅を多く持っている方には便利なツールです。

ヤフオク用の無在庫輸出ツール「Bay Cash」

次にヤフオクを使った無在庫輸出ツール「Bay Cash」ですが、これは、僕が長年温めていたアイデアをようやく実現したヤフオクの固定価格の商品を無在庫で出品する画期的なツールです。ヤフオクにはeBayのマニア層が欲しくてたまらないレアな商品がたくさん出品されています。

これらの商品を、仕入れをすることなく出品できます。eBay IDとヤフオクIDを同期することにより、商品が落札されると瞬時にヤフオクの該当商品を自動落札しますし、出品中のヤフオク商品が他の人に落札されると瞬時にあなたのeBay出品商品を終了させます。

これにより、今まで仕入れすることがむずかしかった数十万円もする高額商品を仕入れることなくeBayに出品できますので、大きな利益を生むことが可能です。高額商品は多くの有在庫出品者と大きな差別化を図ることができます。また、高額品なので数万円の利益を得ることも簡単です。

ツールは便利なだけでなく他のライバル出品者と違った戦略を取ることが可能となります。既存のやり方ではライバルはどんどん増えていくので、ライバルとは少し違った形で一工夫することで、効率よく稼ぐことができます。

ツールの詳細な使い方は読者プレゼントのダウンロード特典で詳しく説明していますので、気になる方は詳細を確認してください。

1 Zの検索前の画面

2 Zではタイトルや説明が英語に自動的に変更される

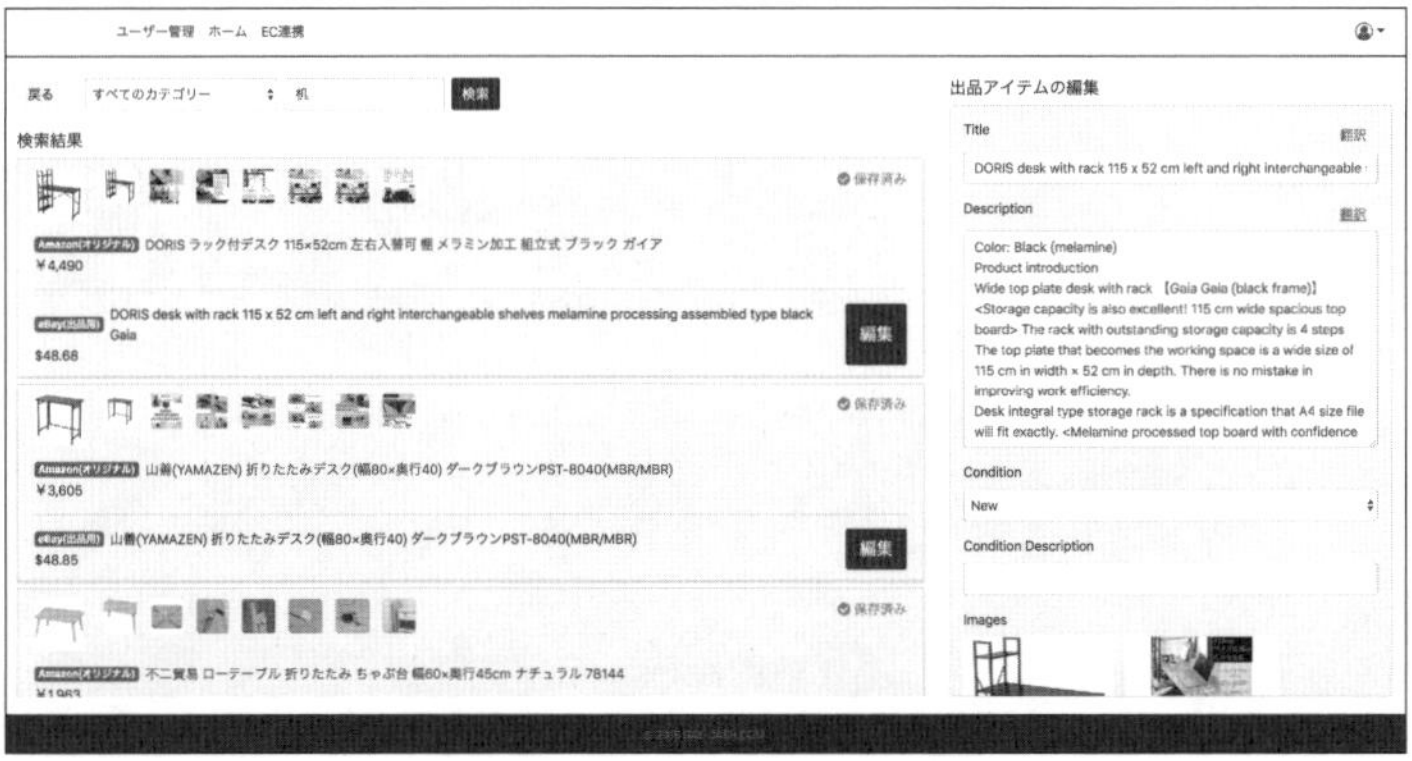

eBay

5章

資金ゼロ&
隙間時間で稼ぐ
eBay無在庫最強
販売テクニック!

1 売れるタイトルを簡単につくる方法

2 無在庫でも写真でライバルと差別化するシークレットノウハウ

3 リサーチ前にしておく必須設定

4 無在庫商品の最強リサーチ法 ①

5 無在庫商品の最強リサーチ法 ②

6 Google Chromeで儲かる商品をサクサクと見つける方法

1 売れるタイトルを簡単につくる方法

80文字のタイトルが命

eBayでの販売は、特殊なケースを除き、必ずライバルが存在します。そのライバルとどう差別化して戦うのか、それは他人とは違う戦略を常に考えている人が利益を上げられるのだと思います。

その中でも、eBayのタイトルを深く考察することが一番重要になると考えましょう。現在のeBayは80文字まで入力することができます。

では、「良いタイトル」とはどのようなものでしょうか。それは、あなたの商品の見込み客がどんな検索キーワードを使ってeBayの検索フォームから希望の商品を探すかを知り、その可能性のあるキーワードを目一杯80文字の中に注ぎ込むことです。

Title Builderは強い味方！

では、そのような効果的なキーワードをどうしたらわかるようになるのか。実は、あなたが重要キーワードを探すのに時間を費やす必要はないのです。一発で効果のあるタイトルがつくれる魔法の方法をお教えします。

Title-Builder（タイトルビルダー）という画期的なeBay専用のタイトルツールがあります。この無料のツールを使えば簡単にベストなタイトルをつくれるのです。

ツールの使い方については図を見て欲しいのですが、このツールの凄いところは、あなたが商品名を入力すると、過去にその商品を探した見込み客が使ったキーワードをeBayのデータベースに見に行って、自動的にあなたに代わってタイトルをつくってくれる、というものです。

しかも、仕上がったタイトルは左側から順番に並んでおり、eBay SEOにも効果を発揮してくれる優れものです。つくってくれるタイトルは重要語を詰め込んだものなので、ここは自分自身で不要な単語を削除して精査しますが、その削除も重要キーワードとして左側に並んでいるキーワードのグラフにマウスを置くと、マイナスボタンが出るのでそれをクリックするだけで削除ができます。とても便利なツールです。

1 タイトルビルダーのトップ画面

2 検索結果の画面

①には、まず推奨カテゴリが表示される。②に重要なキーワードが順に並べられている。それらの重要なキーワードから順番に集めたのが③。該当商品に適さないキーワードは削除し、良いキーワードをつくろう。

2 無在庫でも写真でライバルと差別化するシークレットノウハウ

現在、eBay上で出品されている商品の多くは、実は無在庫商品だと説明してきました。それは同じ写真がたくさん並んでいるので、疑いようのない事実です。

では、ライバルとの間で差別化するためには、無在庫商品の写真をどうすればよいのでしょうか。

写真もSEO対策が必要！

いまのeBayで大事なのは、ライバルよりも常に検索結果の上位にランクしてもらうことです。eBayは営利目的の企業ですから100人のお客様が来てくれて100人が購入してくれるのがベストなのです。ですから、長年の研究で「こんな商品が欲しい！」と思っているお客様に一番近いと思われる商品を提示するように、いろいろとシステムを工夫しています。

あなたが一番意識しなければならないのはeBay検索エンジンのSEO対策（自分のサイトを多く露出させるための対策）です。SEOとはSearch Engine Optimazation、日本語にすると「検索エンジン最適化」のことです。

あなたがeBayにアップする写真もSEO対策をしましょう。多くの出品者は単純にAmazonにある写真をそのままダウンロードして使っています。これでは同じ商品を同じ写真で出品することになり、なんのSEO対策にもなりません。

スクリーンショットで画像を撮る

まず、自分が撮った写真にする方法をお教えします。それはスクリーンショット（画面キャプチャ）を使います。Windowsなら Snipping tool というソフトが入っています。Macなら Command + Shift + 4 で範囲指定のスクリーンショットが撮れます。

これは単純にいうと、「商品写真を自分で撮った写真にする」という意味があります（そのまま使うのと自分で撮ったものはファイルそのものが違うという意味です。見た目は変わりません）。

これだけでも独自性が出てきますが、まだまだ、これだけでは十分ではありません。

ファイル名にキーワードを

この独自の写真を追加することで、あなたの商品を欲しいと考えているお客様にもっともっと近づいてもらえるように工夫する必要があります。それは「ファイル名」です。

スクリーンショットを撮った時点では適当なファイル名（連番など）になっています。そのファイル名に重要なキーワードを入れるのです。ぜひ、キーワード名入りのファイルにしてください。そうすることによって、あなたの出品ページにより重要なキーワードの関連性を強めることが可能となるのです。

eBayでは12枚まで写真をアップロードできますので、写真の数が多ければ多いほどキーワードを散りばめることが可能になります。このようにコツコツと努力をして、一つでも二つでも、ページのランクを上げる努力が必要です。

1 「スクリーンショット＋ファイル名」の工夫でランクを上げる

通常の無在庫販売者は、そのままの写真を使っている。
写真を工夫することで売上アップを狙おう!

3 リサーチ前にしておく必須設定

見落としていたデフォルト設定

eBay 輸出をする人の多くがリサーチをかける前の設定を知らずに、非常に非効率なリサーチをしているケースをよく見かけます。eBay では Sold lisitings（売れた出品）というオプションがあり、適当なキーワードでリサーチした時に、ここをクリックすると過去の販売された商品一覧を簡単に見ることができるのです。

ここまでは間違ってはいませんが、ここで意外と知られていないことがあるのです。

実は日本から eBay を見ている時に、eBay はＩＰアドレスをキャッチしています。あなたが日本から eBay を見ていることを自然と eBay が判別できるシステムを組んでいます。ここに落とし穴があるのです。

日本からの多くの eBay 出品者は、日本を発送地域から除外しています。日本を発送地域から除外している出品商品は、日本から見ているあなたには表示されないので気づかないのです。多くの日本の eBay 出品者がこの設定をしているので、日本からたくさんの良い商品が出品されているにも関わらず、あなたには何も見えないのです。これは大きな機会損失です。

発送地域をアメリカに設定する

でも、安心してください。そのような見えない商品たちを見えるようにする設定があります。

まず、eBay トップページの Search ボタン（**1**）を空欄でクリックしてください。するとカテゴリ一覧が表示されます（**2**）。

このカテゴリ一覧から適当なカテゴリを選んでみましょう。ここでは CDs を選びました。ここでどの商品でもよいので、タイトルをクリックしてください。

すると、表示されたページの商品説明欄に二つのタブがあります。Shipping and payments をクリック、change country が japan になっているはずなので United States（アメリカ）を選択、Zip Code（郵便番号）には適当なアメリカの郵便番号を入力します。

この選択部分ではいろいろな国々を選べるのですが、必ずUnited States（アメリカ）を選んでください。理由はわかると思いますが、日本から出品している出品者は、全員アメリカへの発送が基本となっており、アメリカを選択すれば間違いなくすべての日本からの商品をリサーチできるからです。

そしてGet Ratesをクリックします。設定はこれで完了です。簡単でしょう。これで日本へ発送しない商品もすべて見ることができるようになります。

1 Searchボタンをクリックするとカテゴリー覧が表示される

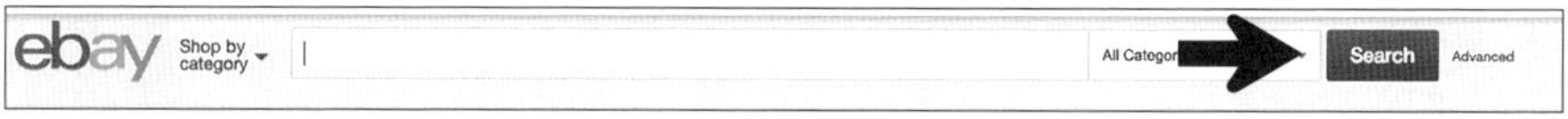

2 カテゴリー覧が表示されるので好きなカテゴリを選ぶ

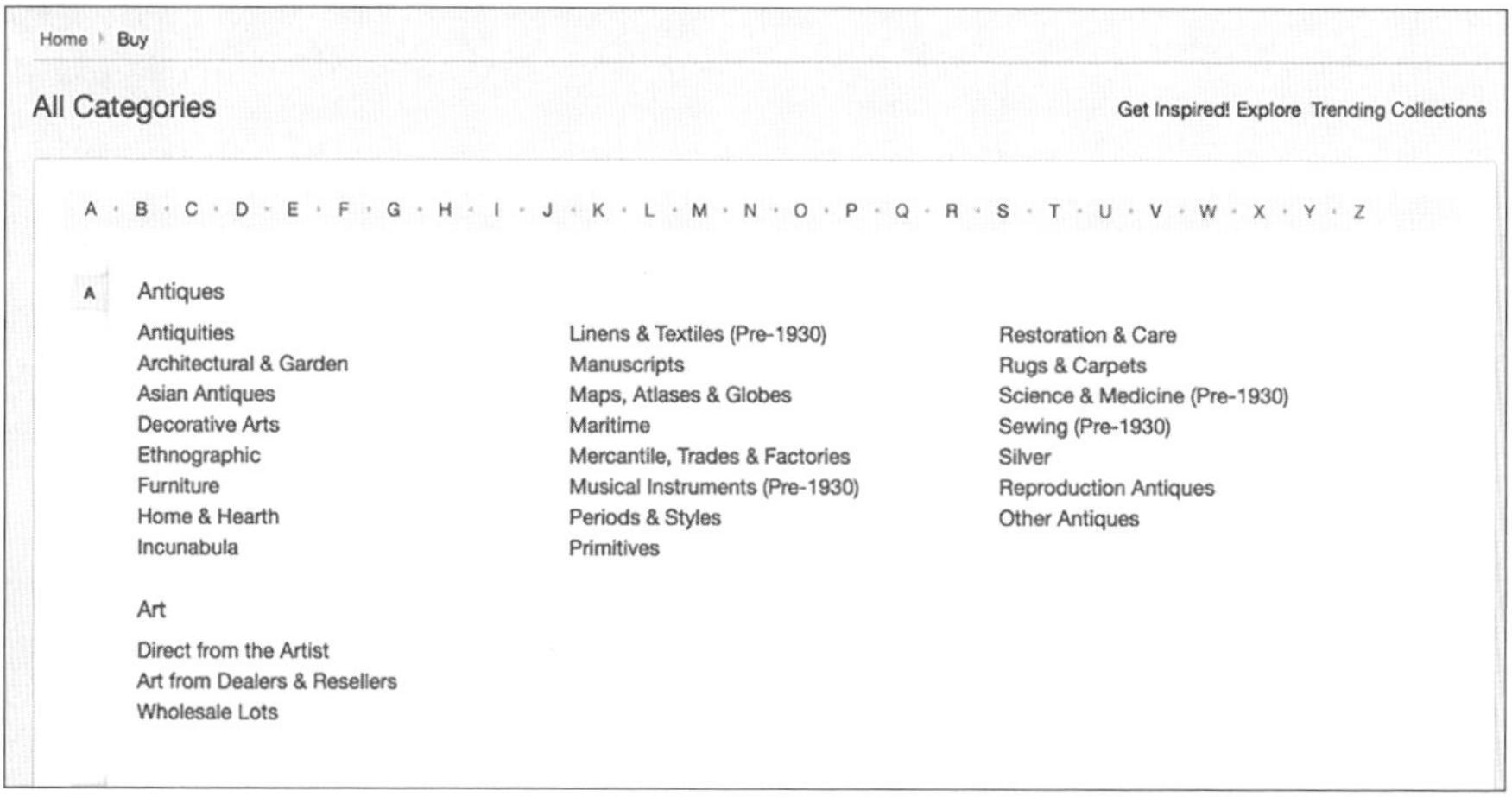

3 Change countryでUnited Statesを選択し、アメリカの郵便番号を入力してGet Ratesをクリック

4 無在庫商品の最強リサーチ法①

資金がなくても始められる無在庫販売ですが、どんな商品を選択すればよいのでしょうか。それはズバリ、消耗品、そしてコンプレックス解消商品の二つです。

消耗品で「優良顧客リスト」を入手できる

消耗品はなくなると、また買い直します。もし、あなたがAmazonでシャンプー等を購入していたとします。その場合、Amazonのページのどこから購入しますか。僕の場合は、購入履歴から毎回購入しています。

つまり、多くの消耗品のリピーターは購入履歴のページから再度商品を購入することが多い、ということです。ということは、消耗品を買うお客様を集めることができれば、中身の濃いお客様リストができ上がります。ですから、たとえ薄利であっても消耗品を数多く販売することが安定した利益をあげる第一歩となります。

コンプレックス系の商品に活路がある!

次にコンプレックス系の商品についてですが、人にはそれぞれにコンプレックスがあります。このコンプレックスに応えてあげる商品を販売することは重要です。ましてやリアルのお店では恥ずかしくて買いにくい商品こそ、ネット販売に最も向いているのです。

ですから、コンプレックス系についてはディープなリサーチをしましょう。まず、Amazonでコンプレックスに関するキーワードを入れてください。例として「顔痩せ」（**2**）というキーワードで商品がズラリと並びます。このように具体的な商品名を入れずとも、コンプレックス系のキーワードを入れるだけで商品が出てきます。

しかし、「顔痩せ」のようなキーワードがすぐに出てくるわけではありません。そこで一つのノウハウをお教えします。ご家族やお友達とお茶やご飯を一緒にした時に彼らに「ここ1か月、または3か月間で何を買いましたか？」と聞いてみてください。たくさんヒアリングすることで、キーワードがあなたのノートに溜まっていきます。コンプレックスや好みがわかるようになりますので、ぜひ質問してみましょう。

1 eBay の販売履歴ページ（Purchase history）

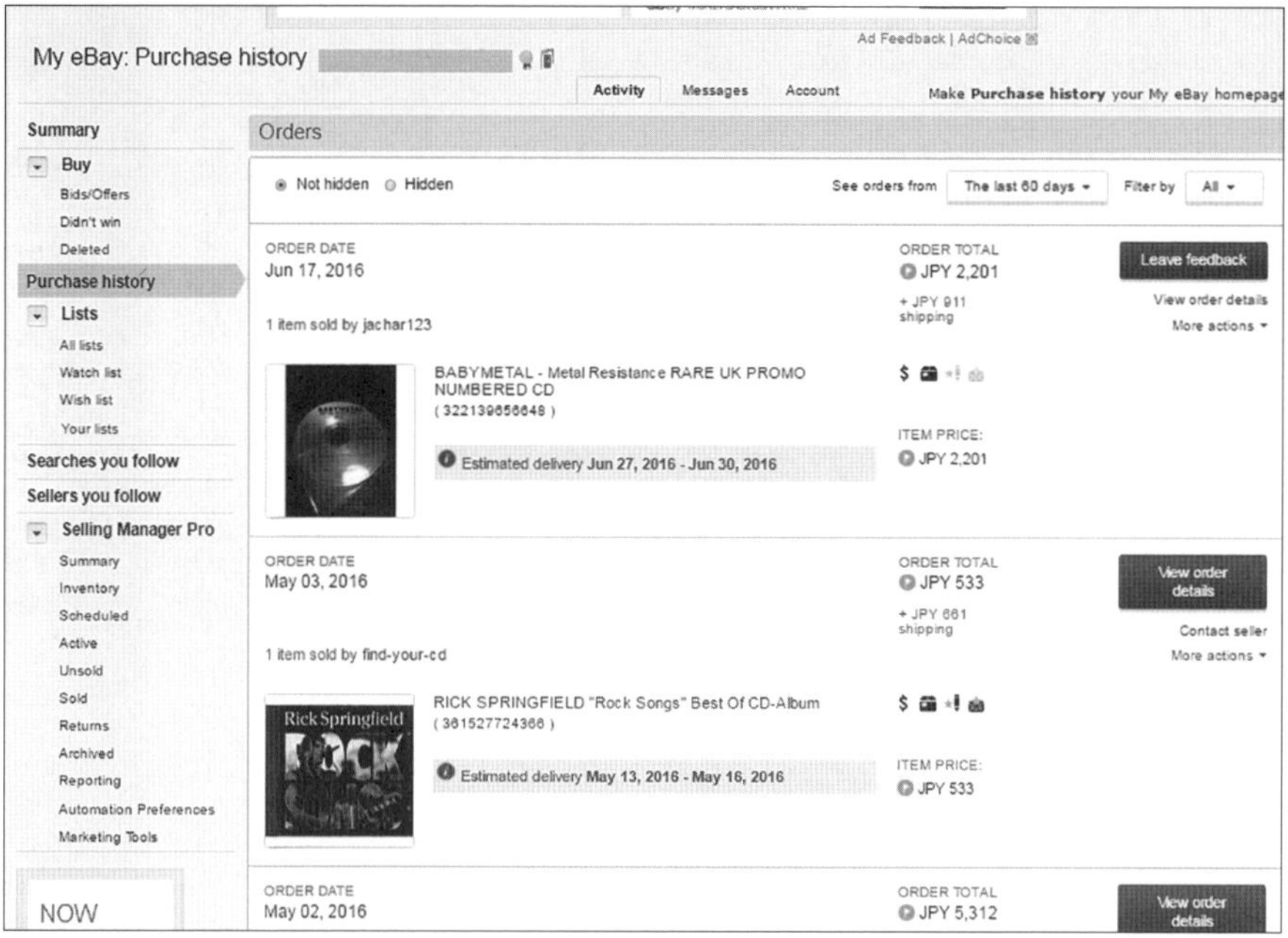

2 Amazon で " 顔痩せ " で検索した結果

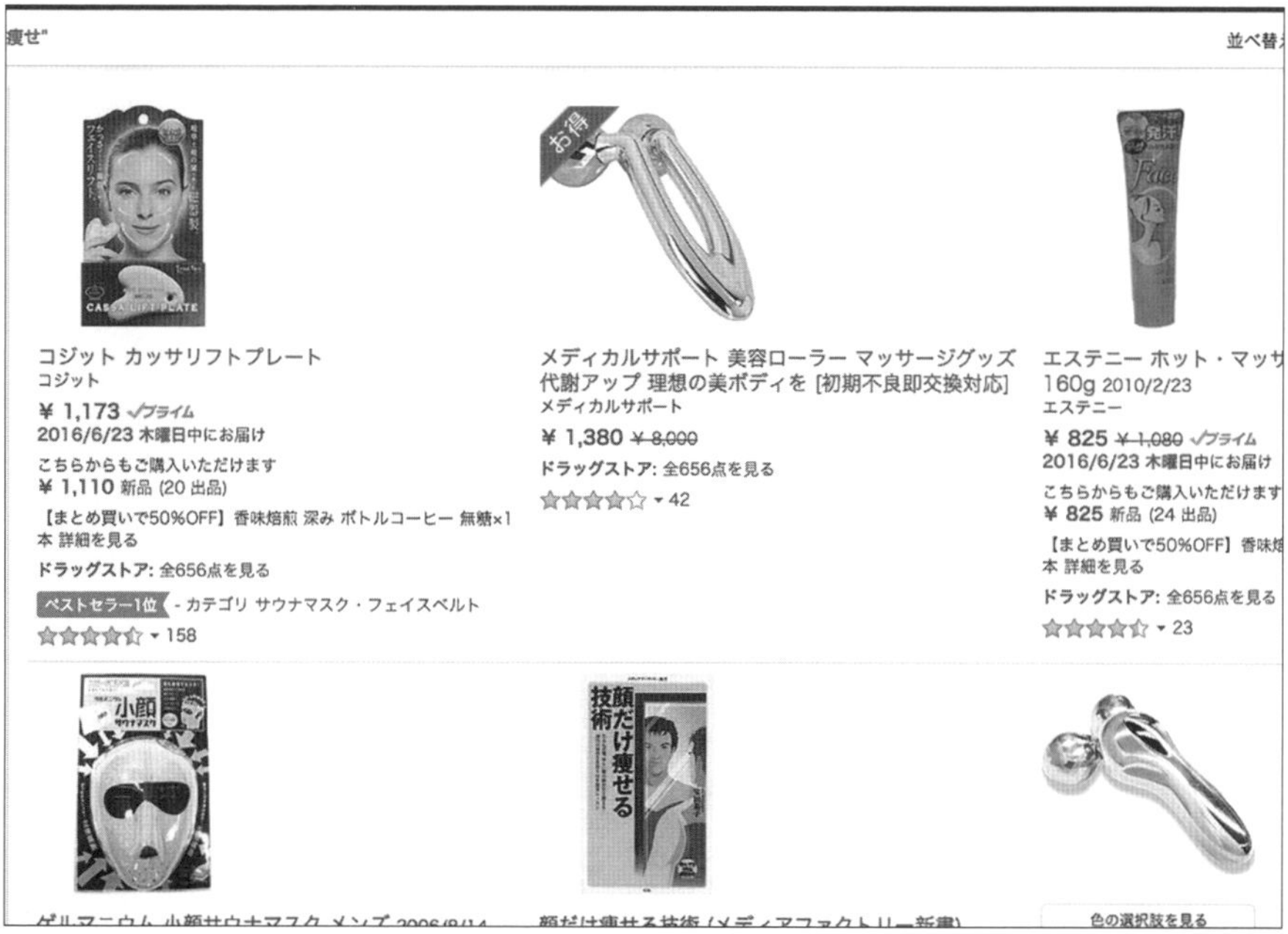

5 無在庫商品の最強リサーチ法②

前項では無在庫商品のリサーチの考え方を中心に触れてきました。この項ではさらに実践的な流れを解説していくことにします。

リサーチのキホン的な流れ

さて、「顔痩せ」のキーワードで引き続きリサーチをします。気になる商品のタイトルをクリックしてみましょう。そこで1の商品を選んだとします。

まず、とても大事な考えがあります。Amazonという ECサイトは売上が効率的に上がるようにページを上手に構成しています。ページの中程を見ると、レコメンド機能といって、「この商品を買った人はこんな商品も買っています」というところがあるのです（2）。

あなたがリサーチをする時には、必ずここも見てください。「これを買いませんか？」ではなく、既に購入実績のある商品が並んでいるのです。簡単に派生リサーチをすることができます。ぜひ、この部分はムダにせず効率よくリサーチしましょう。

Amazonには独自の商品コード「ASINコード」があります（3）。この「ASINコード」は世界各国共通です。「ASINコード」をアメリカのAmazonの検索窓に入れるとアメリカのAmazonでの販売価格がわかります。該当商品のタイトルをコピーしてeBayで検索すると商品が出てきます。

Googleの「世界価格比較ツール」を使う

これが基本的な流れになるのですが、実はもっと便利な方法があります。Chromeブラウザの拡張機能「世界価格比較ツール」（4）は便利です。

この拡張機能では世界各国での商品価格が一発でわかり、価格をクリックすると、その国のAmazonへ飛んでいくことができます。コピー&ペーストして検索する必要がないので大きな時短となります。

次に、eBayの検索を最速でしてくれる素晴らしいChromeブラウザの拡張機能「PriceBlink」（6）を紹介します。Amazon.comで該当商品を表示した時に、ツールバーにPriceBlinkが現れます。「Compare Prices」をクリックしてeBayのマークが表示されるのでクリックすると、eBayのページへ飛び、すぐにリサーチすることが可能となります。

そこでページ左側にあるメニュー「Sold listings」をクリックすると、過去に売れた価格が表示されます。大事なことは、ここでリサーチを止めないことです。というのは、ここまでは多くの人がしていることだからです。そこから一歩でも先に深掘りすることが大事です。

何をするかというと、タイトルの一部を抜き出し、さらに検索を続けてみるのです。この一手間がとても大事な作業です。

1 キーワードで商品を検索する

2 購入履歴に沿って商品が並ぶ

3 Amazon で使われている ASIN コードは世界共通

登録情報

商品パッケージの寸法: 2.3 x 2.3 x 2.3 cm

発送重量: 59 g

製造元リファレンス : 4969133202254

ASIN: B004KSRJMA

Amazon.co.jp での取り扱い開始日: 2011/1/26

おすすめ度: ☆☆☆☆☆ ▾ 159件のカスタマーレビュー

4 世界価格比較ツール Google Chrome ブラウザ拡張機能

一目で各国 Amazon の価格を比較することができ、価格をクリックすると該当国の Amazon へ飛ぶことができる。

JPY (1USD = 105.7000)	co.jp	com	co.uk	ca
Amazon	1173	1549	1594	
New	1110	1549	1594	
Used				
Rank	563	228357	314823	

5 追加するのは下記の拡張機能です

世界価格比較ツール - Amadiff.com　0.60

せどり、輸入、輸出しているユーザーに好評いただいております。

権限　詳細

☐ シークレット モードでの実行を許可する

6 PriceBlink（Google Chromeのブラウザ拡張機能）

7 eBayのページへ直接飛ぶことができる

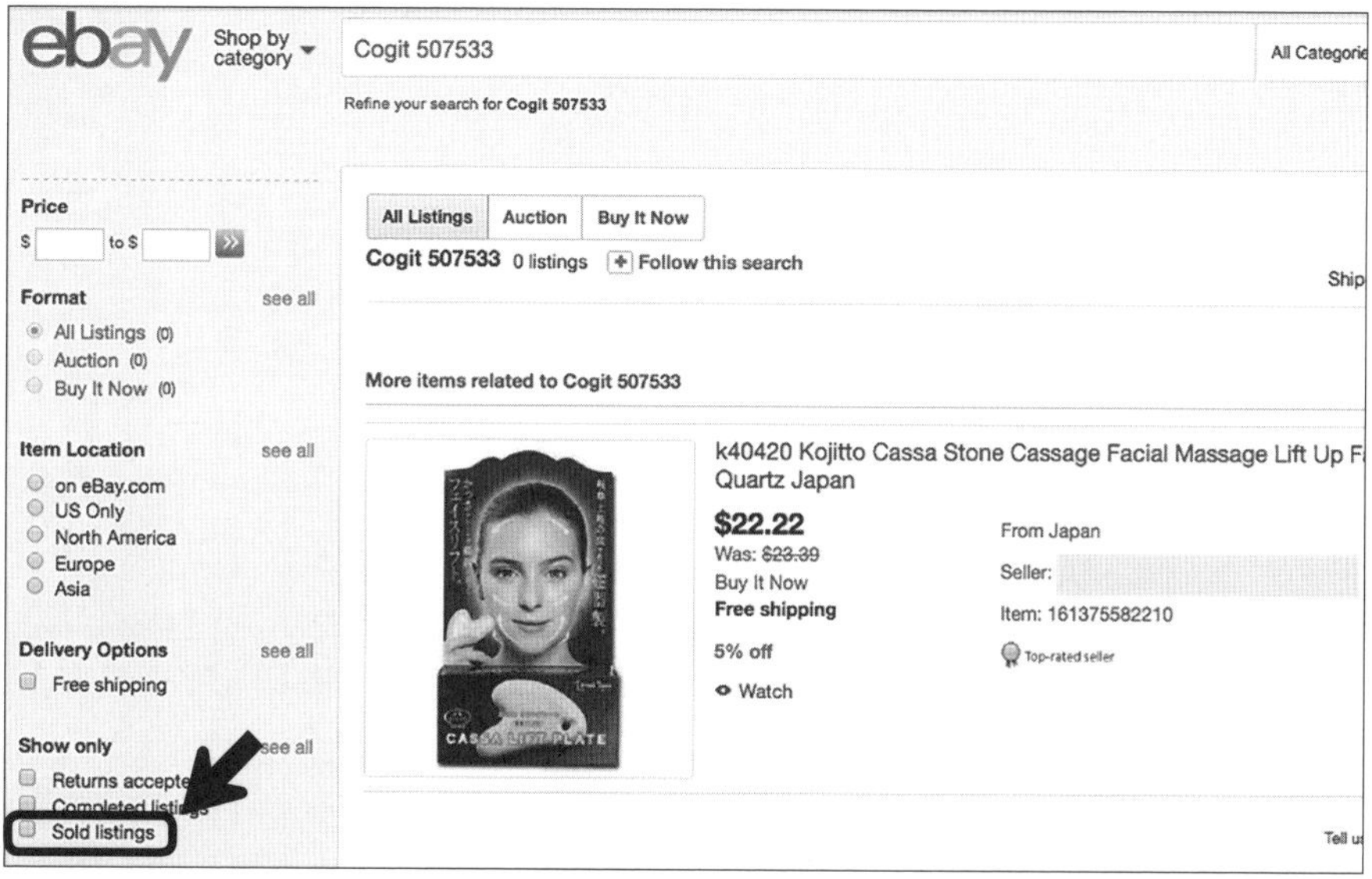

6 Google Chromeで儲かる商品をサクサクと見つける方法

ここでは別の角度からのリサーチをしてみます。eBay上から仕入先を探る方法です。Google の Chrome ブラウザを使うと「画像」で検索できます。

まずは eBay Advanced search（**1**）で、日本から出品している出品者を見つけます。ここではキーワードを「Japan Stapler」（日本 ホッチキス、**2**）として、Search including の Sold listings にチェックを入れます（過去に売れた商品を表示させることができる）。

次に Location の Located in（**3**）を Japan にします。これによって、日本から出品されている商品を引っ張り出すことができます。ここまで設定して Search ボタン（**4**）をクリックすると、**5**のような検索結果が表示されます。eBay に出品されている商品をどこで購入できるかを探るには Google Chrome に標準で搭載されている Google 画像検索が力を発揮します。

6のように右クリックすると「Google で画像検索」がメニューに出てくるのでクリックしましょう。すると Google での検索結果が表示されます（**7**）。このように簡単に仕入先を見つけることができるのです。

● Amazon プライムの商品を選ぼう

多くの無在庫で販売している出品者の仕入先は Amazon 日本です。この Amazon 日本で販売されている商品で価格差がある商品をリサーチしてください。ただし、対象とする商品はプライムの商品に限定することが重要です。プライム商品とは、Amazon の倉庫に商品がストックされているものを指します。つまり間違いなく商品を選定した時点で確実にストックされていることが保障されています。

Amazon のマーケットプレイスにも数多くの商品が出品されています。中には Amazon にストックされている商品よりも安価のものもあるかもしれませんが、僕自身、マーケットプレイスの商品を発注して「在庫がありません」というケースが何度かありました。

マーケットプレイスの商品を選択するのはリスクが高いので絶対に選択しないでください。

1 eBayのトップページ検索フォーム右横にAdvancedとあるのでクリック

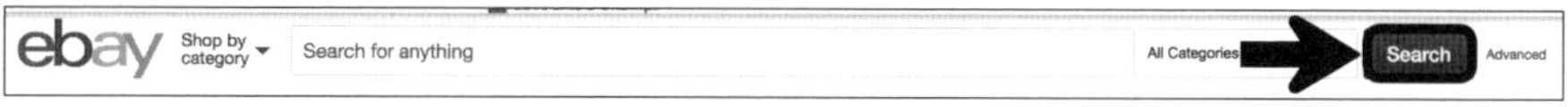

**2 ここではキーワードをJapan Staplerと入力
（Search IncludingのSold listingsにチェックを入れる）**

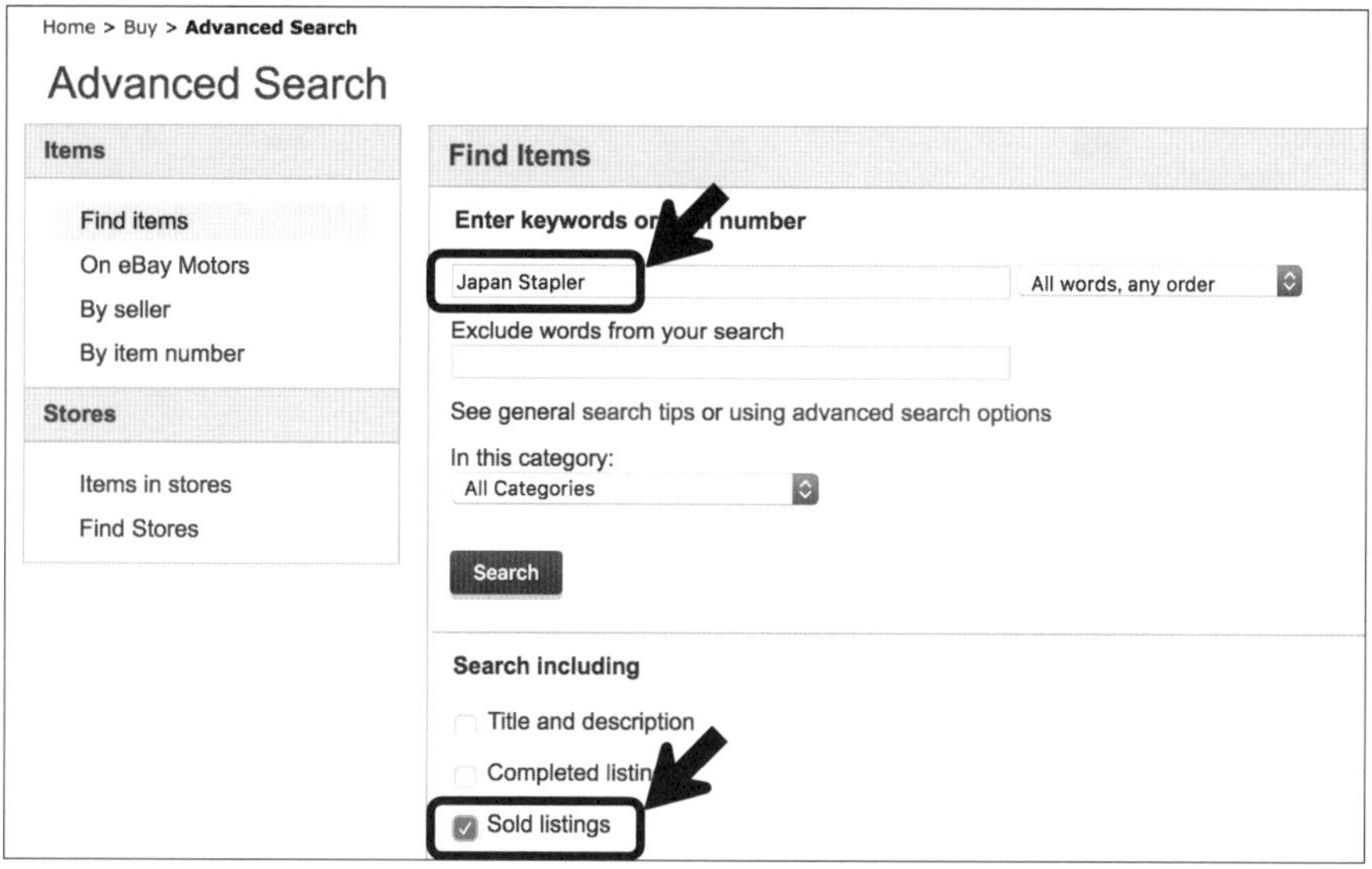

3 LocationのLocated inでJapanを選ぶ

4 Search ボタンをクリックすると検索できる

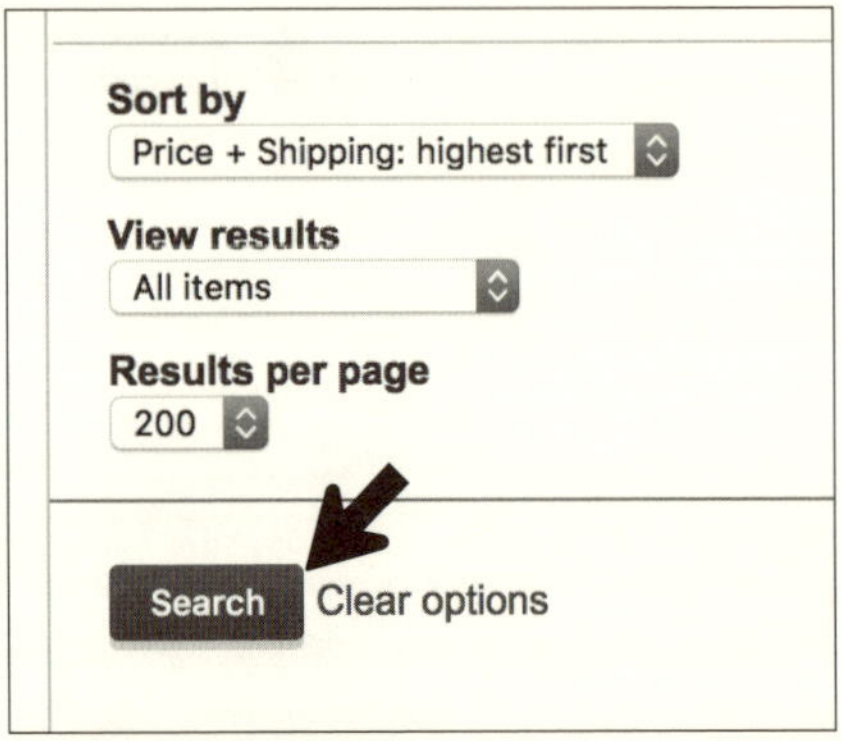

5 過去に販売履歴がある商品が表示される

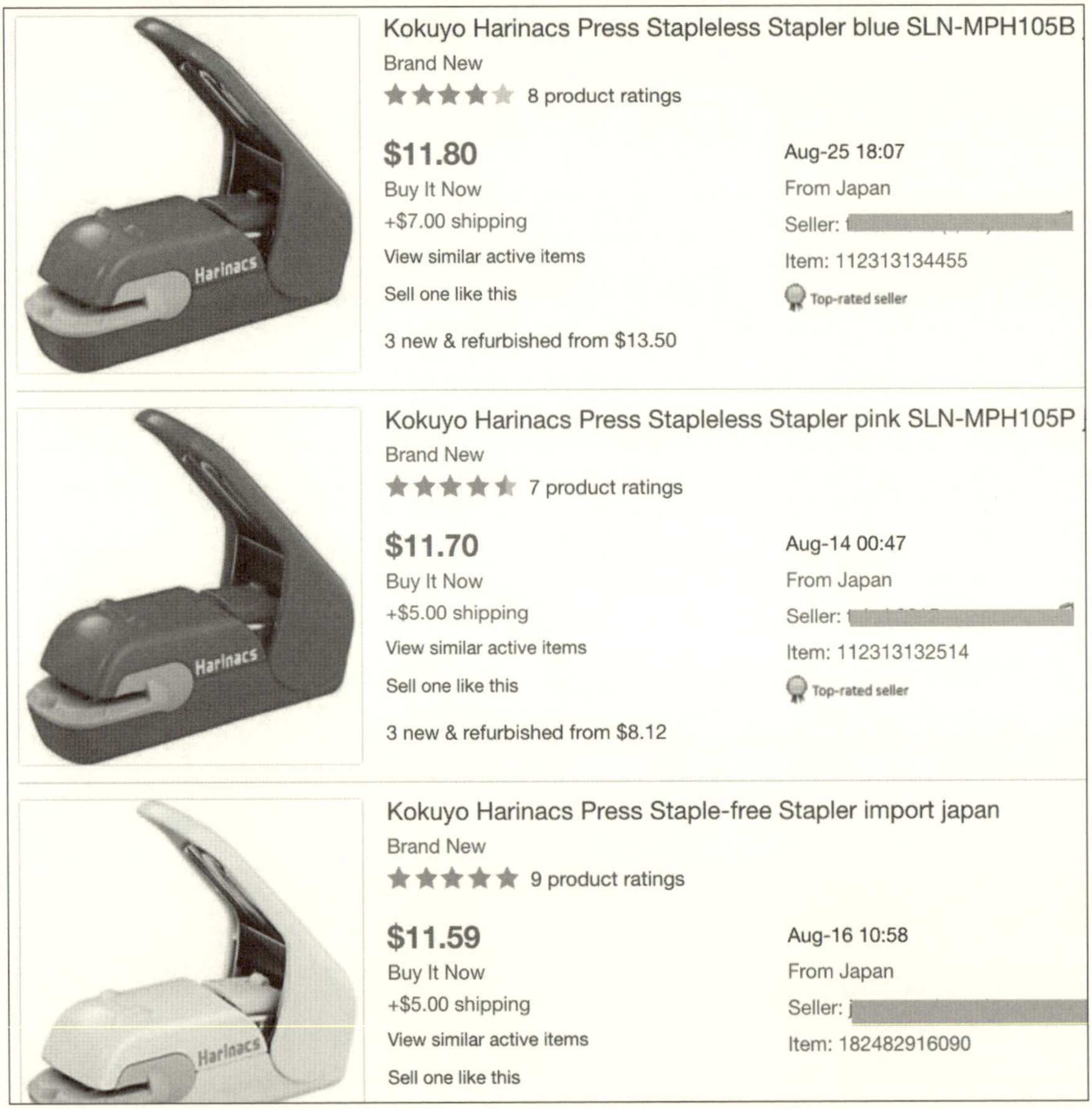

6 興味ある商品のタイトルをクリック
（出品ページを表示し、画像の上で右クリックするとGoogleで画像検索というメニューが表示されるのでクリック）

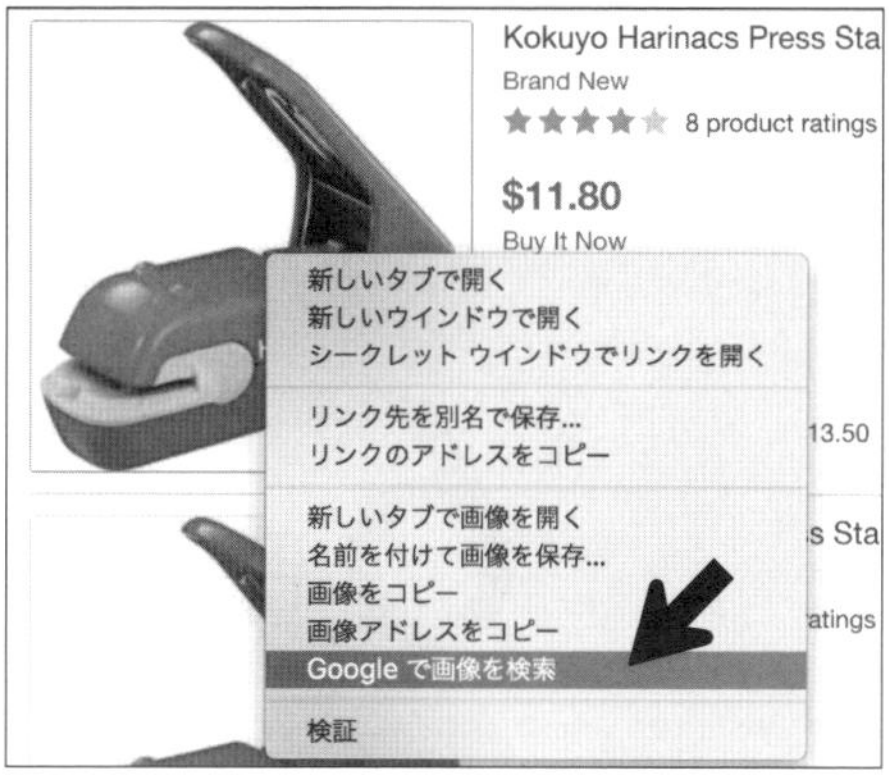

7 検索結果が表示される
（このように簡単に仕入先を見つけることができる）

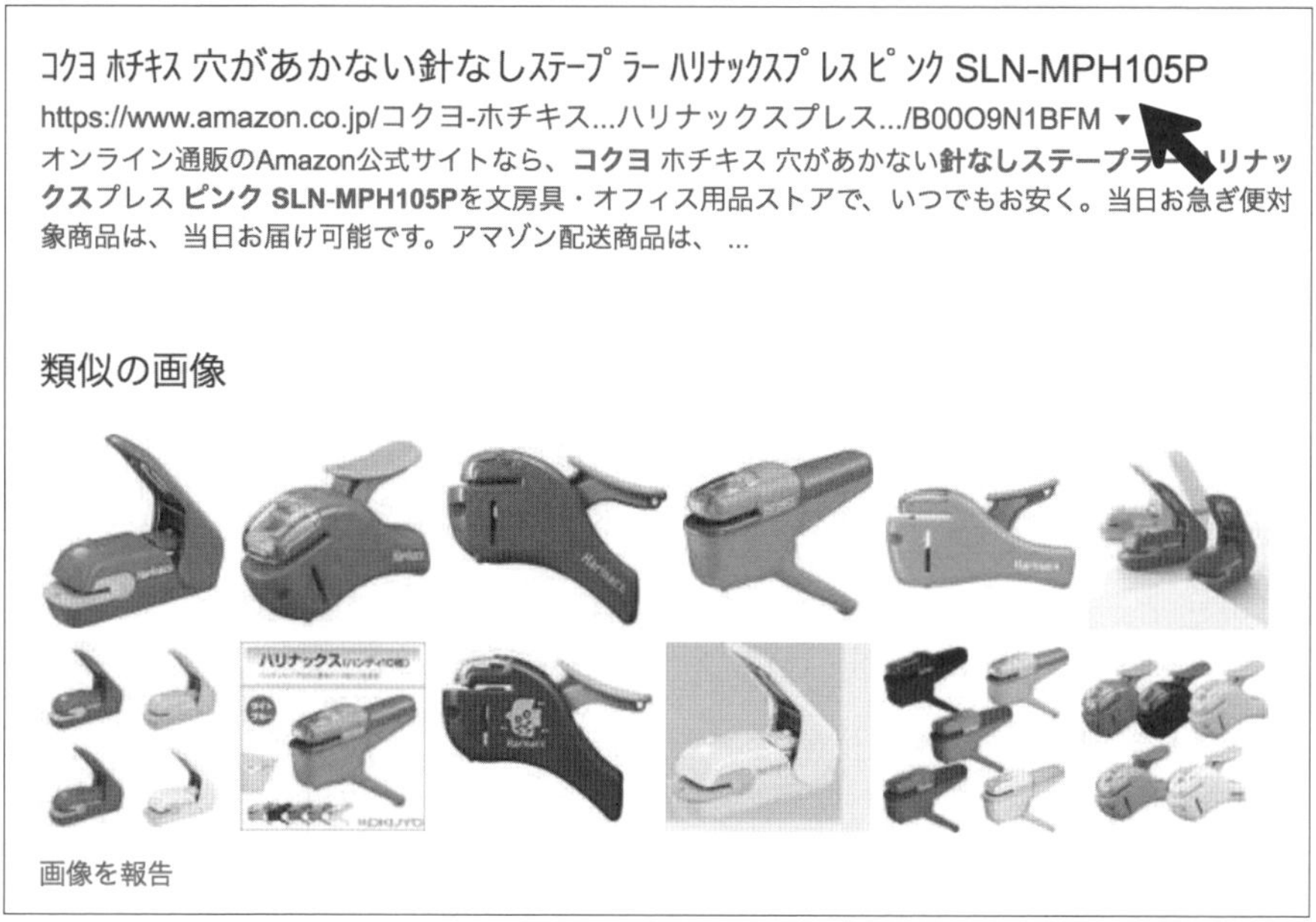

eBay

6章

輸出だけではない「世界せどり」という新しい手法とは?

1 アメリカのeBayセラーはこうして稼いでいる!

2 「世界せどり」はeBay輸出の弱点をすべて克服する!

3 無在庫出品はホントに大丈夫なのか?

4 仕入れはAmazonで行なう

5 梱包&発送もなしの凄い世界!

6 Global Shipping Programの登録方法

7 世界せどり最強リサーチ方法!

8 キャッシュバック・サイトを使ってさらに利益アップ!

9 世界せどり発注方法!

10 オープンケースされてもeBayが味方になってくれる?

11 世界せどり必須の失敗しないeBay設定とは?

12 商品トラブル、どうやって返品・返送する?

1 アメリカのeBayセラーはこうして稼いでいる！

あなたのeBayビジネスのイメージとは、どのようなものでしょうか。おそらく、「輸出」と考える人が多いと思います。僕も2005年にeBayで出品を始めてから最近まで、「eBayとは輸出、もしくは輸入」と思い込んでいたからです。

けれども、ふと頭をよぎったことがありました。それは「アメリカの人は、どうやってeBayで稼いでいるのだろうか？」ということです。

無在庫販売＝Drop Shipping

そこで、アメリカのeBay出品者の稼ぎ方を調べてみたところ、驚くべき事実を知ることになりました。

まず、日本と同様にアメリカの多くの出品者は「転売」をしていることがわかりました。では、どんな転売かというと、王道スタイルが米国Amazonの商品を米国eBayで販売している、ということだったのです。それもほとんどが無在庫販売です。

転売を英語に翻訳するとArbitrageというのですが、向こうではDrop Shippingと呼んでいます。日本でドロップ・シッピングという意味は、「ネットで商品を販売し、卸業者やメーカーから商品を直接発送してもらうビジネスモデル」です。実質的にこれも無在庫販売ですが、日本では転売と少し違う意味に取られていますが、アメリカでは無在庫転売をDrop Shippingと呼んでいて、それらを実践している人たち、興味ある人たちには浸透しているワードとなっています。

「世界せどり」という新しいビジネスモデル

多くのeBayセラーたちは、Amazonで販売されている商品を購入し、それに利益を上乗せしてeBayに出品し、商品が売れたらAmazonで購入します。その時に送り先の住所をお客様の住所に設定することにより、Amazonがあなたの代わりに梱包、発送をしてくれるわけです。

つまりこのスタイルでは、アメリカのセラーは梱包、発送の必要がなく、効率的に稼ぐことができています。

日本でのAmazonを使った無在庫販売では、いったん商品があなたの所に届くので、発送する業務が伴います。ここがeBay輸出を躊躇してしまう大きな原因の一つとなっていました。

●日本でも可能だった

実は、このDrop Shippingですが、これはアメリカのセラーだけができるビジネス手法なのでしょうか。いろいろと調べた結果、僕ら日本人でもできるビジネスモデルだとわかりました。

僕はこの章で「**世界せどり**」という名称でノウハウを読者の方に提供いたします。

1 世界せどりの実例

2 Amazonの商品が利益を上乗せしてeBayで販売されている

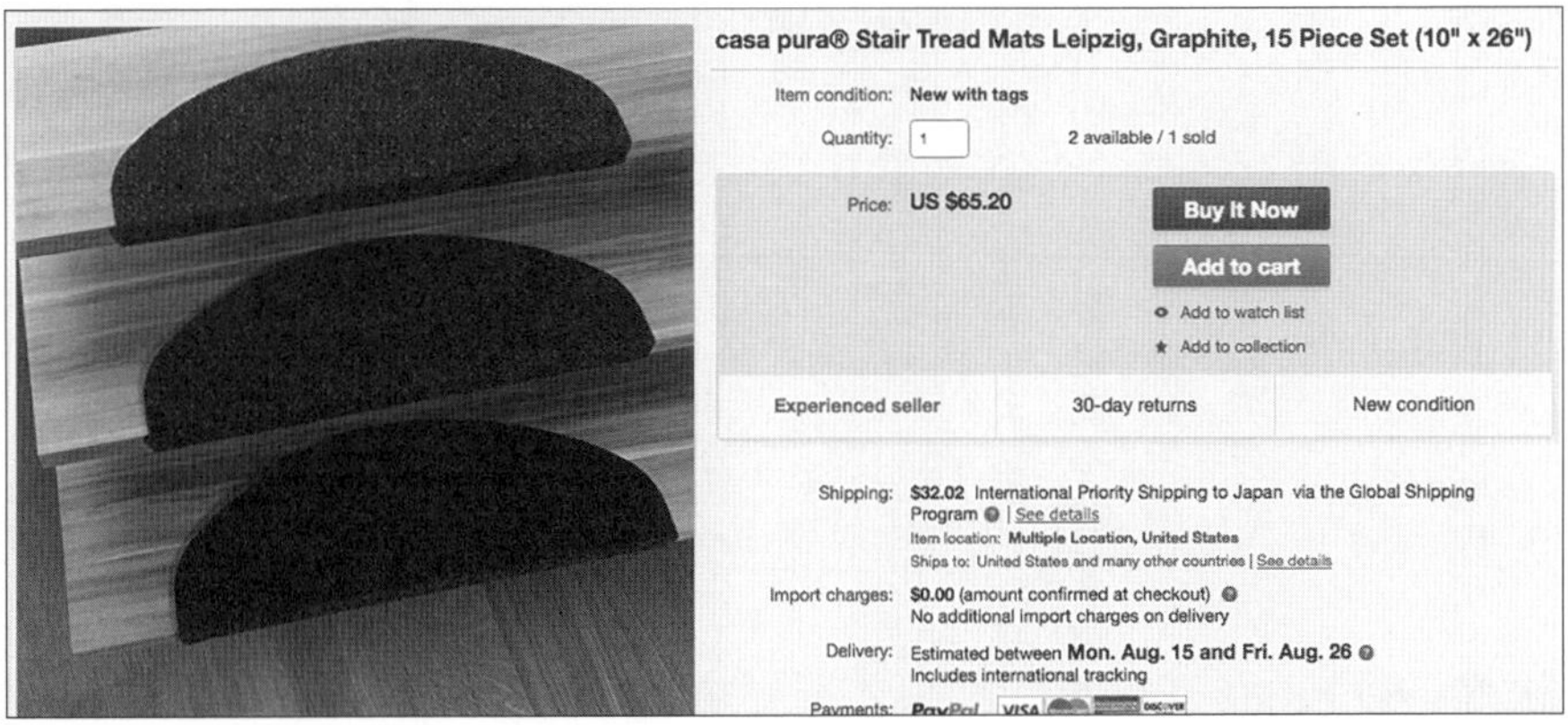

2 「世界せどり」はeBay輸出の弱点をすべて克服する！

すべて「アメリカ」を前提にしたルール

この本のテーマであるお金がない、時間がないを克服できるビジネスモデル、それが「世界せどり」です。

いままでのeBay輸出には弱点がありました。僕らは日本から出品していますが、日本にeBayのサービスがないためにアメリカのeBayに登録することとなります。わかりやすくいうと、ルール的にはアメリカに住んでいてeBayを使っている感覚が必要です。たとえば、eBayではShipping Labelというサービスが用意されていますが、日本のセラーはそれを使うことができません。なぜかというと、アメリカ国内の配送業者を使うことが前提になっているためです。

また、eBayでは特定カテゴリに「送料制限」が設定されています。レコードなどは4ドルまでしか送料を要求できないのですが、4ドルで発送するのは不可能です。必要な送料は価格に上乗せするしかありません。

また海を渡って商品が配送されるのでトラブルも付きものです。とくにＳＡＬ郵便を使うと、遅い時には1か月近くもかかり、遅延でクレームをもらったり、Negative（悪い）な評価を入れられます。関税も厄介です。eBayのルールとしては関税はお客様が支払うことと決められているのですが、ここを理解せず、多く支払わされたと憤慨する人も見かけます。関税の問題に関してはNegativeな評価を入れられた場合は、eBayに相談すれば対処してくれる可能性は高いのですが、ストレスになるので、できれば避けたいことです。

すべてを解決する「世界せどり」

世界せどりではこれらの問題は発生しません。なぜなら、日本に居ながらアメリカAmazonにある商品をアメリカのeBayに出品するため、「輸出」扱いではないからです。もっとわかりやすくいうと、あなたが楽天で販売されている商品をヤフオクに出品することと同じになるのです。無在庫なのに在庫切れを防ぐ素晴らしいツールもあるので、「世界せどり」は安全に日本から取引ができる凄いビジネスモデルです。

3 無在庫出品はホントに大丈夫なのか？

eBayで無在庫出品というのは大丈夫なのでしょうか。実は、日本でeBayの講師をしている人の多くが「無在庫販売はグレイ部分なので責任を取れない」と言います。

無在庫出品はeBayに正式に認められた販売方法

ところが、eBayで無在庫販売をすることは、なんら問題ありません。eBayにDrop Shippingについて言及したページが存在します（URLは次ページ）。ここに書いてある重要部分を抜粋して説明したいと思います。

Selling using a product sourcing service is allowed on eBay as long as the seller can guarantee that the item will be delivered to the buyer within 30 days of the end of the listing.

「出品が終了後30日以内にお客様へ商品を届けることが保証されていれば、商品を調達するサービスは許される」

Do sellers have to tell buyers the item is from a product sourcer? Sellers don't need to indicate in the listing that an item is from a sourcer.

「出品者はお客様に商品を調達することを言わなければならないですか？ 出品者は、出品ページに商品を調達するとは明記する必要はない」

つまり、無在庫販売はＯＫなのです。しかも、「この商品は売れてから商品を調達します」と但し書きする必要もないのです。といっても、欠品を繰り返しているとアカウントを停止されます。

本書では、欠品リスクを究極的に抑えるツールも紹介していますので、ぜひ参考にしてください。欠品の心配がなくなれば、安心して「世界せどり」ができます。

日本に居ながらにしてできる「世界せどり」

これまで多くの人がお金がない、時間がないという理由でeBayを断念していました。僕はこのような人たちに何とかeBayで活路を見出してもらおうと必死で海外の動きを研究してきた結果、発見した手法こそ「世界せどり」です。無在庫で、それも日本にいながらアメリカのマーケットで自由にビジネスを構築できる「世界せどり」は素晴らしいビジネスモデルだと思います。

1 Drop Shipping 無在庫販売について（eBay 公式ページ）

1 min article

Drop shipping

Drop shipping, also known as product sourcing, is a way of selling items on eBay without ever handling the items yourself.

Drop shipping is typically used by sellers who buy stock in bulk from their supplier. After the seller receives an eBay order, they work with the supplier to have the item sent directly to the buyer.

If you use drop shipping, you're still responsible for the safe delivery of the item within the timeframe you stated in your listing, and the buyer's overall satisfaction with their purchase.

Tip
You aren't obliged to state in your listings that an item is coming directly from the supplier.

http://pages.ebay.com/help/sell/product_sourcing.html

4 仕入れはAmazonで行なう

世界せどりの王道パターンはAmazonアメリカの商品をeBayに出品することです。

それは、Amazonアメリカも Amazon日本も言語が違うだけで、基本的にはよく似たシステム構成なので使いやすいこと、しかも商品量がまるで違います。あなたが売りたい商品がきっと数多く見つかると思いますし、利益が取れる商品も多く存在します。最上級のカスタマーサービスがウリなので、何か困ったことがあれば親切丁寧に対応してくれるので安心です。

アメリカのAmazonは49ドル以上の商品は送料無料です。Prime会員になれば25ドル以下の商品も送料無料となりますが、規約として転売は認めていないのでPrime会員を剥奪される可能性もあります。安全に使いたいのであれば25ドル以上の商品を出品することをお勧めします。

● eBayが好きなお客様はeBayで商品を購入する

僕が受ける質問として「Amazonの商品を仕入れするということはAmazonの価格に利益を上乗せしてeBayに出品するので、お客様はAmazonで買ったほうがトクなのでは？」というものがよくあります。

理屈から考えるとそのとおりです。けれども、人は信用のできる、気に入っている人から商品を購入する傾向があります。eBayが好きな人はeBayで、Amazonが好きな人はAmazonで商品を購入するのです。

そもそも、セラーはAmazonで仕入れて商品を発送するのですから、当然、Amazonの箱で商品が届きます。「Amazonの箱で大丈夫なの？」という声が聞こえそうですが、僕も相当数の商品をAmazonから発送しましたが一度もクレームを受けたことがありません。世界せどりをしている出品者の多くがAmazonを利用していますが、そのようなクレームを受けた人は多くないと考えられます。AmazonのＦＢＡ（販売業務効率化のサービス）の利用目的としてeBayにも利用できると明記されているので、もしかするとお客様はAmazonの倉庫から発送されていると思っているのかもしれません。

5 梱包&発送もなしの凄い世界!

どのような世界でも言えることですが、ビジネスを自動化できる部分は、どんどん自動化していくべきだと思います。

ところが、このeBayビジネスの新しい世界「世界せどり」では、自動化の仕組みをつくることなく、すでに自動化が実現できています。通常は外注することで国内からの輸出を行なうのですが、世界せどりの場合はAmazonとeBayを使うだけです。

eBayとAmazonで完結するシステム

eBayで商品が売れるとAmazonに発注します。すると、Amazonがお客様へ直接発送する。つまり、梱包&発送の自動化が難なく実現できてしまうのです。アメリカ国内の配送なので問題なく、素早くお客様の手元に商品が届きますし、Amazonアメリカは現在49ドル以上の商品は送料無料です。

もちろん、追跡番号もありますので、Top Rated Sellerになる条件である「アメリカのお客様に90%以上の追跡番号を付ける」という条件を楽々クリアできます。当然のことですが、国内配送なので関税の問題も一切発生しません。

送料、手数料はeBayが徴収してくれる

「アメリカ国内だけ?」という声が聞こえそうですが、実はeBayにはGlobal Shipping Programといって、eBayがあなたに代わってアメリカ以外の国のお客様にも発送してくれるサービスがあるのです。

Global Shipping Programに登録して世界せどりを行なう場合、たとえアメリカ以外のお客様が商品を購入した場合であっても、送料や手数料はeBayが徴収してくれます。あなたが送料計算をする必要はまったくないのです。

クレームの大半をeBayが対応してくれる

実は、Global Shipping Programは、それ以外にも大きな利点があります。

1 eBay Global Shipping Program の説明ページ

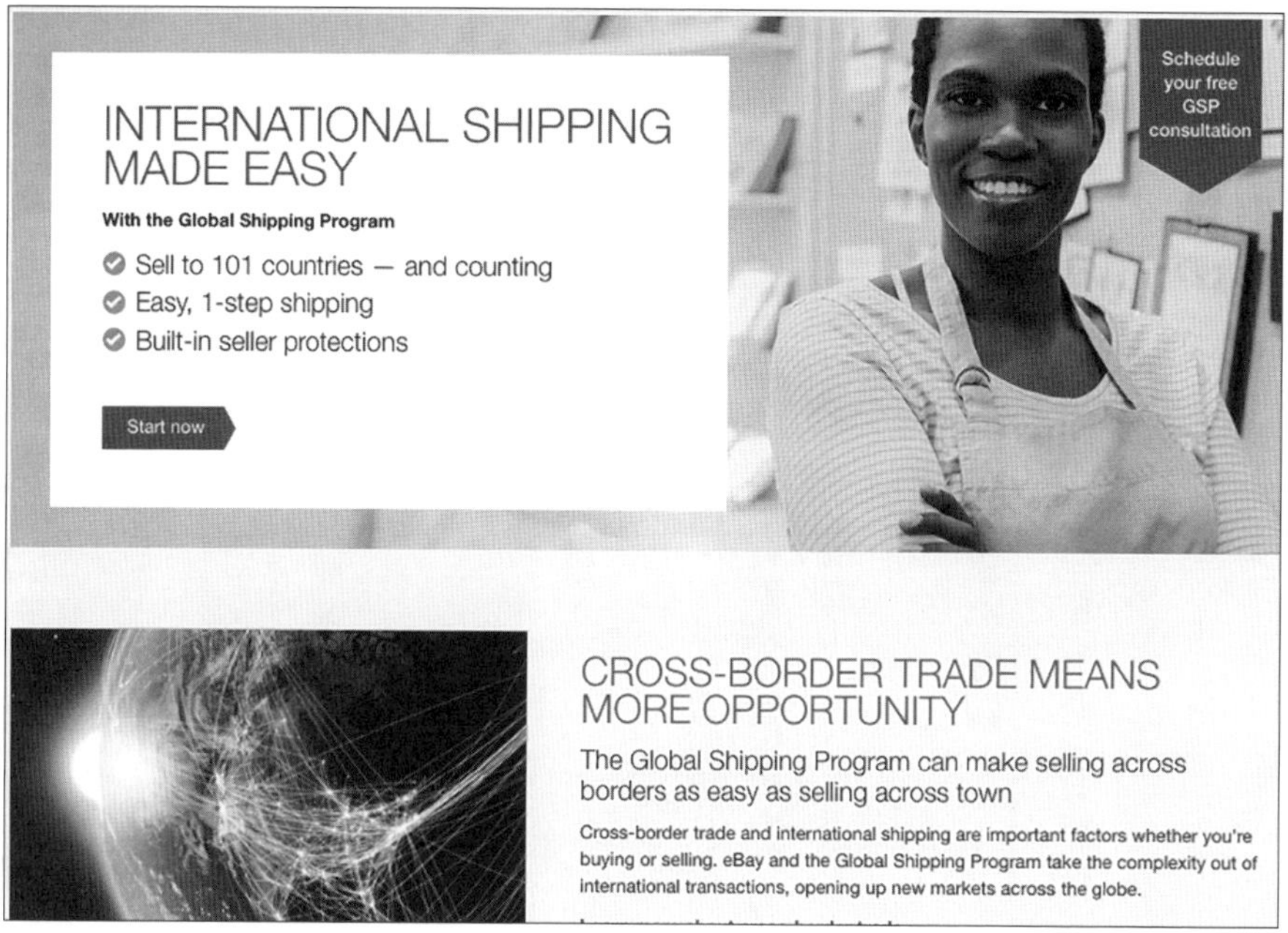
INTERNATIONAL SHIPPING
MADE EASY
With the Global Shipping Program
Sell to 101 countries — and counting
Easy, 1-step shipping
Built-in seller protections
Start now
Schedule your free GSP consultation
CROSS-BORDER TRADE MEANS MORE OPPORTUNITY
The Global Shipping Program can make selling across borders as easy as selling across town
Cross-border trade and international shipping are important factors whether you're buying or selling. eBay and the Global Shipping Program take the complexity out of international transactions, opening up new markets across the globe.

eBay 輸出を経験した人ならわかることと思いますが、商品の不具合以外のクレームといえば、遅延や関税に関するものがほとんどです。この問題が Global Shipping Program を利用することで、一気に解消するのです。遅延、関税に関するクレームは、あなたが受ける必要はなく、eBay が全責任を持ってくれます。遅延等でオープンケースされたとしても、迅速に eBay が削除してくれるのです。

これを初めて経験した時は衝撃でした。「ケースがオープンされた」と思ったのも束の間、すぐそのあとのメールに「Case Closed（ケースは閉じられました）」のお知らせが来たのです。

このように、自分ではどうすることもできない事情でのクレームが大幅に軽減されるのは、セラーとして精神的にとても良いものです。

このように輸出と同時に世界せどりを併用すると、売上の底上げが容易にできます。

6 Global Shipping Programの登録方法

●Global Shipping Programはアメリカ以外でも

前項「梱包&発送もなしの凄い世界!」で説明したeBayのGlobal Shipping Programは、あなたに代わって国際発送をしてくれるサービスでした。発送だけではなく送料、関税に関する問題もすべてeBayがやってくれます。ですから、もはや国際発送での未着、遅延の問題で頭を抱えることはありません。

世界せどりでアメリカ以外の国・地域にも販売したい人は登録してください。残念ながらアメリカ国内向けのサービスなので、日本からの輸出に関しては適用されないのが残念なところです。

●Global Shipping Programの登録

ここでは、Global Shipping Programの登録方法について説明します。まずMy eBayにログインしてください。

My eBayにログインすると(**1**)、まずAccountタブをクリックしてください。するとSite Preferencesというメニューがありますので、これをクリックします。

その中に、**2**の左上にShipping Preferencesと書かれていますが、その一番上にあるOffer The Global Shipping Programの右端(**2**では途中をカットしています)のEditをクリックします。

すると、**3**の画面が出てきますのでStart Nowをクリックしましょう。

1 My eBayにログインする

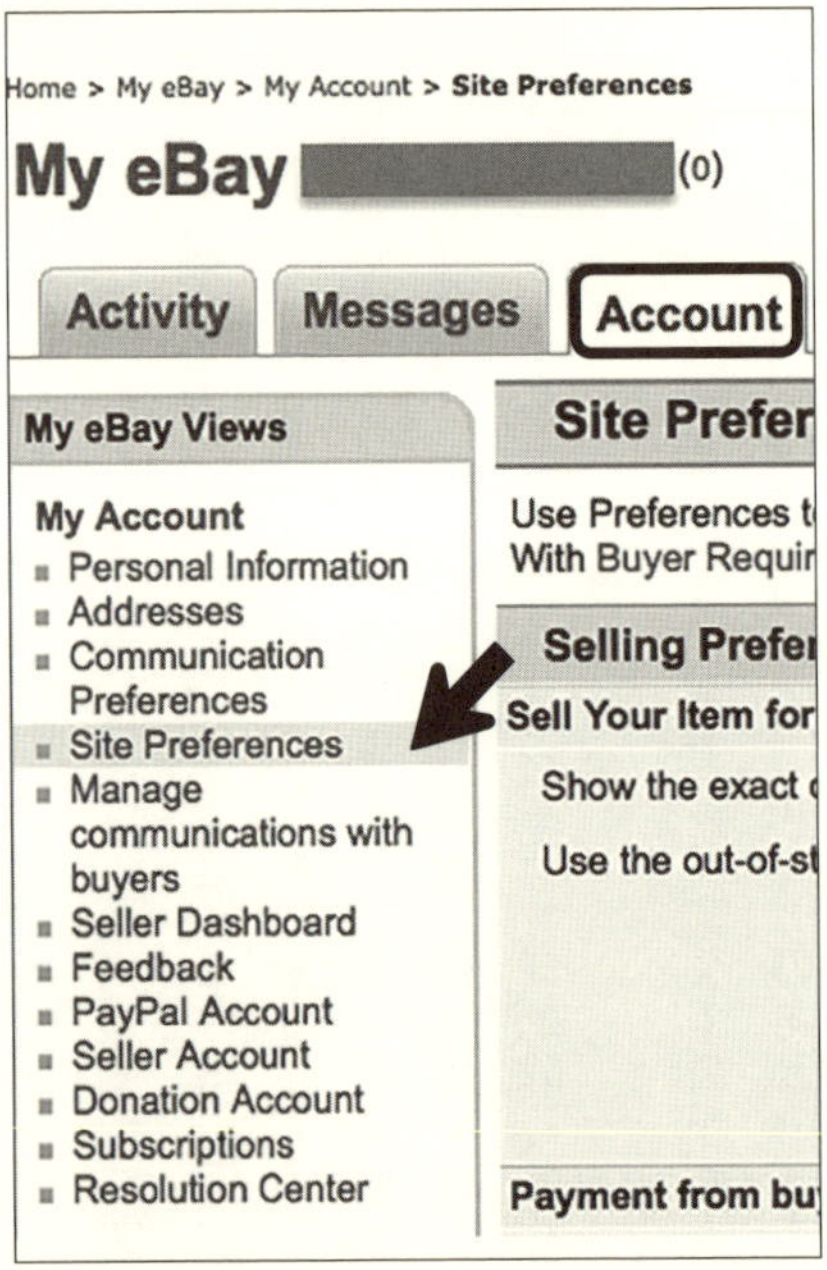

2 右端のeditをクリック

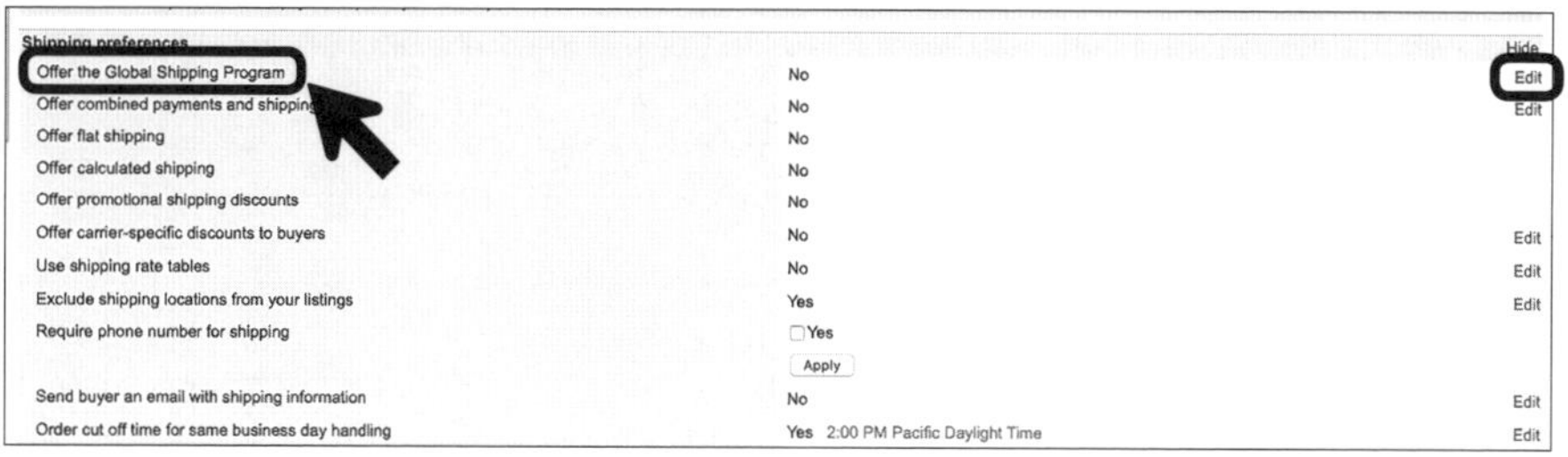
Shipping preferences
Hide
Offer the Global Shipping Program No Edit
Offer combined payments and shipping No Edit
Offer flat shipping No
Offer calculated shipping No
Offer promotional shipping discounts No
Offer carrier-specific discounts to buyers No Edit
Use shipping rate tables No Edit
Exclude shipping locations from your listings Yes Edit
Require phone number for shipping Yes
Apply
Send buyer an email with shipping information No Edit
Order cut off time for same business day handling Yes 2:00 PM Pacific Daylight Time Edit

3 Start Nowをクリック

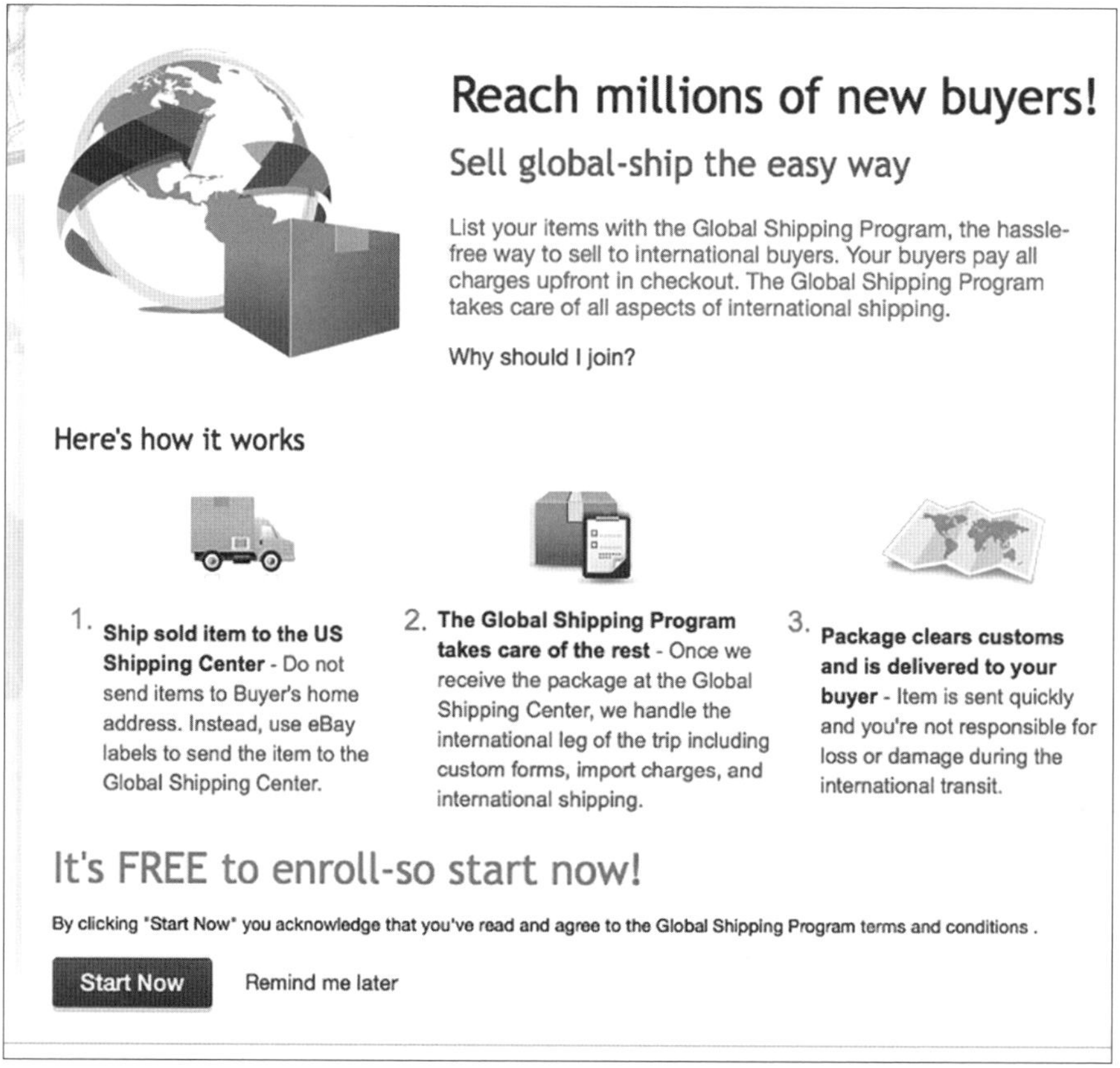
Reach millions of new buyers!
Sell global-ship the easy way
List your items with the Global Shipping Program, the hassle-free way to sell to international buyers. Your buyers pay all charges upfront in checkout. The Global Shipping Program takes care of all aspects of international shipping.
Why should I join?
Here's how it works
1. Ship sold item to the US Shipping Center - Do not send items to Buyer's home address. Instead, use eBay labels to send the item to the Global Shipping Center.
2. The Global Shipping Program takes care of the rest - Once we receive the package at the Global Shipping Center, we handle the international leg of the trip including custom forms, import charges, and international shipping.
3. Package clears customs and is delivered to your buyer - Item is sent quickly and you're not responsible for loss or damage during the international transit.
It's FREE to enroll-so start now!
By clicking "Start Now" you acknowledge that you've read and agree to the Global Shipping Program terms and conditions .
Start Now
Remind me later

登録完了へ向かって

4の画面では、Do you want to offer the Global Shipping Program on your active eligible listings? と表示されています。つまり、「グローバル・シッピング・プログラムを適用可能なものに提供しますか?」と出るわけです。

選択肢は二つ、Yes（はい、グローバル・シッピング・プログラムを適用可能なものすべて追加します）が一つ。もう一つは、No（いいえ、プログラムに登録だけします、自分自身で特定の出品に自分自身で適用させます）です。Yes,No のどちらかを選択してください。

こうして、下の5の画面が出てくれば、最終的に登録が無事完了です。

最後に確認をしましょう!

登録作業は完了しましたが、本当に

4 「はい、いいえ」の二択を選択する

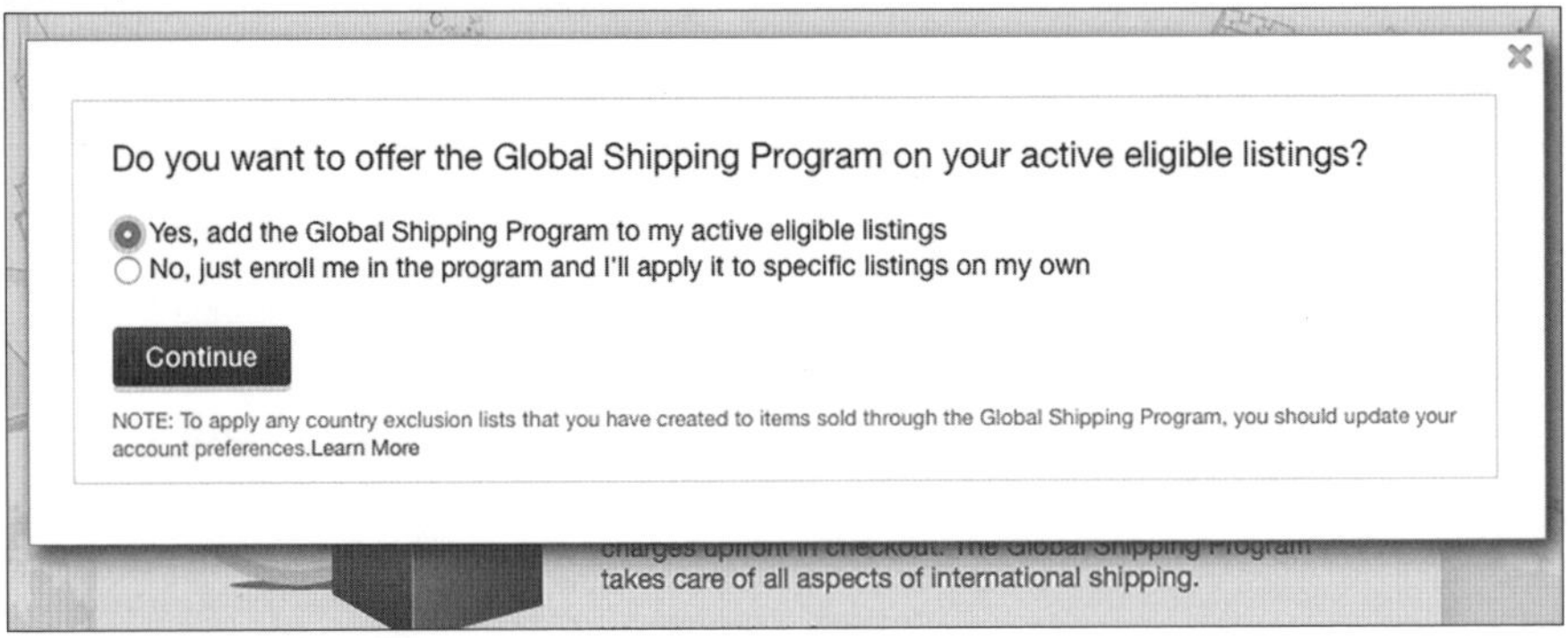

Do you want to offer the Global Shipping Program on your active eligible listings?
Yes, add the Global Shipping Program to my active eligible listings
No, just enroll me in the program and I'll apply it to specific listings on my own
Continue
NOTE: To apply any country exclusion lists that you have created to items sold through the Global Shipping Program, you should update your account preferences.Learn More
takes care of all aspects of international shipping.

5 これで「登録完了」!

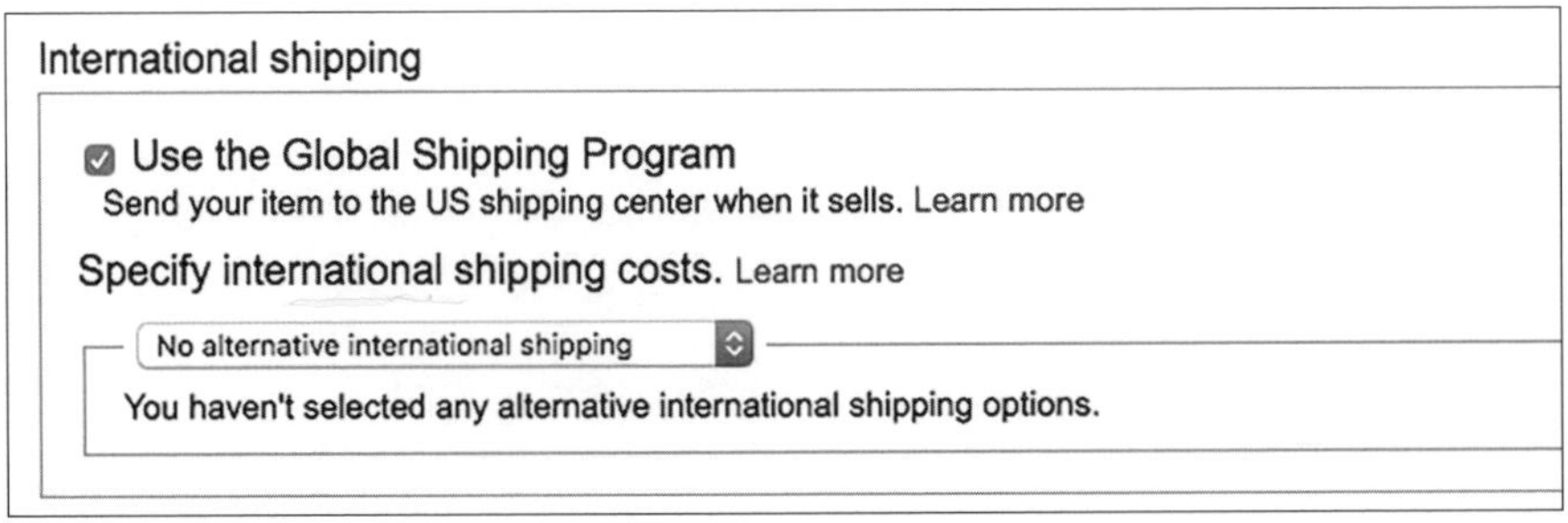

International shipping
Use the Global Shipping Program
Send your item to the US shipping center when it sells. Learn more
Specify international shipping costs. Learn more
No alternative international shipping
You haven't selected any alternative international shipping options.

登録されているかどうかを確認しておく必要があります。

そこで、あなたが出品する商品、または出品した商品がGlobal Shipping Programに適応されているかどうかを確認するには、出品ページ（6）のInternational ShippingのUse The Global Shipping Programにチェックが入っているかどうかを確認しましょう。6のようになっていれば完璧です。

こうしてGlobal Shipping Programを適用すると、該当国のお客様があなたの出品ページを見た場合、7のように自動的に送料をeBayのシステムが表示をしてくれます。日本から見ているあなたには、日本までの送料が表示されます。

これですべて終了です。おつかれ様でした。

6 チェックが入っていれば確認OK！

7 該当国のお客様が見るページ

7 世界せどり最強リサーチ方法！

世界せどりでのリサーチ方法の王道は、世界せどりをしているセラーをまず見つけることです。見つけるのは簡単です。Amazonで販売している商品のタイトルをある程度コピーして、eBayの検索フォームにペーストしてください。すると同じタイトル、同じ写真を使っている出品が出てくると思いますので、すぐにわかります。

ここでSold Listingsをクリックして、どれくらい売れているかを確認してください。もしAmazonのタイトルのまま販売する時は、同じタイトルで勝負することになりますので、その場合は価格勝負です。

しかし、価格勝負が無理だと思っても、出品するのを諦める必要はありません。工夫をすれば売れる可能性があるからです。その時はタイトルを大きく変えるか、重要キーワードを入れてライバルとの差別化を図りましょう。

世界せどりの場合は、有在庫戦略とは異なり、薄利多売での利益確保を目指します。そのため、高額品と低額品をバランスよく出品することが重要です。例として掲載している**2**の商品は高額品です。

● eBay内の囲い込み戦略

では、低額品はどのような商品がよいでしょうか。それは消耗品がお勧めです。というのは、一度、消耗品を購入したお客様が気に入ってくれると、再度購入してくれるからです。いわゆるリピーターです。

eBayにはSales Historyという購入履歴のページがあります。あなたとの取引に満足したお客様は購入履歴のページから再度購入してくれる可能性が高いのです。

このように消耗品を購入履歴に入れてしまうことができれば、何度も同じ商品を購入してくれるお客様が増えます。トップセラーたちは、多くの消耗品をたくさんの人たちに売ることで効率よく利益を上げているのです。これを僕は「**eBay内の囲い込み戦略**」と呼んでいます。

消耗品を購入してくれたリピーターさんに長くあなたから購入してもらうため、小まめに連絡するなどして、あなたのファンになってもらえれば最高です。

1 世界せどりのセラーの見つけ方

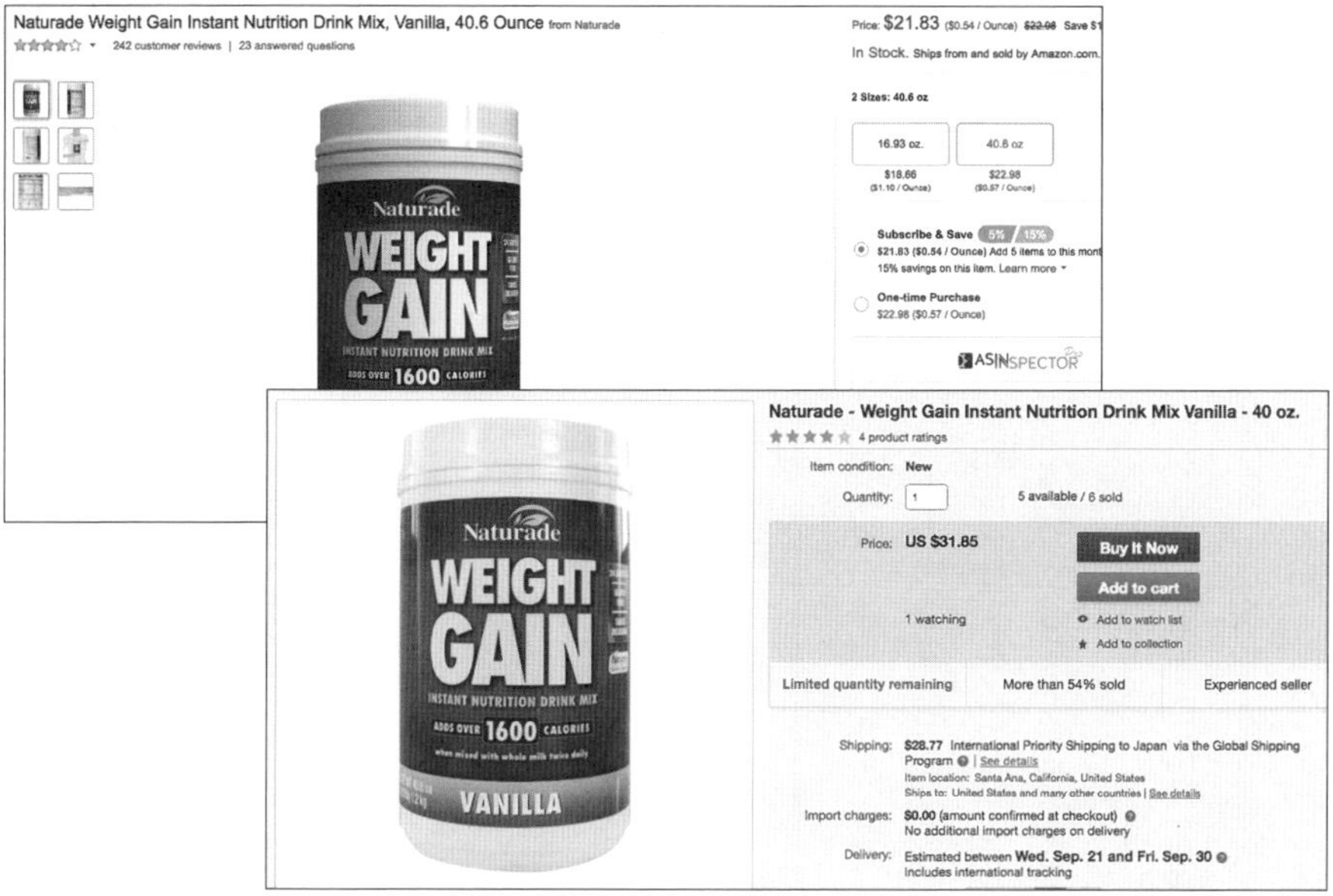

Amazonのタイトルそのままで検索すると、すぐにターゲットセラーは見つかる。

2 世界せどりでの高額品の例

8 キャッシュバック・サイトを使ってさらに利益アップ！

世界せどりの場合は、ヴィンテージの有在庫のように大きな利幅を取ることは簡単ではありません。けれども、eBayの出品制限の枠が大きくなっても、在庫数を簡単に埋められます。このため、数パーセントの利益でも数を多く販売する戦略なので、その恩恵は将来必ず大きくなります。

ここでは数パーセントの利益であったとしても、さらに利益を上積みする方法を解説します。

ポイントサイトを利用する

日本でもハピタスのようなポイントサイトがあるように、海外にもポイントサイトがあります。このポイントサイトを通してAmazonで商品を仕入れるだけでポイントが加算されるので、それだけで利益を上乗せすることができるのです。

その中でもお勧めのポイントサイトをご紹介します。「Ebates」と言います。「Ebates」は現在1700以上のオンラインストアと提携しています。世界せどりは慣れてくればAmazon以外のオンラインストアを仕入先として利用すれば利益率もアップします。「Ebates」をブックマークしてください。

「Ebates」の凄い所は、ポイントを還元するのではなく、現金としてキャッシュバックしてくれることです。Paypalアカウントにお金を振り込んでくれます。

現金がPaypalアカウントへ振り込まれる

キャッシュバック・ポイントは各オンラインストアで多少異なりますが、Amazonの場合は、カテゴリにより分かれており、だいたい2％～7％までキャッシュバックしてくれます。これだけで利益の上積みが期待できます。

さて「Ebates」の利用方法ですが、まずは会員登録してください（**1**）。そしてログインして検索フォームにショップ名を入れます。するとショップのページが出てきます。カテゴリ別に還元率が記載されているので「Shop Now」のボタンをクリックすればAmazonへ移動します（**2**）。後は仕入れ商品を購入してください。

いったん「Ebates」にログインしてAmazonへ移動すれば、「Ebates」のシステムがきちんと追跡してくれるのでキャッシュバックされます。

後はキャッシュがPaypalへ入金されます。ただし、5ドル以上というルールがあるので、5ドルに達していない場合は持ち越しとなります。

1 キャッシュバック・サイト「EBATES」に会員登録　(http://www.ebates.com)

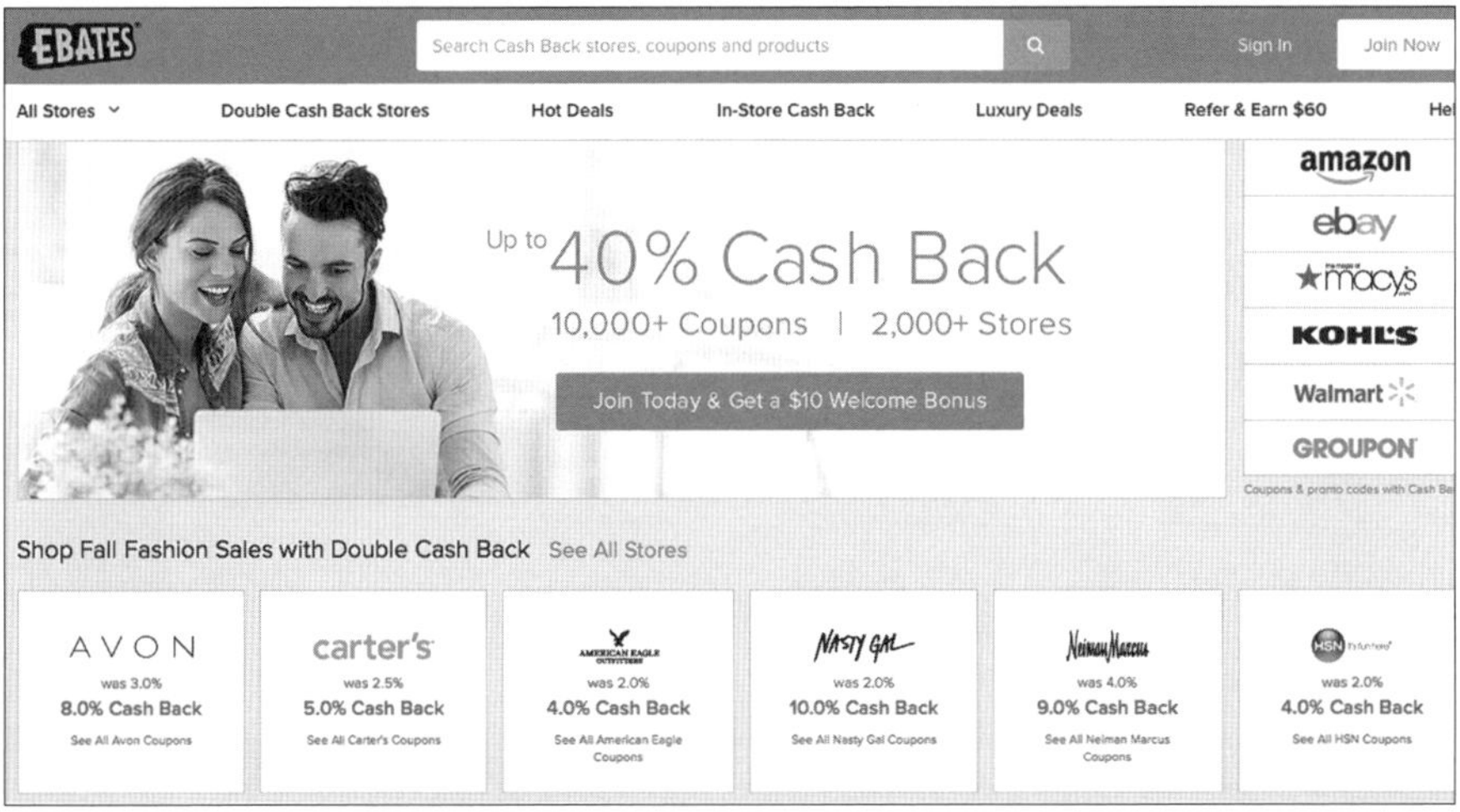

2 Shop Now ボタンを押すとAmazonへ移動する

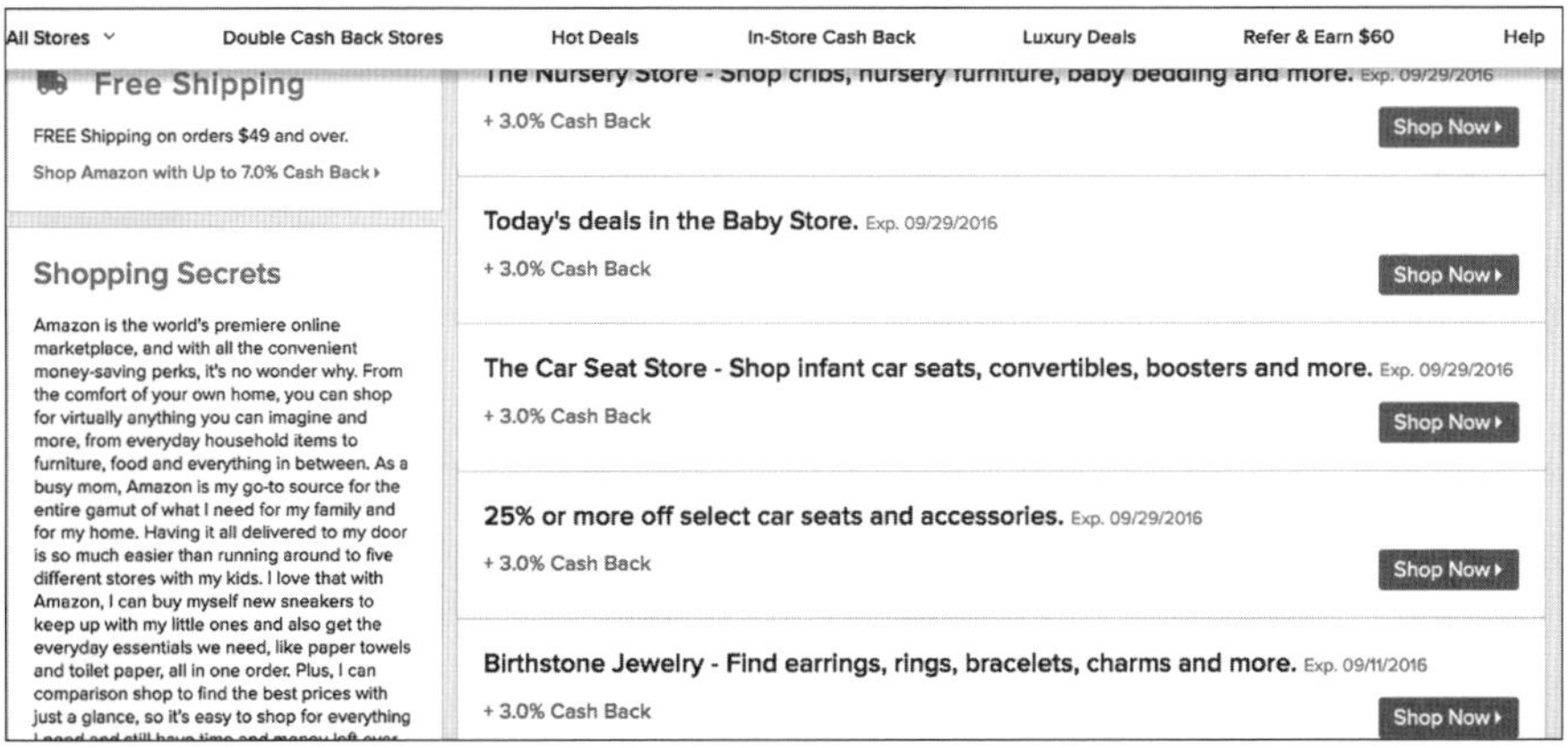

9 世界せどり発注方法！

ここでは、図解でeBayで商品が販売されてAmazonへ発送するまでの流れを解説します。それでは図を順番に見てください。

日本のAmazonで商品を購入する人はあまり迷わないと思います。すごく簡単です。

商品が売れたら該当商品を買いにAmazonのページを開きます。URLをメモしておくことをお勧めします（次の章で紹介するツールを使うと非常に便利です）。

以下、順に流れを見ていってください。

1 まずは、Add to Cart でショッピングカートに商品を追加

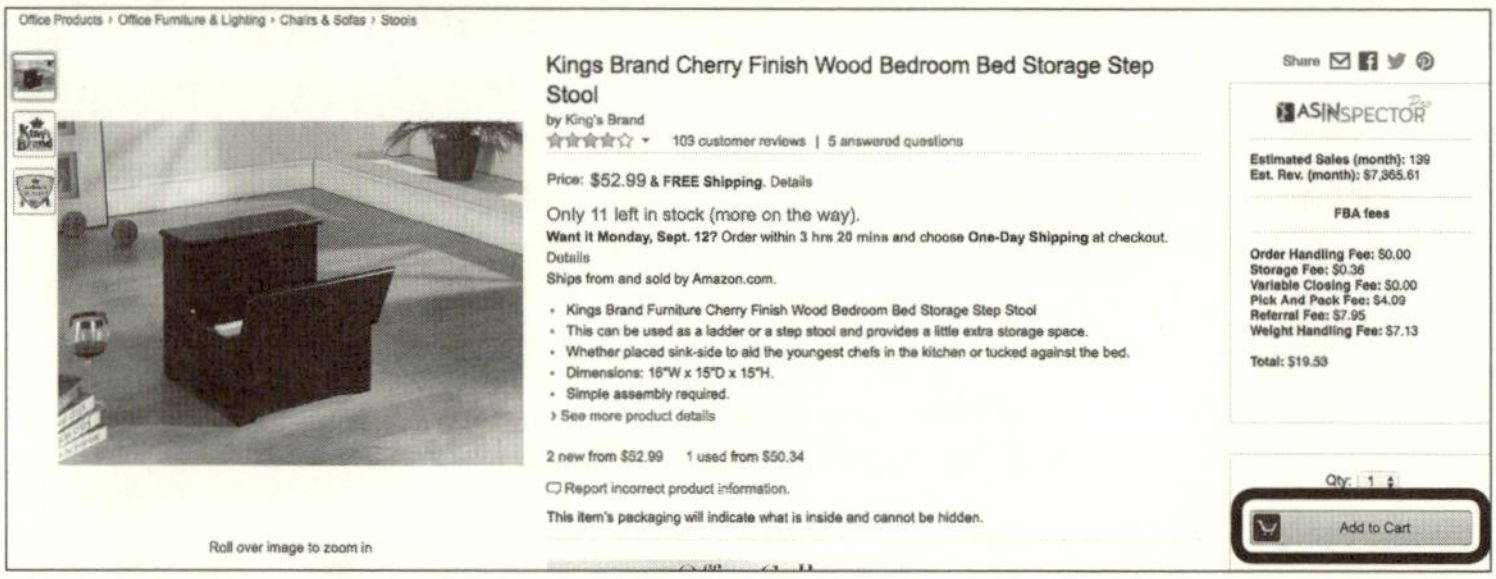

2 すると、下図の画面になるので、Proceed to checkout をクリックして進める。

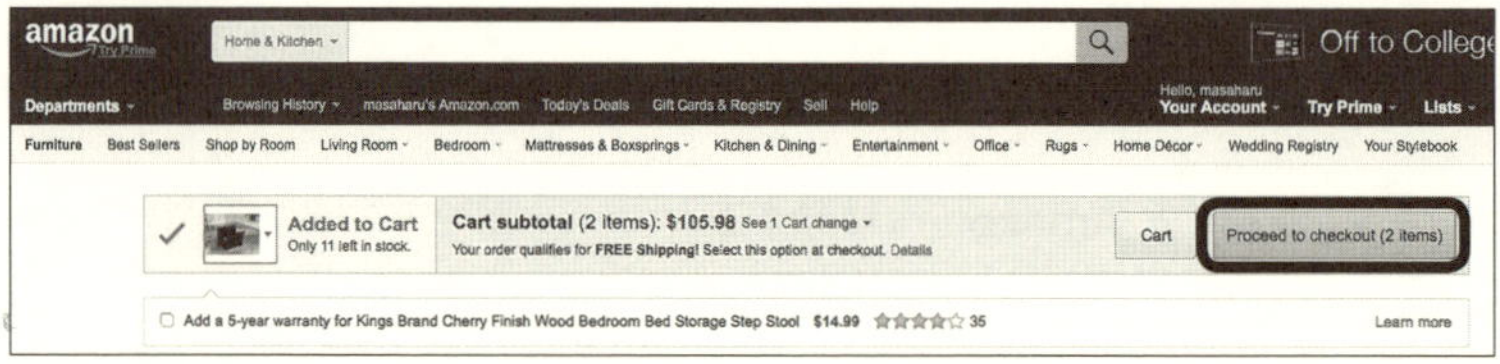

3 ログインを求められたら登録しているメールアドレス、パスワードを入れて、Sign in をクリック。

4 以下が送付先の住所入力画面
ここではeBayで購入したお客様の住所を入力する必要がある。まずはMy eBayのAwaiting shipmentセクションからお客様の住所を取得。

お客様の住所等を入力

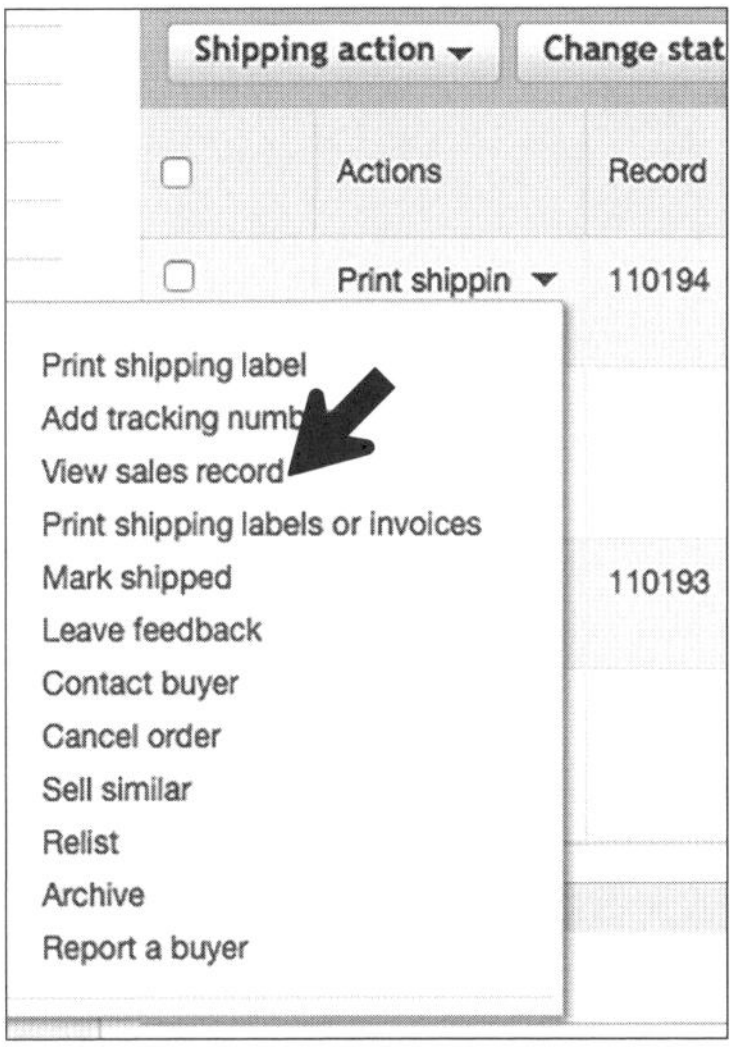

5 My eBayのAwaiting Shipmentにまだ発送されていない商品が並んでいる場合、該当する商品の右端にあるドロップダウンメニューをクリックすると、図のようなメニューが表示される。その中のView sales recordをクリック。

6 すると、お客様の情報が出てくるので、それぞれ該当する部分をAmazonの登録画面に入力する。

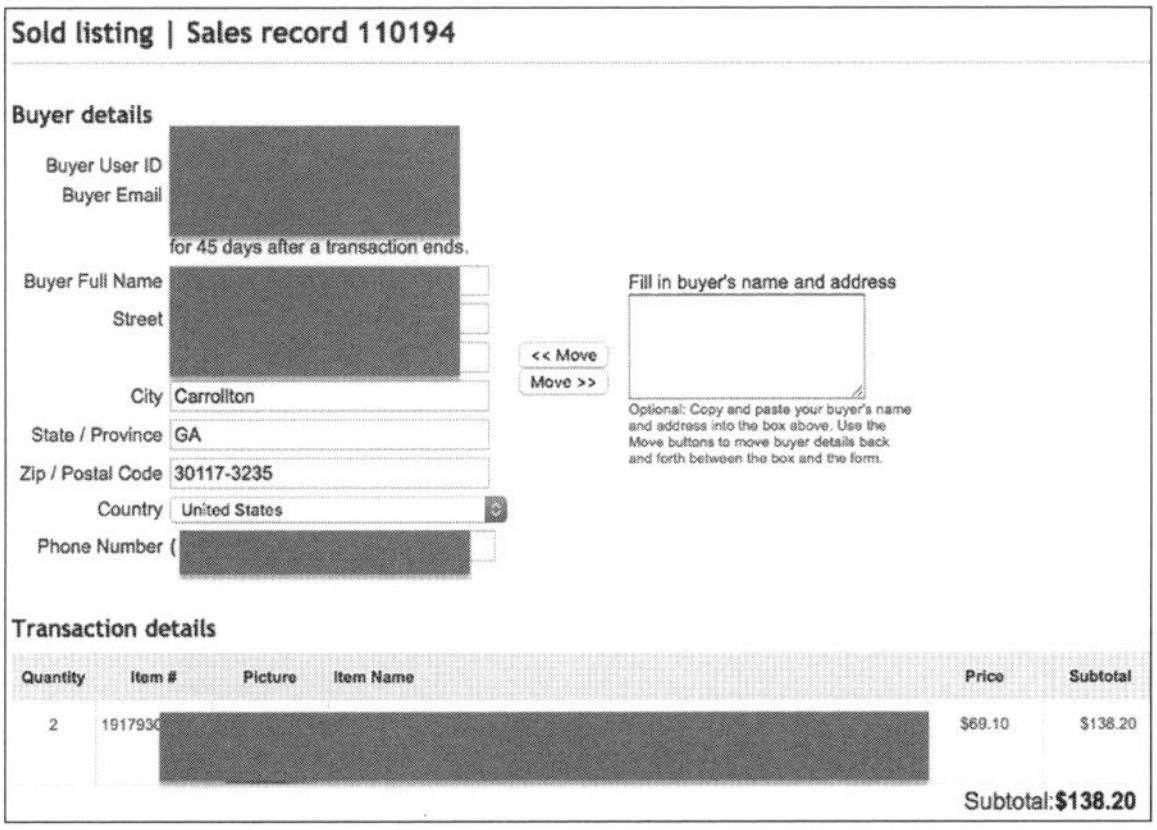

7 Amazonの入力画面の下のほうを表示している。問題なのはPhone number（電話番号）。eBayのお客様全員が電話番号を登録しているわけではないので、僕は090から始まる自分の電話番号を入れている。海外で入力する場合は、090の初めの0を外して入力。例：90 0123 4567　入力を終えたらShip to this addressをクリック。

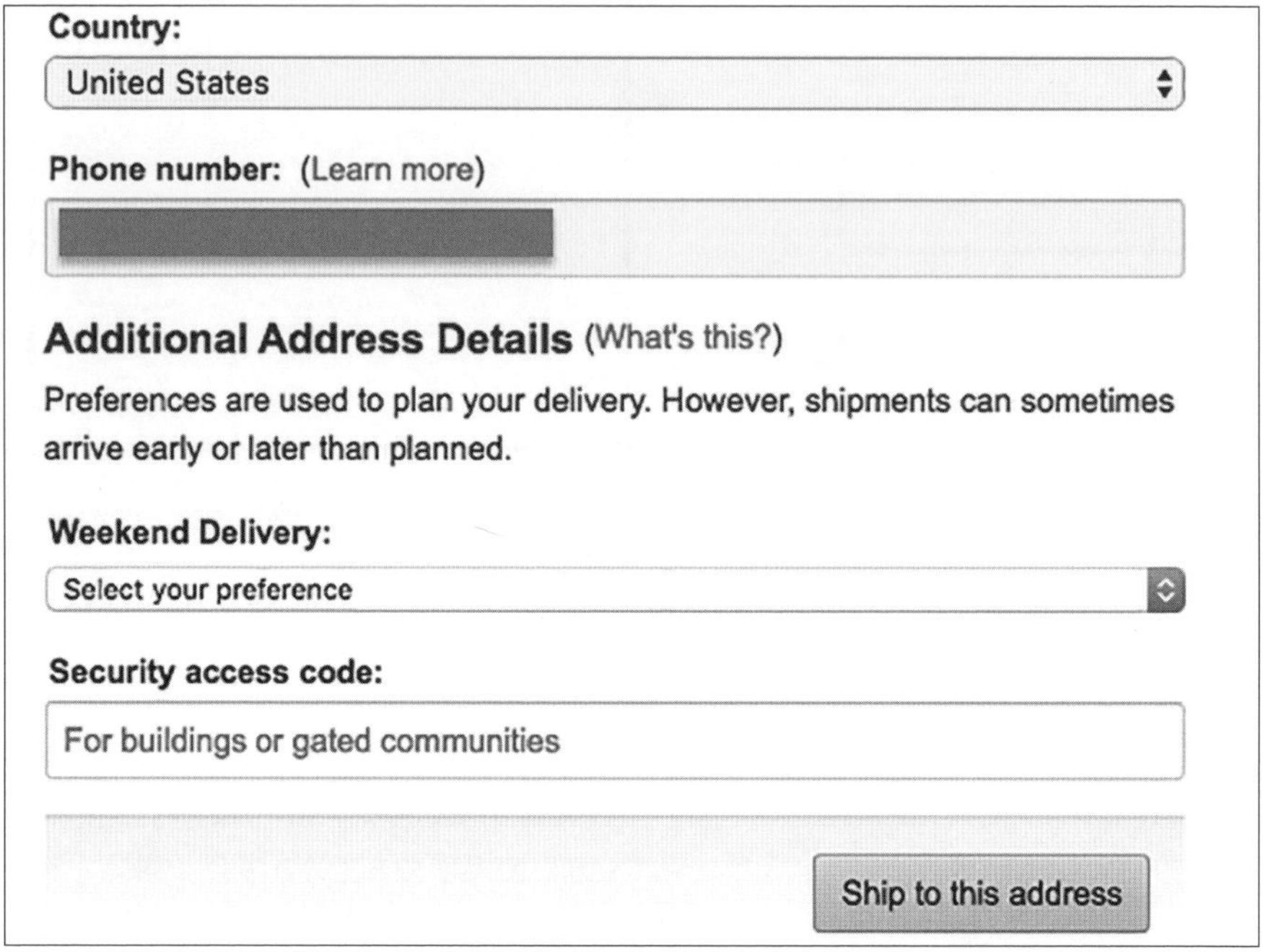

8 すると下の画面になる。ここでFree Shippingを選ぶ。現在のAmazonではプライム会員になればほとんどが送料無料だが、プライム会員でない場合は49ドル以上の商品が送料無料となっている。そこで、一般会員でAmazonを仕入先として利用するには49ドル以上の商品を選択する必要がある。選択したらContinueをクリック。

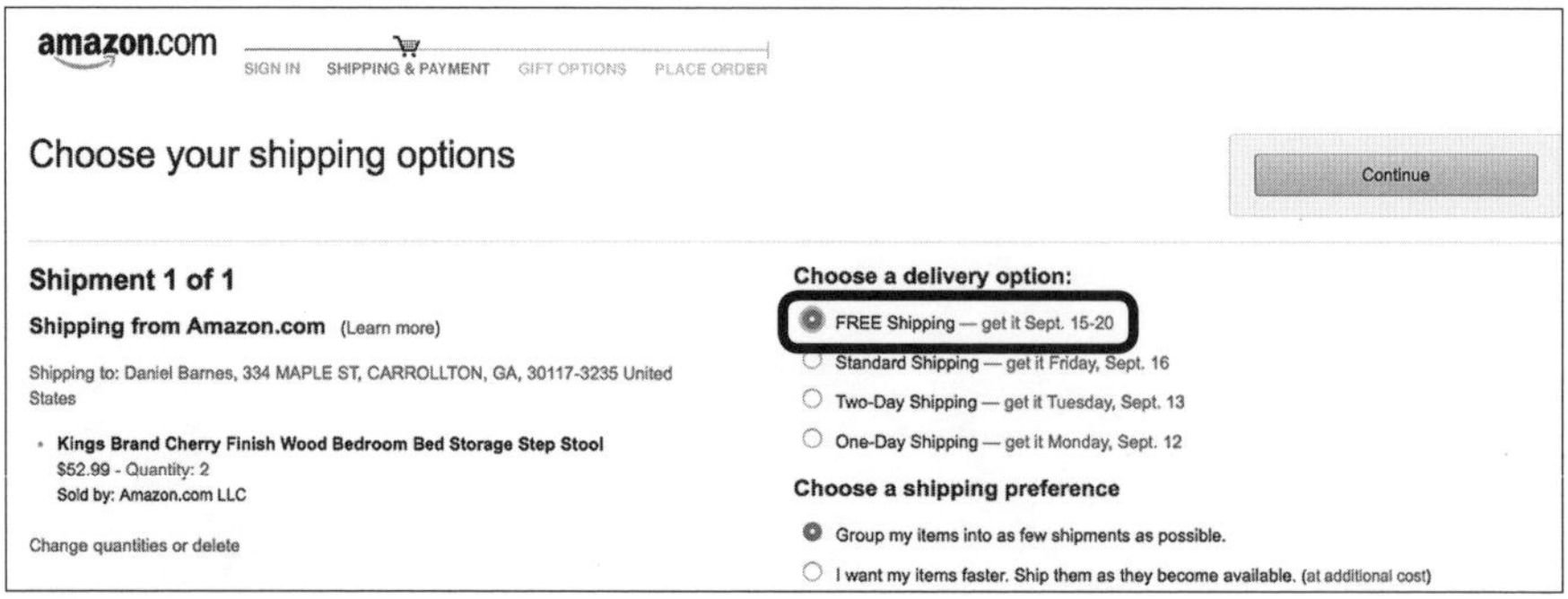

9 するとクレジットカードの画面になる。僕の場合は三つを登録しているので、そのうち一つを選択。

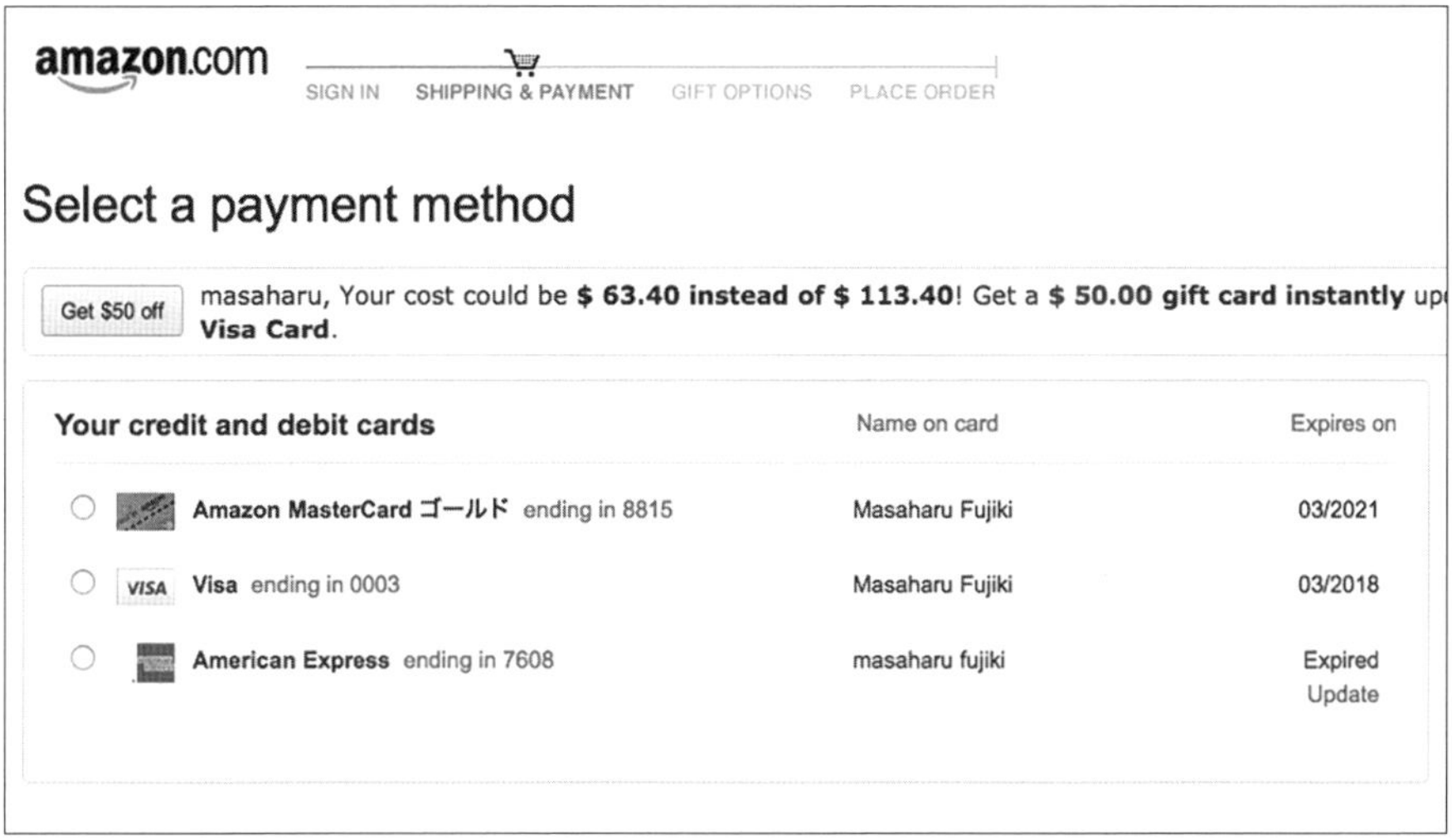

10 選択するとカード番号の入力を要求されるので、番号を入力。

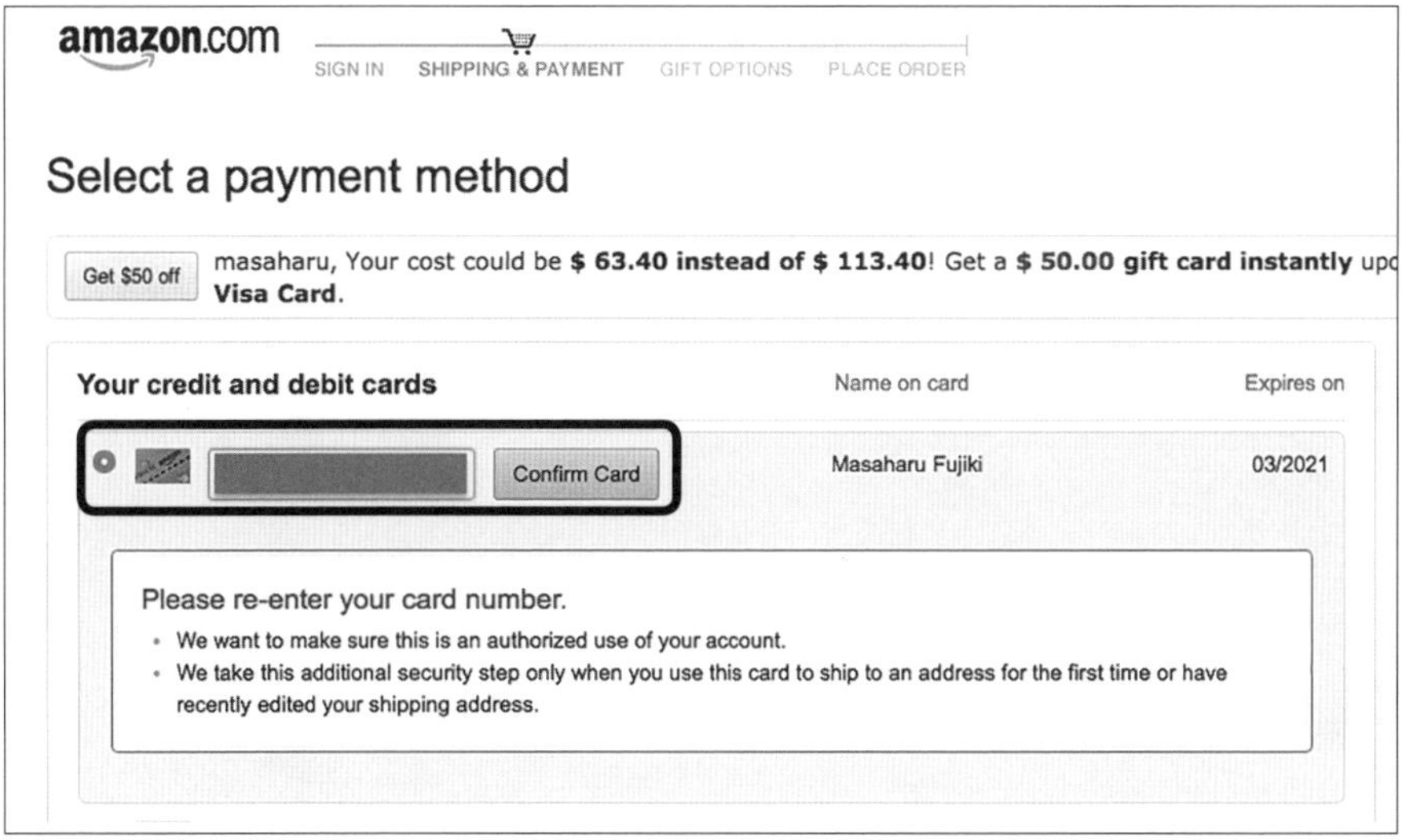

11 最終の画面
ここで Free Shipping を選んでいることを必ず確認。次に Add a gift receipt（ギフトとして送る）をクリック。

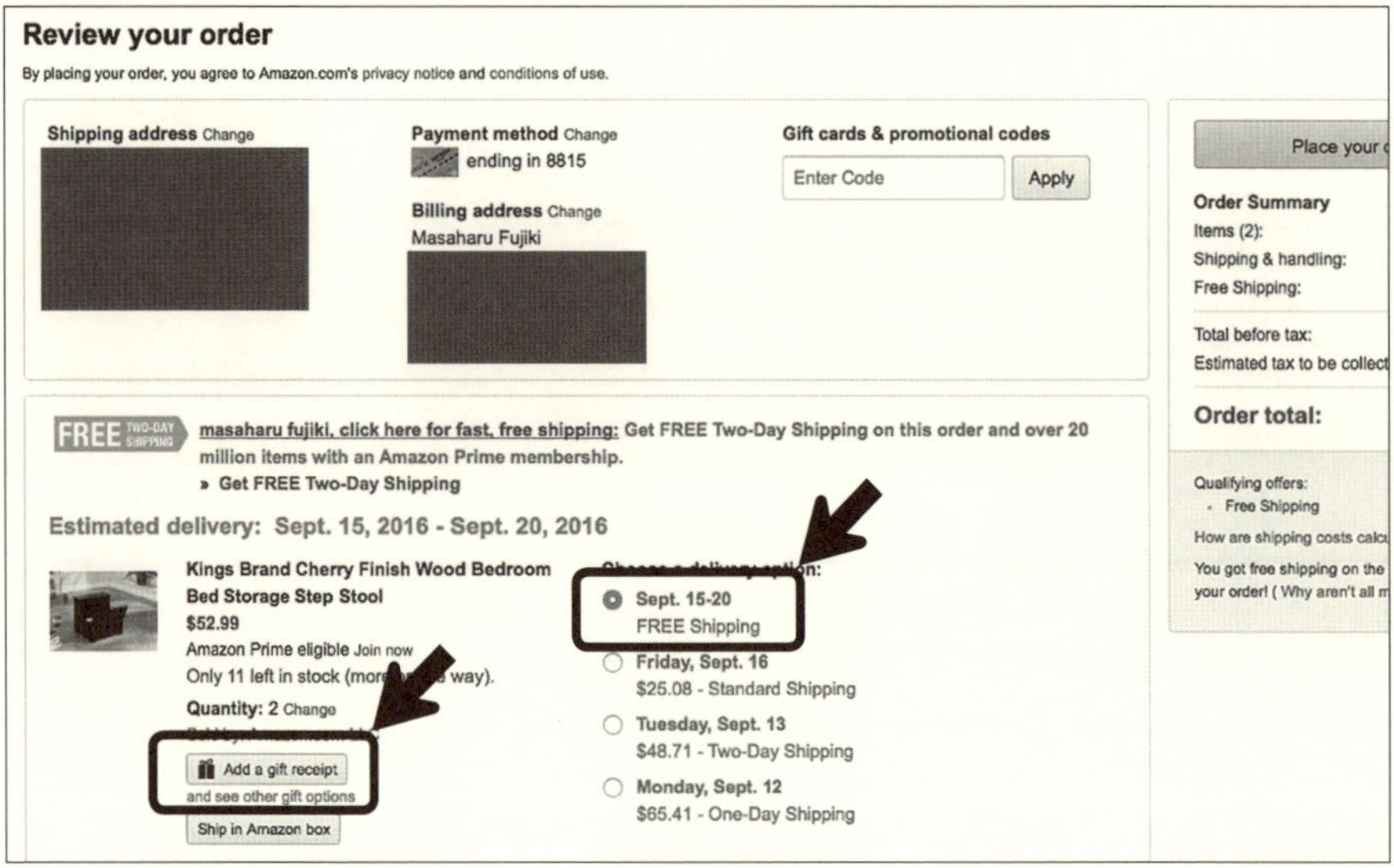

12 矢印の部分を見ると、Enjoy your item. とある。ここは初めは Enjoy your gift. となっているので、僕の場合は、gift を item に変更。書き換えたら Save gift options をクリック。

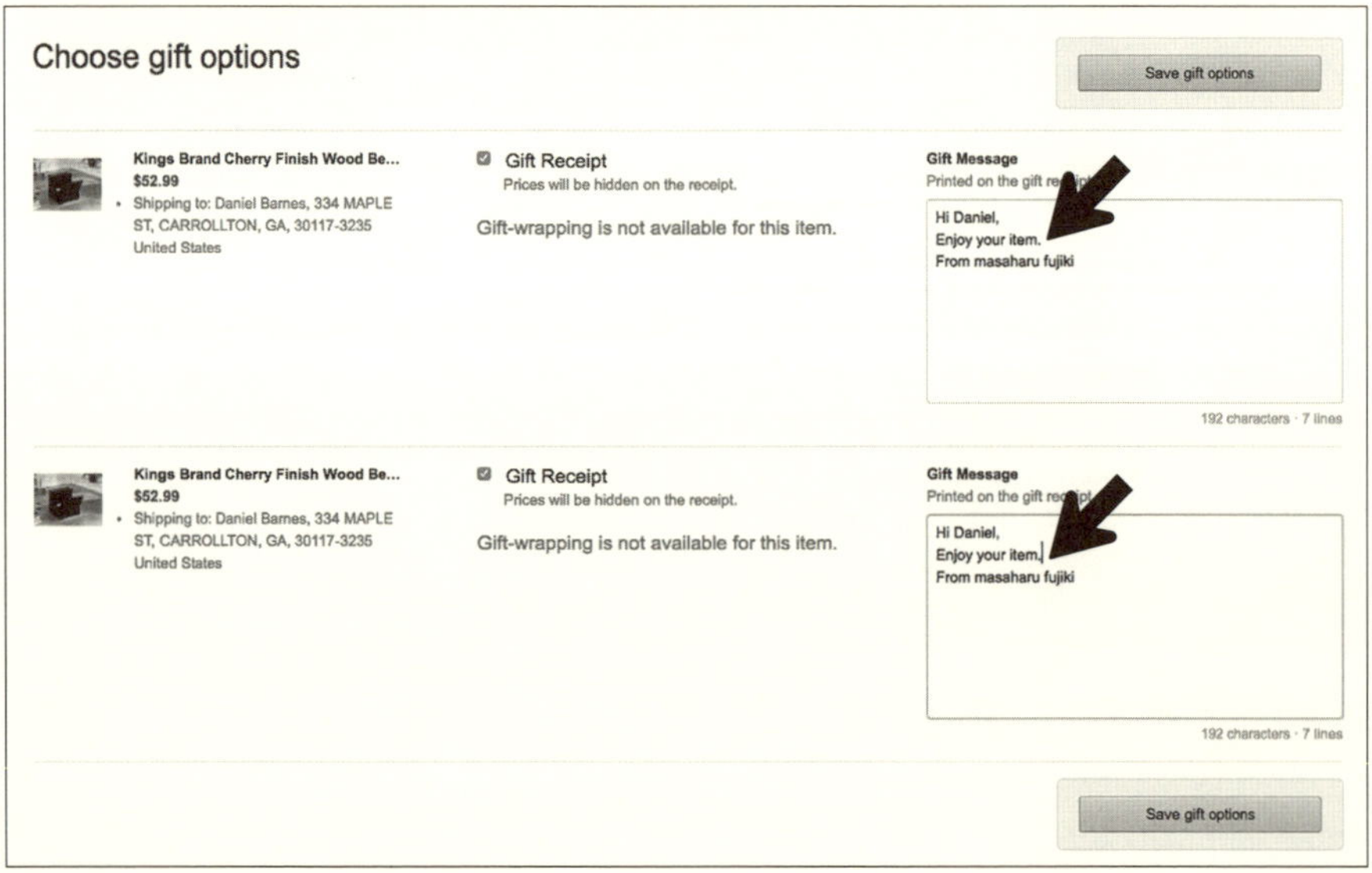

13 最後
Place your order をクリック。

14 この画面が出て終了。

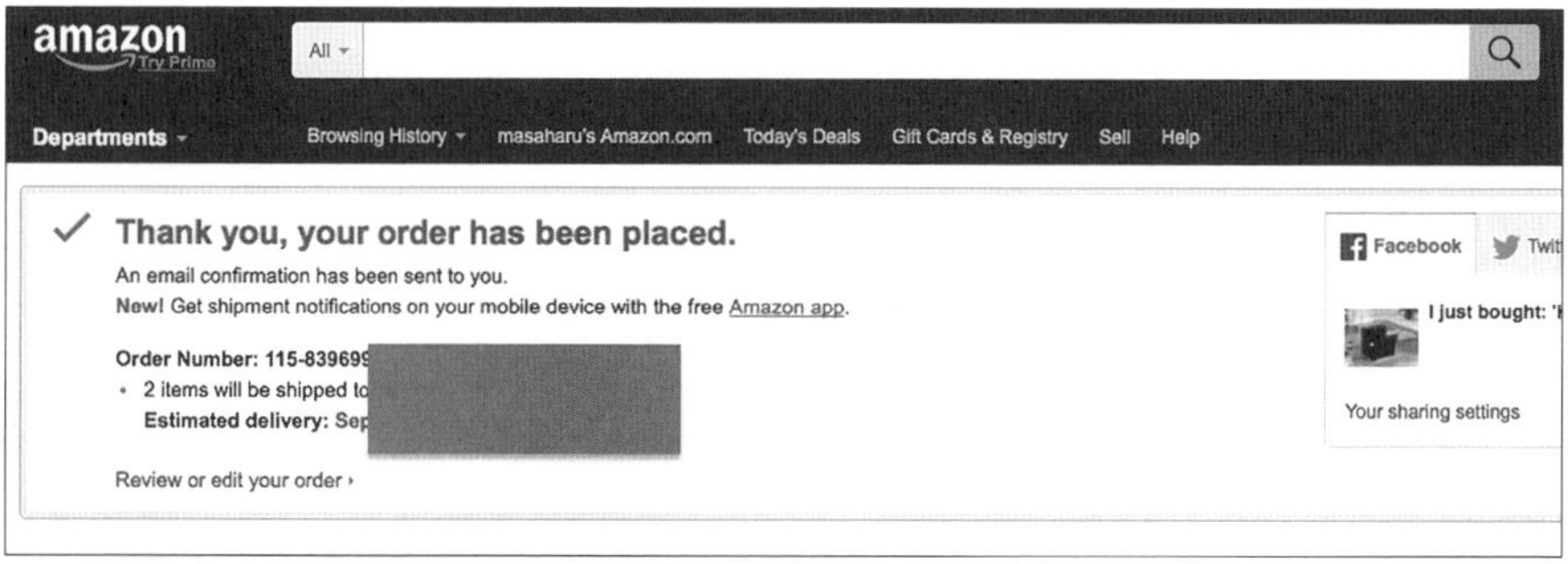

Amazonを仕入先として利用する際の注意事項

Amazonで利益の出る商品を販売する場合は、ほとんどの商品が送料無料となるプライム会員が便利です。有料ですが安い商品から選べるので商品の選択肢が広がります。また、プライム会員限定でTwo Day発送、つまり2日以内に発送というサービスがあるのですが、これは利用しないようにしましょう。このお急ぎ便に関してはAmazonが送料の一部を負担しているため、転売で利用していると判断されるとプライム会員を剥奪されます。また、数多くの取引をしていると、お客様の住所が溜まってきます。これが溜まりすぎると、やはり転売と判断されてプライム会員剥奪の危険性がありますので、小まめに削除するようにしてください。これらを注意すればほとんどのトラブルを避けられます。

10 オープンケースされてもeBayが味方になってくれる？

eBay 輸出だからこその悩みもあります。それは遅延であったり輸送途中での紛失、事故です。

eBay の基本的なルールとして、セラーは商品をお客様に届けるまでが義務です。つまり、たとえあなたの過失ではなかったとしても、紛失、事故が起こればすべてセラーのあなたが責任を負うこととなるのです。

もう一つ、関税の問題があります。eBay では関税が発生した場合、関税はお客様負担です。しかしこれを納得しないお客様にたまに遭遇します。

「こんなに商品が高くなるとは思わなかった、高くなった分を払え！」と圧力を掛けてくるお客様がたまにいるのです。「こちらに支払う義務がない」とストレートに言いたいところですが、感情を損ねると悪い評価(Negative) を入れられる場合があります。

関税のトラブルを避けるため、僕は100ドル以上で落札されたお客様に対しては、発送前に必ず「関税が掛かるかもしれない」とメッセージを送っています。もし「それならキャンセルで！」と言われればお客様都合でキャンセルを受ける覚悟でいます。

クレームが減る世界せどり！

これらのトラブルに関して、eBay セラーとしては納得できないことが過去に多々ありました。eBay としてはお客様が商品を購入して初めて手数料が発生するので、どうしてもお客様に甘くなります。今は昔に比べるとセラーに対しても理解を示してくれるようにはなってきましたが、「お客様が一番」は今後も変わらないと思います。つまり、eBay 輸出をやっている以上、あなたがどうすることもできない事情での悩みは尽きないということです。

しかし世界せどりでは、これらの悩みは発生しません。アメリカ以外のお客様へは Global Shipping Program を利用して発送されます。eBay が発送、関税についてすべての責任を取ってくれますので、配送中の事故、紛失、関税の問題で、たとえオープンケースされたとしても、すぐにクローズされます。

11 世界せどり必須の失敗しないeBay設定とは？

世界せどりは、日本から商品を発送するわけではありませんので、設定を変更するところがあります。出品フォームの設定から見ていきたいと思います。まずは、Shippin Policyを世界せどり用に一つ作成しましょう。

❶のShipping PolicyのPolicy nameですが、これは自由につくってもらってかまいません。

世界せどりをする場合は、Shipping Timeは安全を考えて10 business days（10営業日）をお勧めします。日本のAmazonと違って、アメリカのAmazonは発送は早くありません。ひどい時には10日近くもかかる場合がありますので注意しましょう。

発送方法であるServiceはUPS Groundと入れていますが、これ以外はダメということではありません。送料はアメリカ国内は無料となるのでFree Shippingにチェックを入れれば大丈夫です。

国内の発送除外設定は重要です！

次に、International Shippingについて解説します。

ここが世界せどりではGlobal Shipping Programを使うことになります。Sell globally, ship domestically using the Global Shipping Programにチェックを入れてください。たったこれだけで国際発送はＯＫとなります。

ここで別の必須の設定があります。My ebay > Account > Site Preferences > Shipping Preferencesを見てください。この中にExclude shipping locations from your listingsがあります（❷）。その右横のEditをクリックしましょう。

ここでは世界せどりを問題なく行なう上で除外すべき項目があるので、そこにチェックを入れます。Domesticの Alaska/Hawaii, US Protectorates, APO/FPOにチェックを入れてください。これらはアメリカ国外にあるアメリカ領になります。しかし、海外なので国内配送をFreeとしていても問題が出るからです。仕入先によってはPO Box（私書箱）を受け付けない時もあるので、ここも除外しておくほうが無難です。世界せどりを始める前に、この設定はしておきましょう。

1 出品ページでの発送設定の例

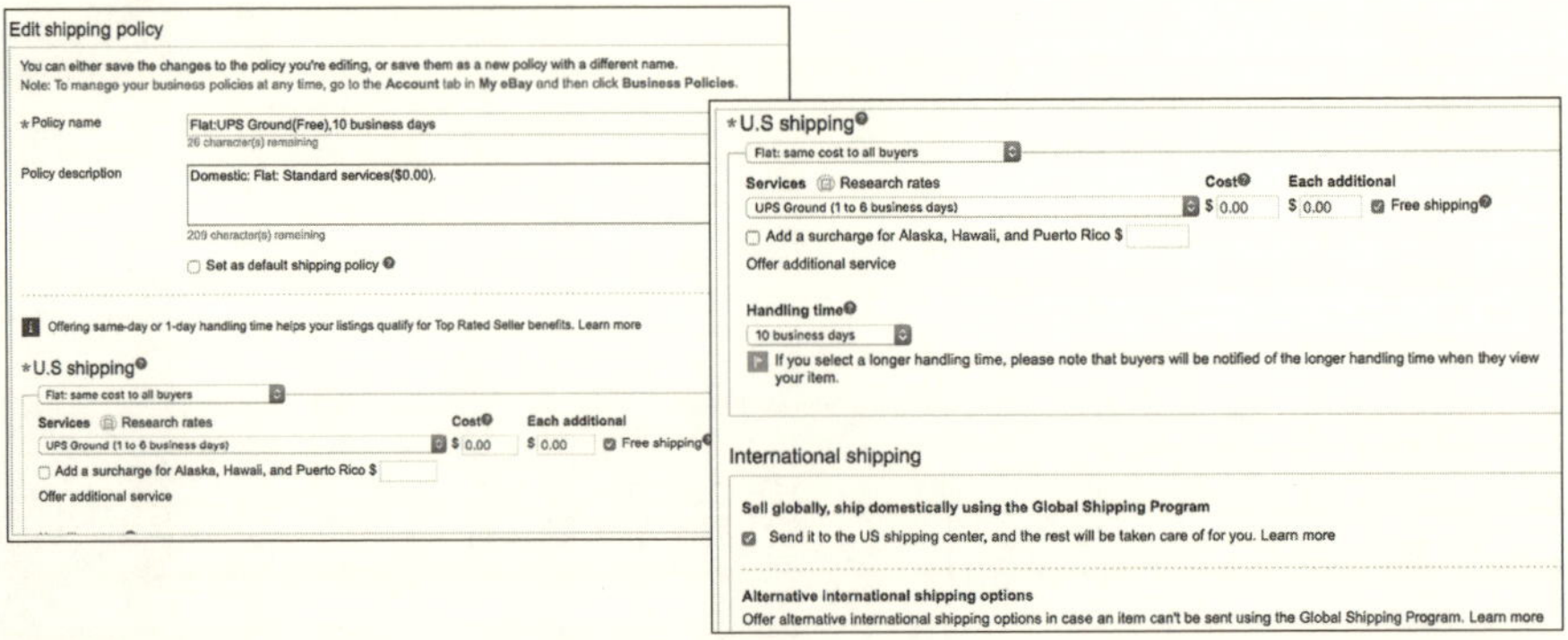

Edit shipping policy
You can either save the changes to the policy you're editing, or save them as a new policy with a different name.
Note: To manage your business policies at any time, go to the Account tab in My eBay and then click Business Policies.
*Policy name
Flat:UPS Ground(Free),10 business days
Policy description
Domestic: Flat: Standard services($0.00).
Set as default shipping policy
Offering same-day or 1-day handling time helps your listings qualify for Top Rated Seller benefits. Learn more
*U.S shipping
Flat: same cost to all buyers
Services
Research rates
Cost
Each additional
UPS Ground (1 to 6 business days)
$ 0.00
$ 0.00
Free shipping
Add a surcharge for Alaska, Hawaii, and Puerto Rico $
Offer additional service
Handling time
10 business days
If you select a longer handling time, please note that buyers will be notified of the longer handling time when they view your item.
International shipping
Sell globally, ship domestically using the Global Shipping Program
Send it to the US shipping center, and the rest will be taken care of for you. Learn more
Alternative international shipping options
Offer alternative international shipping options in case an item can't be sent using the Global Shipping Program. Learn more

2 発送先の除外設定は必ず確認&設定をしておく

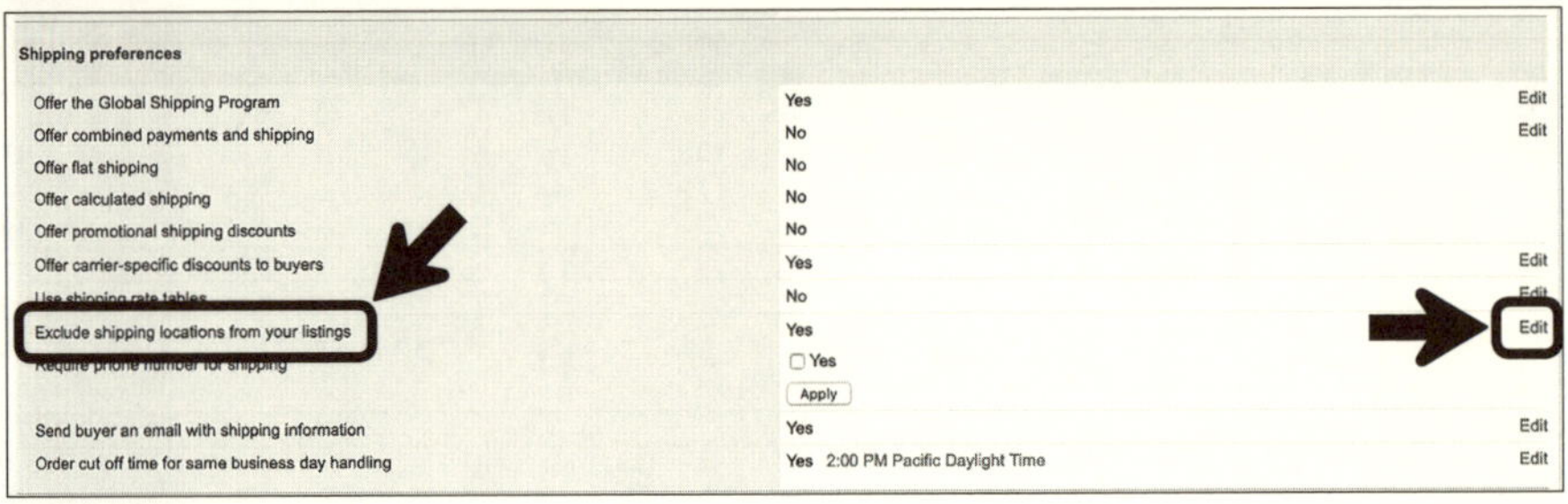

Shipping preferences
Offer the Global Shipping Program
Yes
Edit
Offer combined payments and shipping
No
Edit
Offer flat shipping
No
Offer calculated shipping
No
Offer promotional shipping discounts
No
Offer carrier-specific discounts to buyers
Yes
Edit
No
Exclude shipping locations from your listings
Yes
Edit
Yes
Apply
Send buyer an email with shipping information
Yes
Edit
Order cut off time for same business day handling
Yes 2:00 PM Pacific Daylight Time
Edit

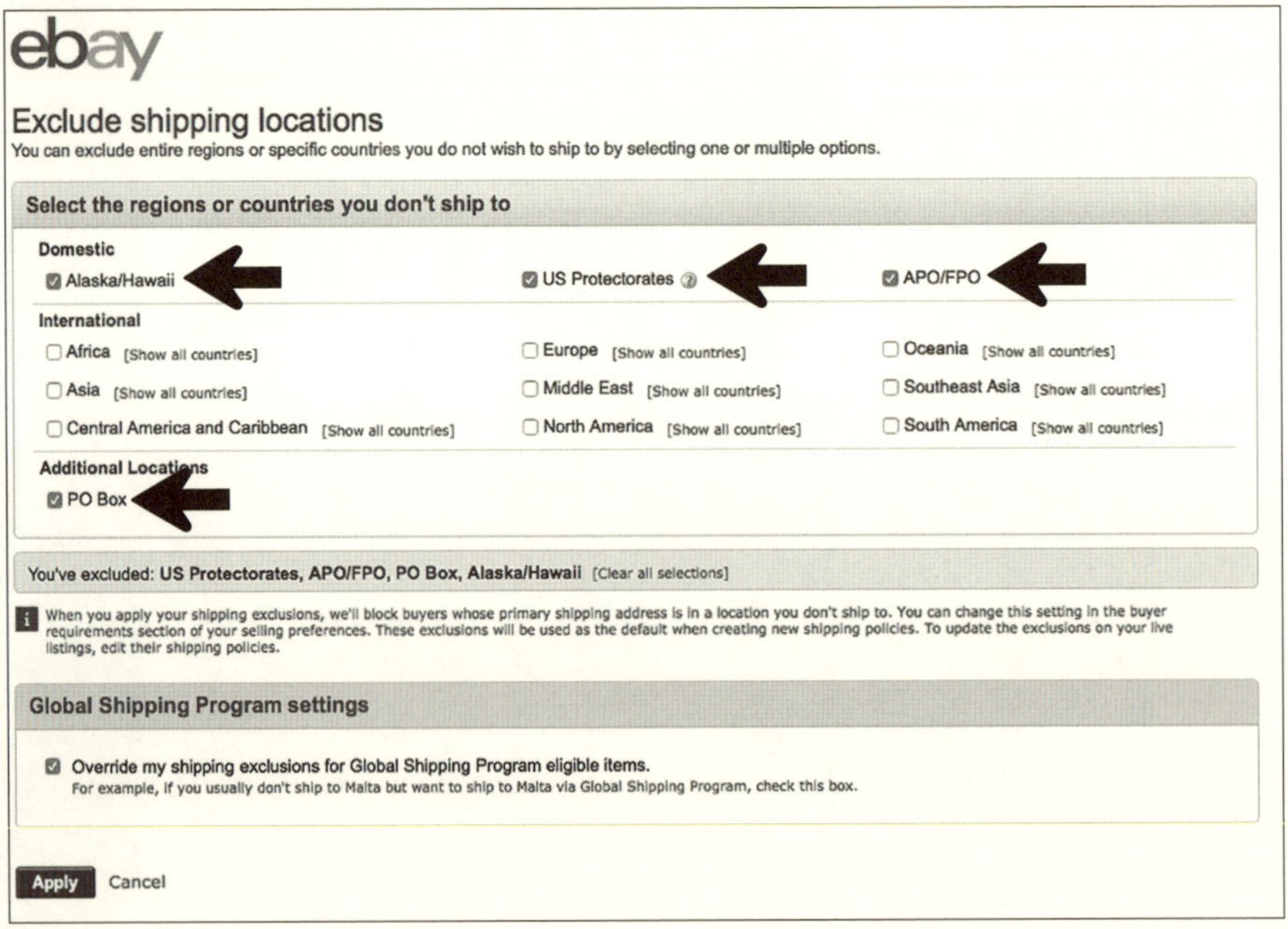

ebay
Exclude shipping locations
You can exclude entire regions or specific countries you do not wish to ship to by selecting one or multiple options.
Select the regions or countries you don't ship to
Domestic
Alaska/Hawaii
US Protectorates
APO/FPO
International
Africa [Show all countries]
Europe [Show all countries]
Oceania [Show all countries]
Asia [Show all countries]
Middle East [Show all countries]
Southeast Asia [Show all countries]
Central America and Caribbean [Show all countries]
North America [Show all countries]
South America [Show all countries]
Additional Locations
PO Box
You've excluded: US Protectorates, APO/FPO, PO Box, Alaska/Hawaii [Clear all selections]
When you apply your shipping exclusions, we'll block buyers whose primary shipping address is in a location you don't ship to. You can change this setting in the buyer requirements section of your selling preferences. These exclusions will be used as the default when creating new shipping policies. To update the exclusions on your live listings, edit their shipping policies.
Global Shipping Program settings
Override my shipping exclusions for Global Shipping Program eligible items.
For example, if you usually don't ship to Malta but want to ship to Malta via Global Shipping Program, check this box.
Apply
Cancel

12 商品トラブル、どうやって返品・返送する？

eBayで商品を販売していると、トラブルは避けることができません。世界せどりで一番困るのは、「商品が気に入らないから返金してくれ」と言われることです。

こちらに落ち度がなくても、お客様のほうが強いのでリクエストを受けなければならないケースが多々あります。商品に対しての不満のクレームの場合、返金か、返品のどちらかの選択になると思います。

返品する際の手順

一番早いのは、商品をそのまま持ってもらい、全額を返金することです。これですと、ほとんどのお客様は納得してくれます。次に有効な措置が、一部返金です。商品に少し不満がある程度の場合は、僕はまず、「一部返金するので納得してもらえるか?」と交渉します。商品の値段にもよるのですが、商品代金の10～20％程度の返金をお願いしてみます。これで了解してもらえたならPaypalから一部を返金するだけで問題は解決です。

ところが、どうしても返品を主張される場合は、Amazonへ商品を返品してもらうことになります。その点、Amazonは返品を受けてくれるので安心です

返品の仕方は次のように、とても簡単です。まずは、返品したい該当商品にあるReturn or replace items（返品、または商品交換）をクリックしてください（**1**）。

するとChoose items to return（商品を返品する）というページに移動し、返品理由を聞いてきます。さらに、解決方法、どのように返送したいかを聞いてきますので、適切なものを選んでください（**2**～**4**）。

1 返品、または交換処理を行なう

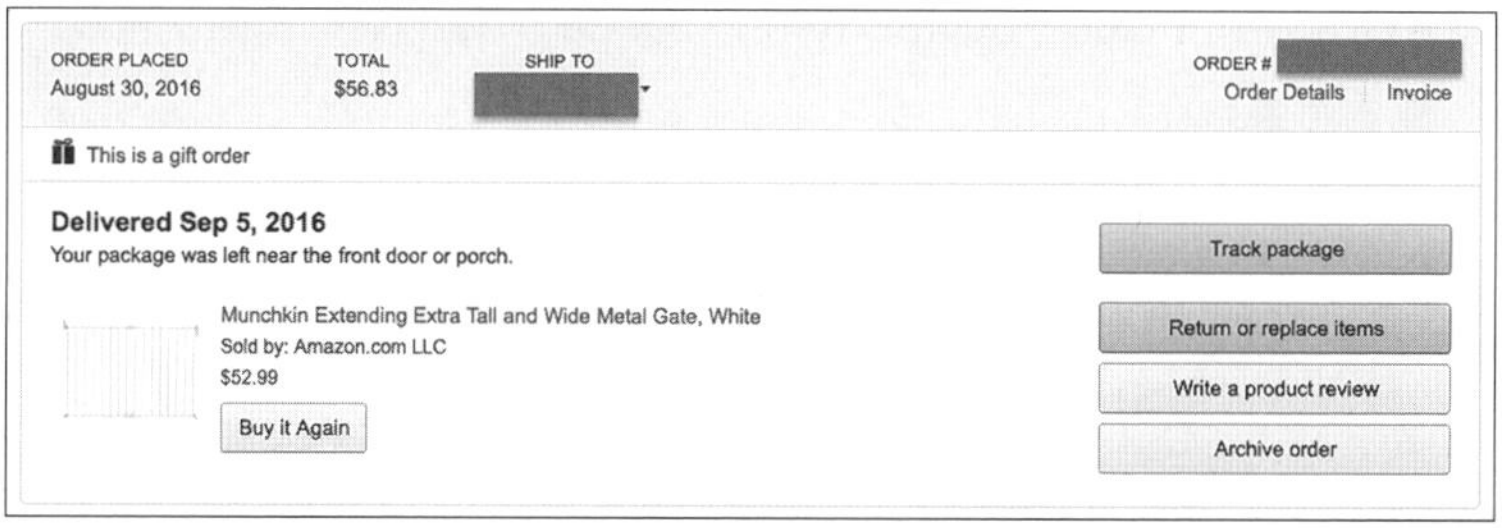

2 商品を返品する理由を選択する

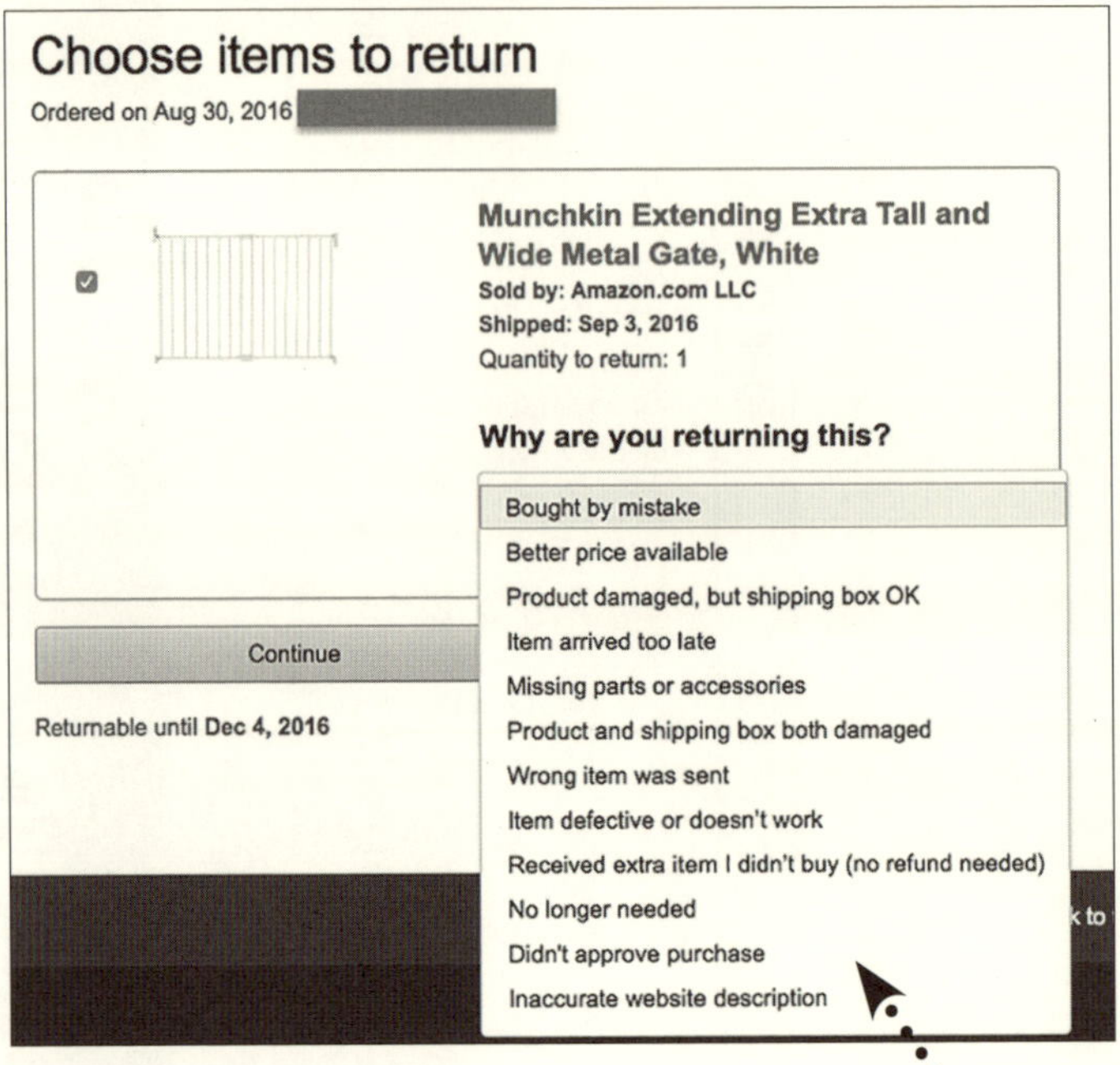

（選択理由を選ぶ）

① Bought by mistake（間違って購入した）

② Better price available（もっと良い価格で手に入るから）

③ Product damaged, but shipping box OK（ダメージがある、梱包は大丈夫）

④ Item arrived too late（商品到着が遅すぎる）

⑤ Missing parts or accessories（部品、またはアクセサリーが不足している）

⑥ Product and shipping box both damaged（商品も梱包もダメージあり）

⑦ Wrong item was sent（違う商品が送られてきた）

⑧ Item defective or doesn't work（欠陥品、または動作不良）

⑨ Received extra item I didn't buy(no refund needed)（よけいに商品が送られてきた。返金不要）

⑩ No longer needed（もう必要なくなった）

⑪ Didn't approve purchase Inaccurate website description（ホームページ上の説明と一致しない）

……上記の中から選び、Continue をクリックする（→❸へ）

3「どう解決するか」を尋ねるページ

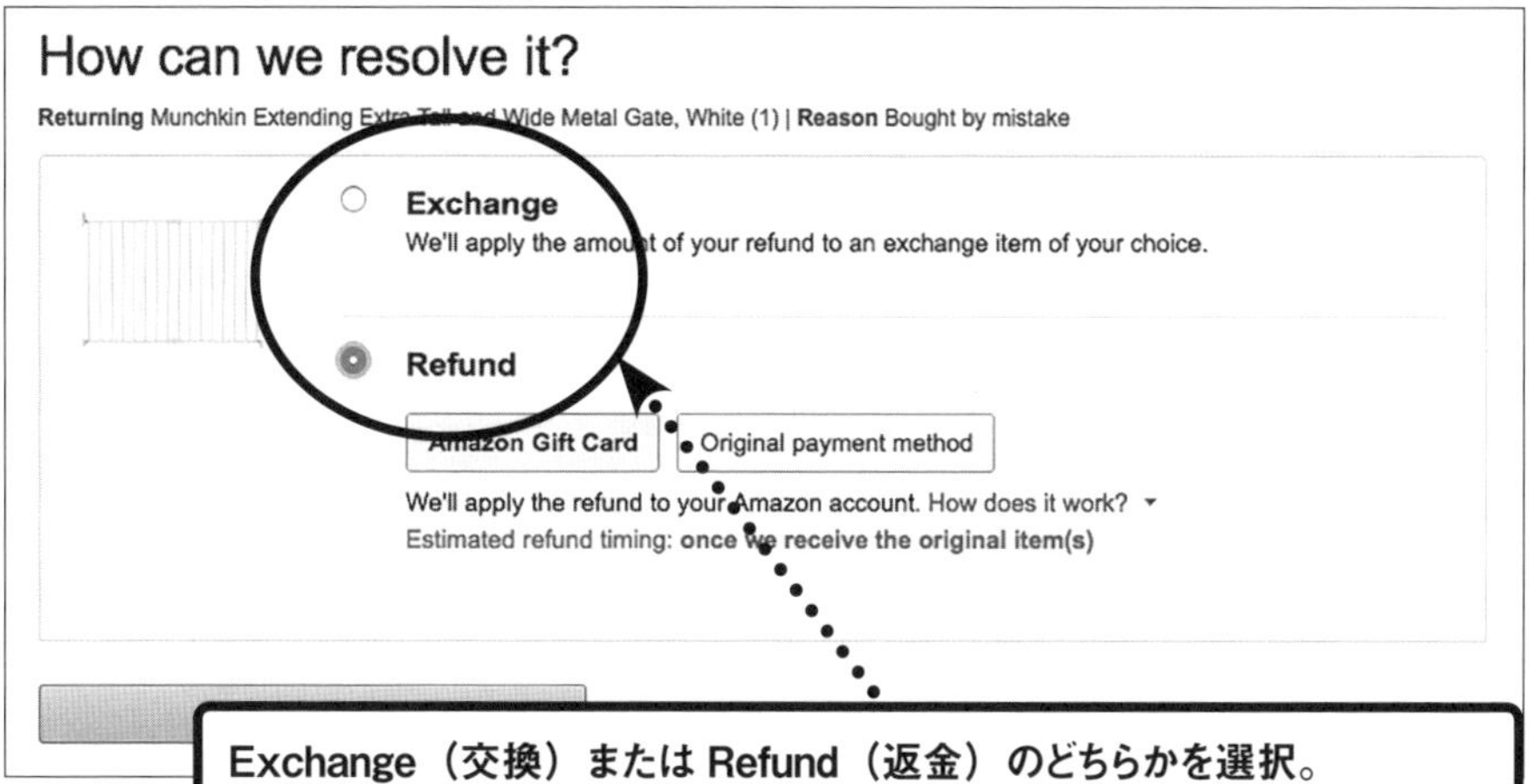

Exchange（交換）または Refund（返金）のどちらかを選択。ここではRefund（返金）を選択。この中にもAmazon Gift Card（Amazonギフトカード）か Original payment method（元の支払い方法で）とあるので、クレジットカードへ返金をして欲しい場合は、Original payment method を選択。そして Continue（→❹へ）。

4「どう返送するか」を尋ねるページ

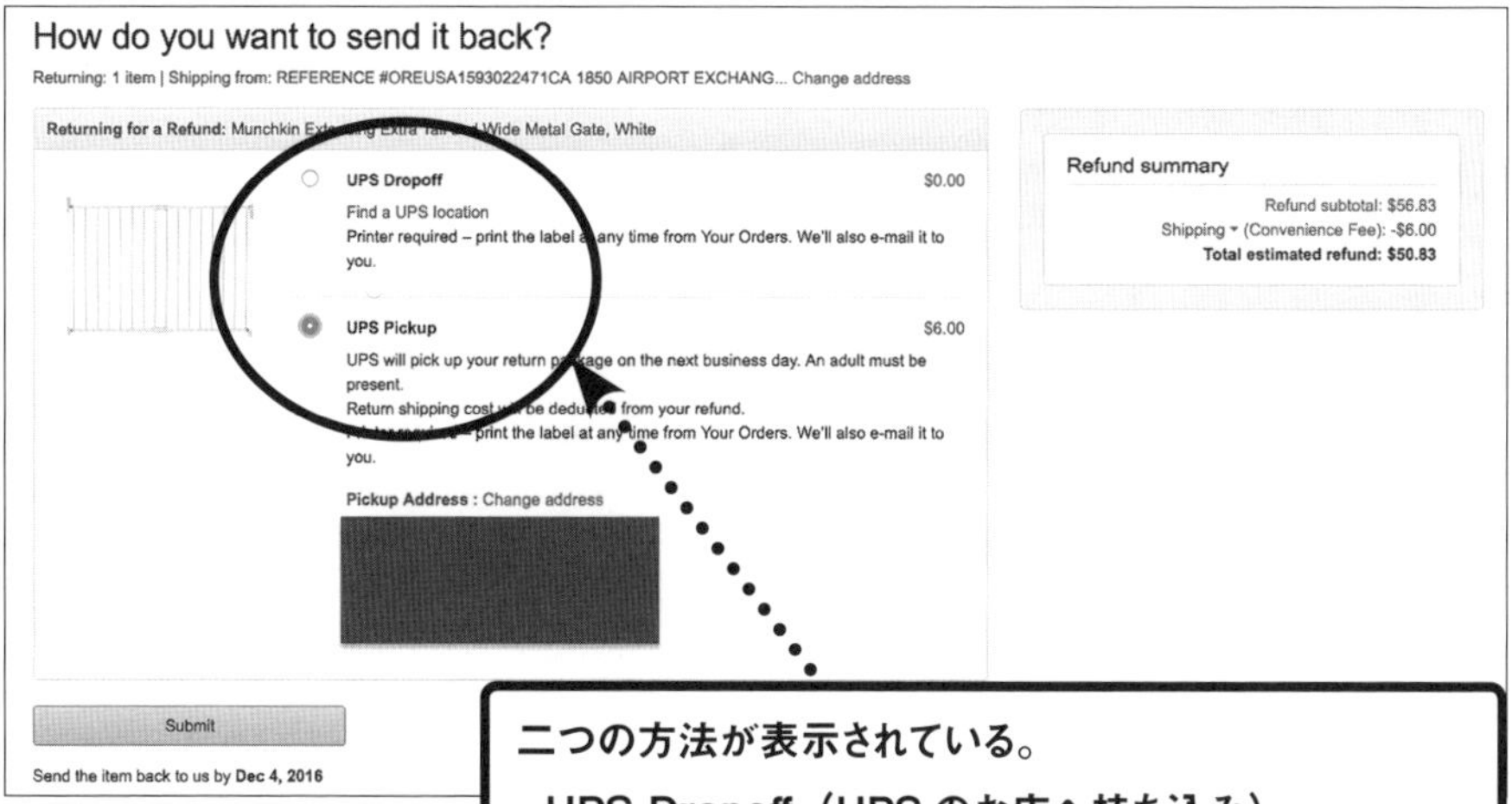

二つの方法が表示されている。
・UPS Dropoff（UPS のお店へ持ち込み）
・UPS Pickup（UPS が取りに行く）
ここは事前にお客様に確認をしておくのがベター。どちらか適当なものを選んで Submit をクリックすれば完了。

eBay

7章

儲かる出品者になるためのゴールデンルール！

1 Top Rated Seller（TRS）とは?

2 最速でTop Rated Sellerになる方法!

3 リピーターはどんな商品に付いてくるのか?

4 一番利益率が高く安全な商品とは?

5 「返報性の法則」でリピーター続々!

6 ライバルと少し違うことをする!

7 売れるタイトルをつくるための最強無料ツール!

1 Top Rated Seller（TRS）とは？

eBayビジネス成功者としての称号である「Top Rated Seller」に認定されるには、そのコンセプトを理解する必要があります。現在、eBayはマーケットとしては、これ以上ないというほどに成長しています。いままでは売上重視で成績優秀なセラーに**Powerseller**という称号を与えることで収益を大きく伸ばしてきました。

しかし、成熟期に入ったeBayは現在、その質を問われており、顧客満足度に重点を置いています。そこで登場したのが冒頭の**Top Rated Seller**です。

Top Rated Sellerになるには、ひとことで言えば「プロとしての顧客サービス」、この言葉に集約されると言えるでしょう。それまでオークションといえば、ネット上のフリーマーケットという意味合いが強かったのですが、現在は楽天等のショッピングサイトと同様な位置づけにあり、気軽に利用するには敷居が高くなって来ています。

Top Rated Sellerは一晩で認定されるようにはいきません。しかし少しずつ努力を積み重ねていけば、その称号を得るのにそれほど時間はかからないのです。コツはTop Rated Sellerたちがやっていることをコピーすることです。

お客様にとって安心の称号！

Top Rated Sellerの称号を獲得するには、上質なサービスを提供することです。顧客満足度重視でビジネスを展開するのです。出品者に都合のよいことは、多くの場合、バイヤーにとっては不利益なことばかりです。まずは、あなたにお金を振り込んでくれたお客様に感謝し、品質の良い商品を提供すること、適正な送料を請求すること、迅速に発送すること、コマメに連絡すること、入金があったらすぐにFeedbackを入れること（なぜなら、すでに入金していただいているからです）、クレームがあれば真摯に対応し、お客様を常に信じること……。

これらを続けていくと、多くのお客様が、あなたのファンとなり、うまくいけば家族や友人にあなたのストアを勧めてくれるでしょう。好循環が発生し、気がつくと売上が上昇していると思います。

顧客満足度を上げることにより、自然と良いFeedbackが集まりだします。Positive Feedbackばかりが増えるのはもちろん、もらえるコメントも素晴らしいものばかりになります。そのすべてが新たな顧客を生む好循環にもつながるので、しっかりとしたサービスをするように心がけることが非常に重要となります。

Top Rated Sellerになる条件とは?

Top Rated Sellerの称号を手に入れるためには、eBayアカウントが90日間以上アクティブであること、直近12か月間に、アメリカのバイヤーとの取引件数が100件、アメリカのバイヤーへの売上が1000ドル以上であることが最低限、要求されます。

また、過去3か月間において、アメリカバイヤーとの取引において90%以上にトラッキング番号を付与していることも条件です（ハンドリング時間内に付与しないとスコアに反映されないので注意が必要）。

ぜひ、Top Rated Sellerの称号を手に入れるべく、挑戦してみてください。

1 eBay Top Rated Sellerの説明ページ

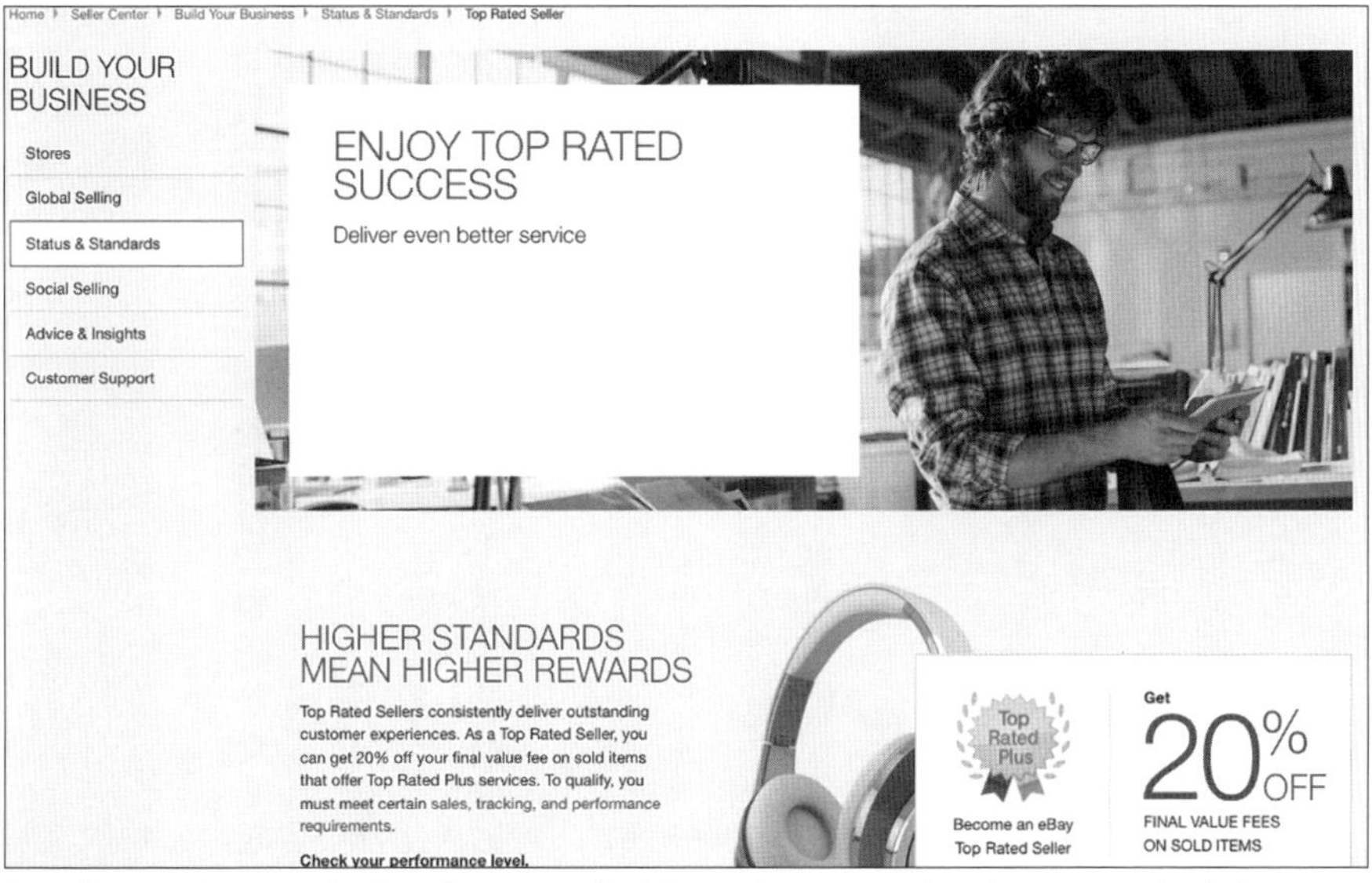
Home Seller Center Build Your Business Status & Standards Top Rated Seller
BUILD YOUR BUSINESS
Stores
Global Selling
Status & Standards
Social Selling
Advice & Insights
Customer Support
ENJOY TOP RATED SUCCESS
Deliver even better service
HIGHER STANDARDS MEAN HIGHER REWARDS
Top Rated Sellers consistently deliver outstanding customer experiences. As a Top Rated Seller, you can get 20% off your final value fee on sold items that offer Top Rated Plus services. To qualify, you must meet certain sales, tracking, and performance requirements.
Check your performance level.
Top Rated Plus
Become an eBay Top Rated Seller
Get 20% OFF
FINAL VALUE FEES ON SOLD ITEMS

http://pages.ebay.com/sellerinformation/build-your-business-online/status-standards/top-rated-seller.html

2 最速でTop Rated Sellerになる方法！

前項ではTop Rated Sellerになるための条件を説明しましたが、最速で到達するには90日は待たなければなりません。このため、直近3か月以内にTop Rated Sellerになることはあり得ないことになります。

そこで、最速でTop Rated Sellerになる方法をあなたに伝授します。

アメリカでの売れ筋に狙いを絞る

まず、Top Rated Sellerになるための最低条件は、アメリカのバイヤーとの取引に限定されるところに注目しましょう。eBayではアメリカ以外のお客様との取引もできるので売上を大きく期待できるのですが、Top Rated Sellerに最速になるためには、アメリカ以外のお客様との取引数はまったくカウントされません。

ですから、初めはあえてアメリカのみに絞ることが肝要です。ということは、ヨーロッパで人気の商品を出品しても反応率は落ちるので、アメリカで人気のある商品をリサーチすることが大事、ということです。

セットで買えば一個あたりの単価が安くなる！

次に出品方法ですが、オークションでの出品をお勧めします。低価格からの出品で落札率を上げる、つまり、アメリカのバイヤーとの取引数１００件を早期に実現することを目標にします。

ここで大事なノウハウです。まず１００件の取引数までは、利益は多く望まないようにしましょう。プラス・マイナスでゼロぐらいの気持ちでやると取引数１００件は早いでしょう。まずは、家にある不用品から出品し、それを出し尽くしたらヤフオクでセット品で売っているゲーム等を仕入れます。

セット品で買うと、一個あたりの単価が抑えられます。なかでも古いゲームがお勧めで、セガサターンのゲームなどはいまでも人気があります。まとめ買いで一品一品eBayで出品するという流れです。売れなかった商品はセットセールでヤフオクで売ります。これを繰り返していると、すぐに１００件をクリアできます。

3　リピーターはどんな商品に付いてくるのか？

なぜ、あのセラーは高くても売れるのか？

3章5項の「秘伝のタレ戦法で、どんどん売れる！」でも書いたように、eBayで売れるようになるためには「売る！」という実績をつくることが大前提です。そのためには、事前のリサーチが非常に重要です。そして、よく売れる商品が見つかったら、一番安く仕入れる方法を模索してください。なぜ安く仕入れる方法が重要かというと、売上で火を付けるために実績0を1にする必要があるからです。あなたの出品商品が1回売れると、同じ商品がどんどん売れるようになります。

ここは非常に大事なポイントなので、多少、3章と重複しますが、再度あなたに伝えたいと思います。このポイントを知っただけでも、あなたの売上は驚くように変わるからです。逆に、この法則を知らないと、「あのセラーは自分より高い価格なのに売れている……」と、意味がわからず悩み、最後は絶望してeBayを辞めていく人もいるからです。

赤字覚悟で価格をつける――その理由は？

まず、どういう方法でもよいので、売れる実績をつくってください。そのために大事なのは「価格」です。極端なことを言えば、初めは赤字覚悟で出品しても僕はかまわないとさえ思っています。「え？　赤字でやるの？」と思うかもしれませんが、ずっと赤字でやるわけではありません。最初だけです。

実は、一度売れたページは徐々に価格を上げていっても売れるのです。最初は赤字覚悟。このマインドブロックを突破できない人が多いのが残念です。

けれども、ここを一度突破してみてください。そうすれば、あなたもeBayで売れるセラーにきっとなれます。まずは売り切ること、次に5％ほど値上げをしてみてください。それでも売れると思います。そこで、さらに5％の値上げ……。

この作業を繰り返し、どこが価格の上限かを探ります。徐々に価格を上げていく、これがとても大事です。eBay

で一度売れ出すと、Amazonのように同じページに相乗りができません。ここが、eBayのほうがAmazonよりも断然お勧めな稼ぎやすいポイントです。

●Purchase Historyページって何？

さて本題の「どんな商品にリピーターが多いか？」に入りましょう。それは消耗品、日用品です。わかりやすくいうとハンドソープなどが該当します。繰り返し売れる商品を多く出してみてください。

消耗品を良い感じで軌道に乗せることができると、お客様を囲い込むことができます。

僕は日本のAmazonでよく日用品を購入します。もし、あなたが同じように通販で日用品を買っているとしたら、二回目に購入する時にはどのような買い方をしますか。前にも書いたように、僕は購入履歴から再度購入します。つまり、日用品をお客様の購入履歴のページに入れることはリピーター獲得に非常に重要となるのです。

この購入履歴のページをeBayではPurchase Historyページと言います。数多くのお客様のPurchase Historyページにあなたの商品がたくさん入れば、そこからお客様は簡単に再購入してくれます。

この囲い込み戦略はしっかりと頭に入れて0を1にする作戦を確実に実行していきましょう。そうすることで、その商品ページはさらに有利な位置に表示されます。

多くの人にあなたの一つのページから何度も何度も購入してもらうことは、eBayに「このページは売れるんだ！」と認識させることにもなります。そうなると、後は正のスパイラルを描き、さらに売れるようになっていきますので、地道に確実に実行してください。

1 Purchase History ページ

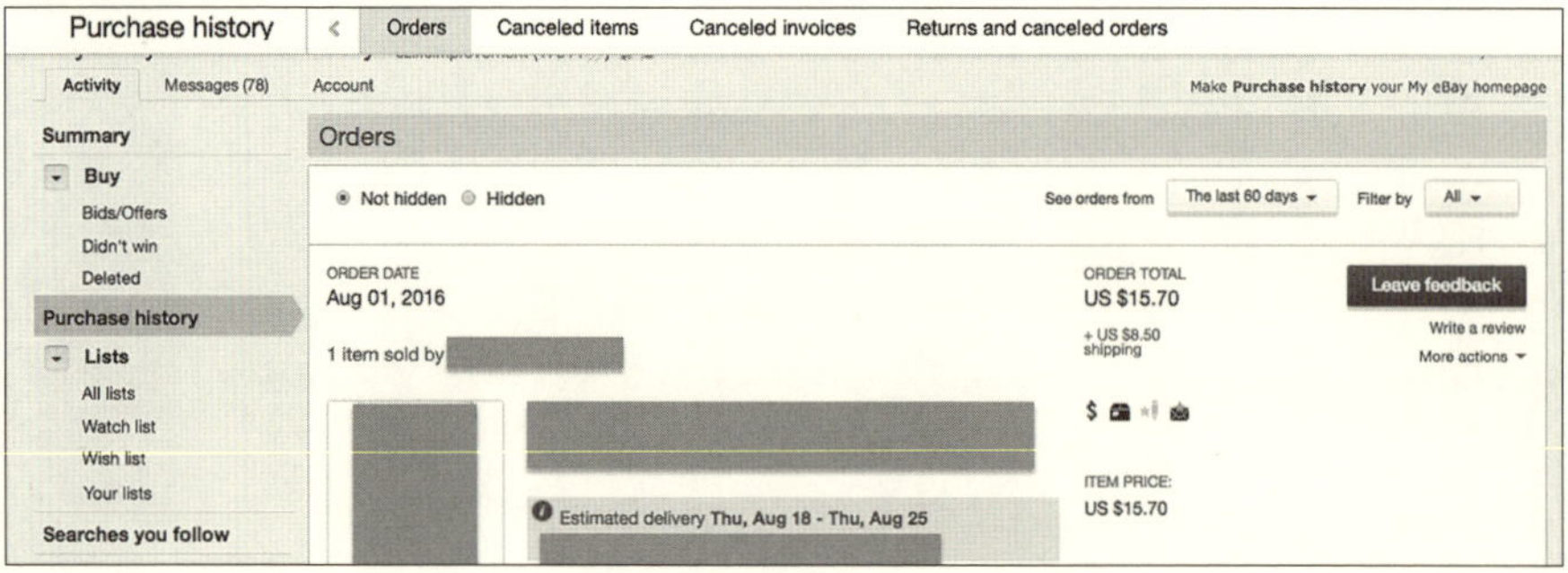

4 一番利益率が高く安全な商品とは？

内外価格差の大きな「中古品」を狙う

世界せどりでは無在庫での販売方法を説明しました。大きな利益を確保するためには、ぜひ、内外価格差の大きい商品を狙ってください。僕らは日本から出品するので、当然、日本の商品で利益率の高い商品を出すことは大きなメリットとなります。そのキーワードは中古です。これは有在庫戦略です。

初めに資金がないと大変だと思うので、無在庫から始めてそこで得た利益を有在庫に回しましょう。僕がeBayだけで生活できているのも、中古品を取り扱ったからでした。そこから枝葉をつけて、いまでは代行からコンサルティングへと幅広く事業を展開していますが、始めた頃は中古、それもヴィンテージ系の古い商品をヤフオクで仕入れてeBayで販売していたのです。

中古品は一つで数万円の利益を上げることが可能です。リピートさせることはできませんが、その分、大きな利益を得ることができます。

僕が中古品を仕入れる先はヤフオクです。いまはスマホでできるフリマアプリ（メルカリ）もあるので両方を効率よく使うとよいでしょう。

セラーを深掘りするのが効率良いリサーチ！

さて、そんな価格差のある商品をどのように探せばよいでしょうか。

僕の場合はある一つのキーワードを使ってeBayで検索してみます。やり方は簡単です。ここでは「Star Wars Japan Vintage」と入力して検索してみました（❶）。すると検索結果が並ぶのですが、ここでeBayで落札された商品を表示する「Sold listings」にチェックを入れると売れた商品が並びます。ふつうはここでStar Warsの商品を順番に見ていくと思うのですが、高い商品を販売し、Top Rated Seller、そして評価の多いセラーから深掘りします。Star Warsだけを追っていくと似たような商品やヤフオク、メルカリでも難易度が高い商品が出てくると思うので、嫌になる人がいると思うからです。

高額で落札されている商品は販売日数も相当かかると予想されますので、それらを狙うのはベテランになってからでよいと思います。

それよりも、50ドルから100ドルでよく落札されている商品を狙いましょう。ビジネスはキャッシュフローが大事です。効率よくeBayビジネスを始めましょう。

1 Star Wars Japan Vintageで検索し、Sold listingsをクリックして表示した画面

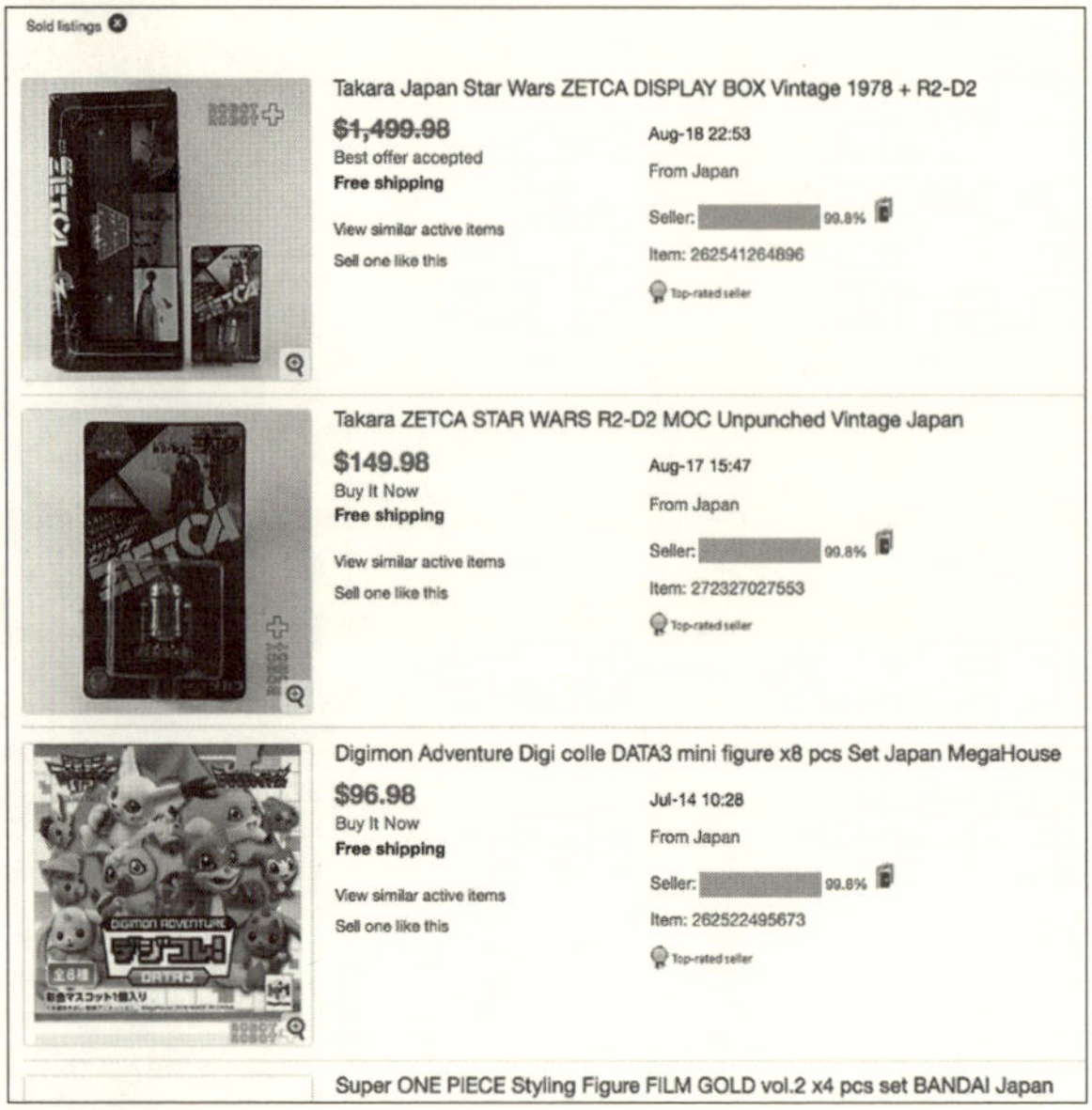

2 興味あるセラーの名前をクリックすると、セラーのページになり、ここでItems for Saleをクリックする

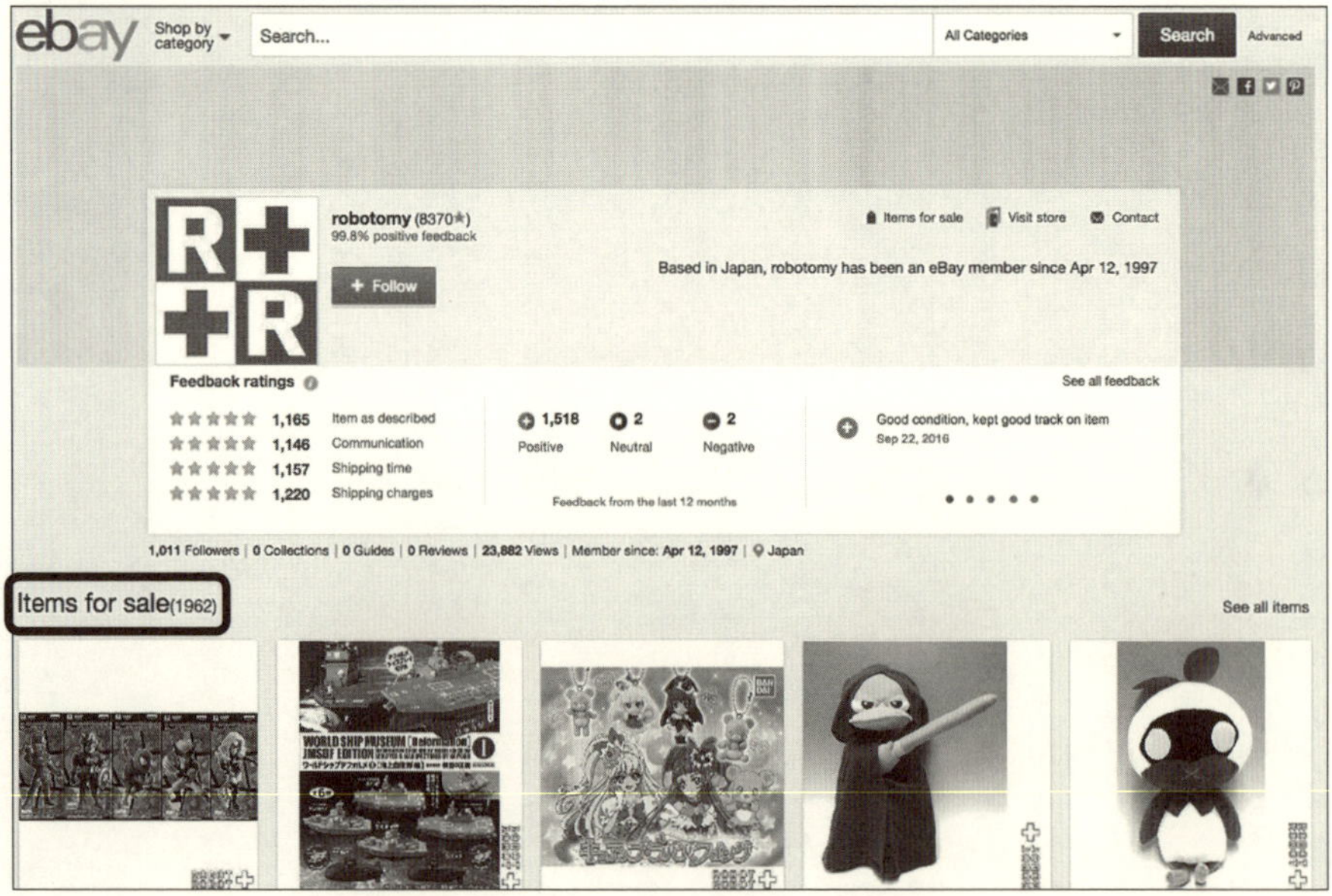

3 現在販売中の商品が表示されるので、ここでも再度 Sold listings をクリックする

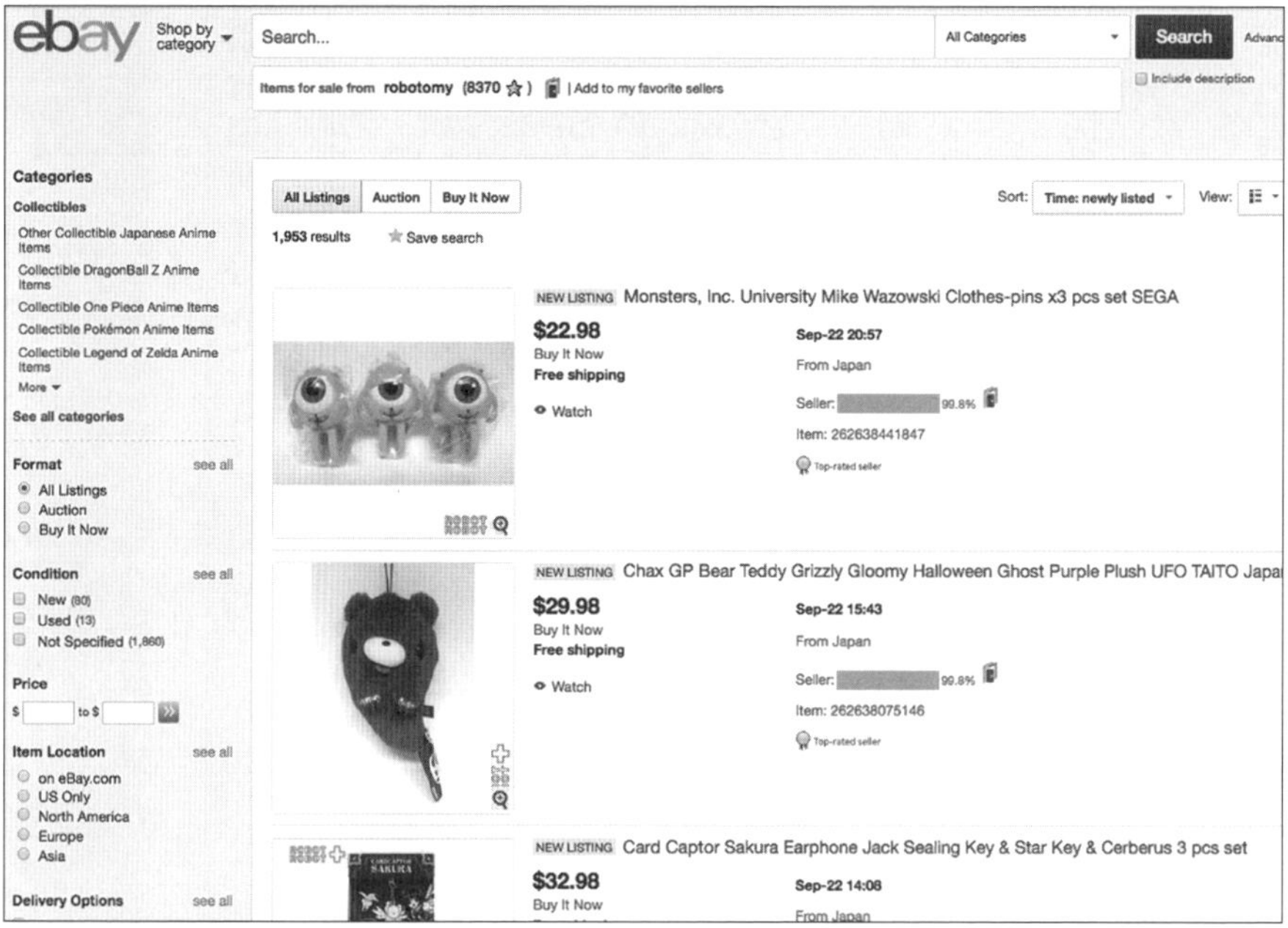

4 セラーが販売した商品の中から仕入れやすい
50 ドル～ 100 ドル前後の商品をヤフオクやメルカリで探し出す

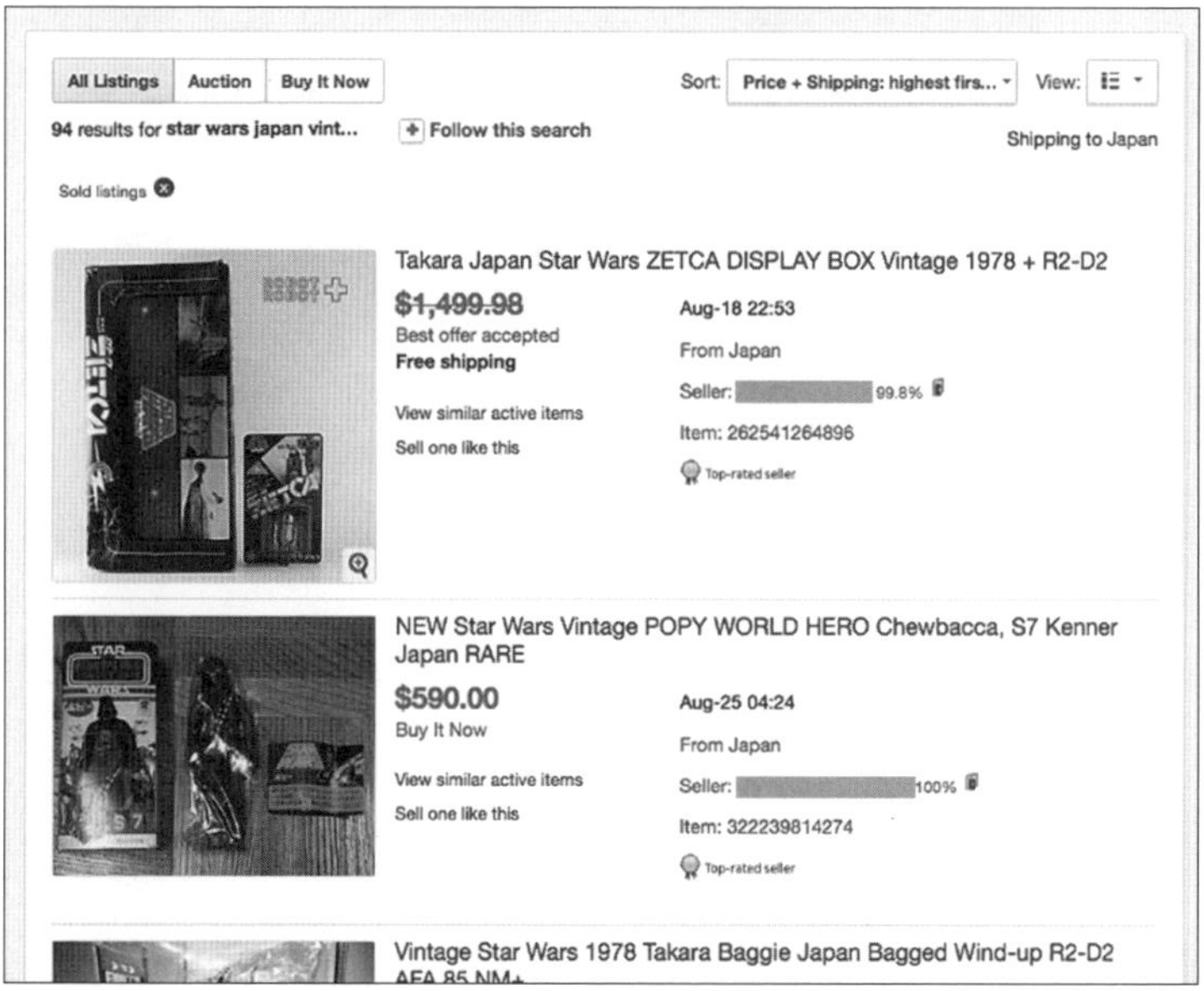

5 「返報性の法則」でリピーター続々！

自分自身を好きになってもらう

ライバルに決して真似できないこと、それは何だと思いますか。それは「あなた」です。

競合商品は次々に出てくると思いますが、唯一の商品は、実はあなた自身なのです。あなたがお客様とどのように接するか、その一点でリピーターが確実に増えるかどうかが決まります。商品だけで販売が決まるなら、誰でも最安値のところから購入すればよいのです。たしかに、初めは価格から判断するのかもしれませんが、「あなた」という人物を知ることによって、「あなた」という存在が購入理由の一つとなる可能性があります。

人というのは、好きな人から商品を購入したいものです。そうなると、価格だけが選択理由とはなりません。どれだけ商品価値以上の見えない贈り物をお客様にお送りするか。これがセラーにとっては、とても大事なことです。

eBayはAmazonとは違って、心のつながりをつくりやすいマーケットプレイスだと僕は思います。もともと、フリーマーケットのような所からスタートしたのがeBayです。個人と個人がつながる場所だったのです。eBayが巨大になった現在でも、その精神は受け継がれていると思います。

eBayをガンガンやっている人が周りにいたなら、ぜひ聞いてみてください。

返報性の法則で「ファン」になってもらおう！

あなたが街のスーパーマーケットに行くと、ハムやソーセージ等を焼いて試食させてくれることがあります。あれは実は「返報性の法則」を使って販売促進をしているのです。

人は何か自分のためにしてもらうと、その分、お返しをしたくなる心があります。僕はここが「人って、素敵だな！」と思うところなのですが、ハムやソーセージを食べさせてもらうと、「買わないといけないかな？」という気持ちになる人が多いはずです。これを「返報性の法則」と言います。

ですから、eBayでこれを応用してみます。どうするか。購入してもらった商品以外の何かの「サプライズ」を同梱してあげるのです。そうすると、あなたへの印象は大きくアップしますし、お客様は好意を持ってくれると思います。

たったこれだけでも、一人の購入者があなたのプチファンになってもらえるかもしれません。

eBayセラーとして大事なのは、お客様を一購入者から「あなたのファンにする」ことなのです。ファンになってもらえれば、何度もあなたのストアから商品を購入してくれるはずです。

●心の交流がプラスを生む！

もう一つ、お客様との心の距離を詰めることのできる方法を紹介します。最初は僕も何気なく始めたことなのですが、凄く喜んでくれました。それ以降は意識して実践し、多くのお客様と良好な関係をつくることができました。

それは相手の国について、関心・興味を持ち、それを相手に知らせることです。

eBayをやっているとわかることですが、お客様は世界中からあなたの商品を購入してくれます。その購入してくれたお客様のほとんどは、自分の国が好きな人たちばかりです。

ですから、その国に行ってみたいとか、行ったことがあるとか、興味があるとかをメールで送ってみましょう。商品とはまったく違う話になりますが、そのようなメールを送った場合、ほとんどの人が好意的な返事をくれました。

「私は日本が好きだ」とか「東京に行ったことがある」など、反応はさまざまです。一度、心の距離が近くなったお客様とは、ぜひ、Facebookでつながって交流を深めることをお勧めします。

そしてFacebookでお客様との交流をする特別な秘密のグループをつくりましょう。ここですぐに、「囲い込みで物が売れる！」と思うかもしれませんが、売ることを第一義に持ってくると、逆に売れないと思います。

もちろんビジネスにつなげることは重要ですが、それよりも海外のお客様のニーズを知る場として活用することも、大きな意味があると僕は考えます。

6 ライバルと少し違うことをする！

eBayで短期間で成長する人には、共通点があります。それは「素直で、自分の考えに固執しない人」です。そのような人は頭がとても柔らかく、自己分析力も高く、すぐに実行する行動力があります。人というのは、自分のことが見えていません。自分が何でもかんでも知っている気になっている人は、どうしてもマイウェイを貫くため、同じ失敗を繰り返しがちです。

もし、あなたがもっと自己成長したいと思うなら、自分を客観視できるように鍛錬しましょう。人と会話をしていても、何か作業をしていても、自分を外から客観視できるようにすると、成長は早いと思います。

素直な気持ちはとても大事！

この「素直」という要素にプラスして、eBay成功者の多くに共通しているのは「工夫」するという点です。言い換えると、ライバルと違うことをやれる人。そのような人は、売上を見込みやすいと言えます。

他の人と同じことをやったのでは、その中から選ばれないと落札されません。けれども、ライバルとは違う方法で販売することができれば、売るのも有利です。オンリーワンになれば、独壇場です。

ロット販売に勝機あり！

僕はできるだけ価格勝負は避けたいと考えているので、他に何か違うことをやれないかと模索していました。その中で効果があった方法をお伝えしたいと思います。

eBayセラーのほとんどは単品売りです。これを見ていた時に「まとめ売り」、つまりロットで販売したら面白いのではないか、と考えたのです。これは7章2項の「Top Rated Sellerに最速でなる方法！」で説明したことです。これが当たりました！

しかもロット単位なので、総額としては高額になります。eBayはあなたも知っているように出品ページを手動でつくると時間がかかります。この作業効率を上げるためにも、一回の取引額が大きいほうが効率的です。

ロット売りであれば、販売価格は必然的に高くなります。またロットなのでリピーターが付きやすいという嬉しい効果もあります。なぜリピーターが付きやすいかといえば、ロット販売の場合、お客様自身の仕入れのために購入する確率が高いからです。つまりアメリカのeBay でロットで購入し、自国の eBay や他のマーケットで単体売りしている人と僕は数多く出会ってきました。

こうなると、リピーターさんは商売で購入してくれるので、同じ人が何度でも購入してくれるわけです。

「広告」と捉えると見方が変わってくる

次に中国人のセラーがよくやっている方法として、eBay を広告として捉えるという考えがあります。eBay での出品及び商品は「広告」として割り切っています。これは広告単価を理解しておくと、意味がわかります。

現在、一人の顧客を獲得するために必要なコストが非常に高くなってきています。ところが、eBay を広告の場として捉えると、今度は「異常に安く見込み客を獲得できる場」と捉えることができるのです。

僕の生徒さんからよく受ける質問のなかに、「なぜ、アクセサリー等が考えられないくらいの安い価格で販売されているのでしょうか？」というのがあります。これはまさに、広告として捉えているためと考えられます。そのようなセラーからすれば、赤字でもまったく問題ありません。いや、広告だと考えれば、むしろ安いくらいなのです。

マーケティングとして eBay を使う！

eBay へ出品するということは、広告を限りなくゼロに近いコストで出しているということになります。出品を Google Adwards のようなクリック広告と同様に捉えるとどうでしょうか。Google Adwards はクリックして広告ページへ見込み客を誘導するだけでコストがかかりますが、eBay は落札された時に広告料としての eBay 手数料が取られると考えると、いかに広告効果が高いかがわかると思います。

もし、安定して供給できる商品があるなら、フロントの安い商品を用意できれば、このような eBay の使い方も効果的です。工夫しだいでライバルとは違う方法で eBay を活用でき、利益を上げることが可能なのです。

ですから、どう工夫すれば効果が上がるかを常に検証してみてください。

7 売れるタイトルをつくるための最強無料ツール！

Amazonと比べ、eBayで頑張る人のほうがなぜ成功しやすいのか。それは独自に努力したことが結果に反映しやすいシステムだからです。

Amazonの場合は、ノンブランド品やメーカー品はAsinコード（Amazon独自の商品コード）が同じです。そこに多くの人が相乗りする形で出品するので、間違いなく価格勝負になります。

eBayはまったく違い、セラーが独自に商品ページをつくります。eBayの場合、eBayの特性を把握してページをつくり込むことによって、検索結果の上位にあなたの商品ページを表示させることが可能です。

ですから、eBayを知れば知るほど、あなたの商品は売れるようになっています。ここではその中でもとても重要な「タイトル」について考えていきましょう。

良いタイトルで売上アップ！

タイトルを考えるとき、僕がいつも比較するのがGoogleです。あなたがホームページをつくった時に、Googleの1ページ目に掲載されると、多くの人があなたのホームページに来てくれるようになるはずです。

これはeBayでも同じことです。eBayという大きな検索エンジンがあると考えてみましょう。その中で見込み客にリーチしたいはずです。あなたがGoogleで欲しい情報を探すとき、複数の単語を入れて検索するのではないでしょうか。ここに大きなヒントが隠されています。

こんな凄いツールが無料で使える！

eBayのタイトルは現在のところ80文字を入力することが可能です。ここにあなたが出品する商品の見込み客がどんなキーワードで検索するかを考える必要があるのです。適切なキーワードを許される80文字にできるだけ詰め込むのがよいタイトルです。

といっても、、それらのキーワードを独自に調べていくのは至難の業です。そこで適切なタイトルを簡単につくってくれるのが「タイトルビルダー」というサイトです。トップ画面にキーワードを入力できるフィールドがあるので、そこに商品名を入力してみましょう。そうすると、このタイトルビルダーがeBayのデータベースを検証して、あなたが出品する商品をどのようなキーワードを使って見込み客が検索しているか、それがすぐにわかる凄いツールです。ぜひ、使ってみてください。

1 タイトルビルダーのトップ画面

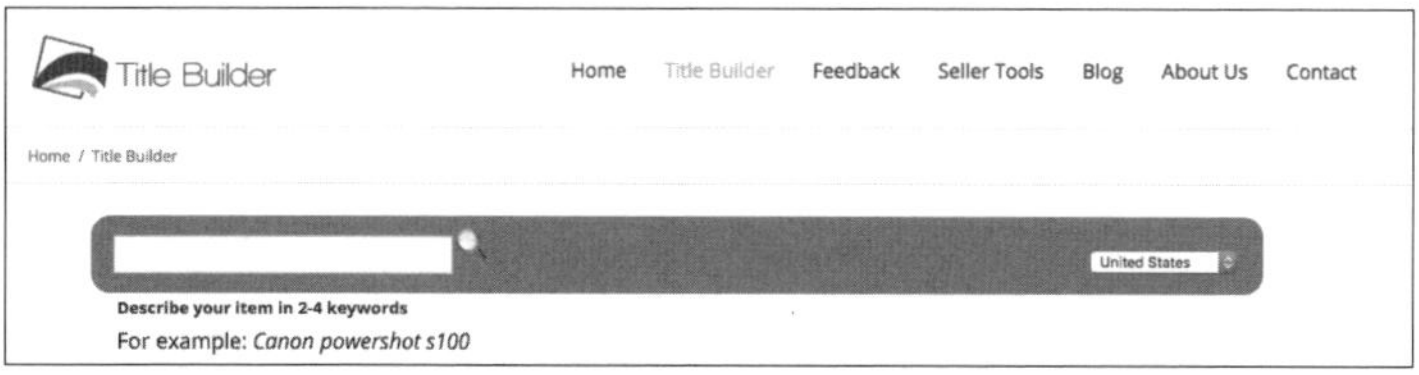

2～4単語を入力することを推奨している。サイトの例にあるCanon powershot s100と入れてみる。

http://title-builder.com/title-builder/

2 検索結果の画面

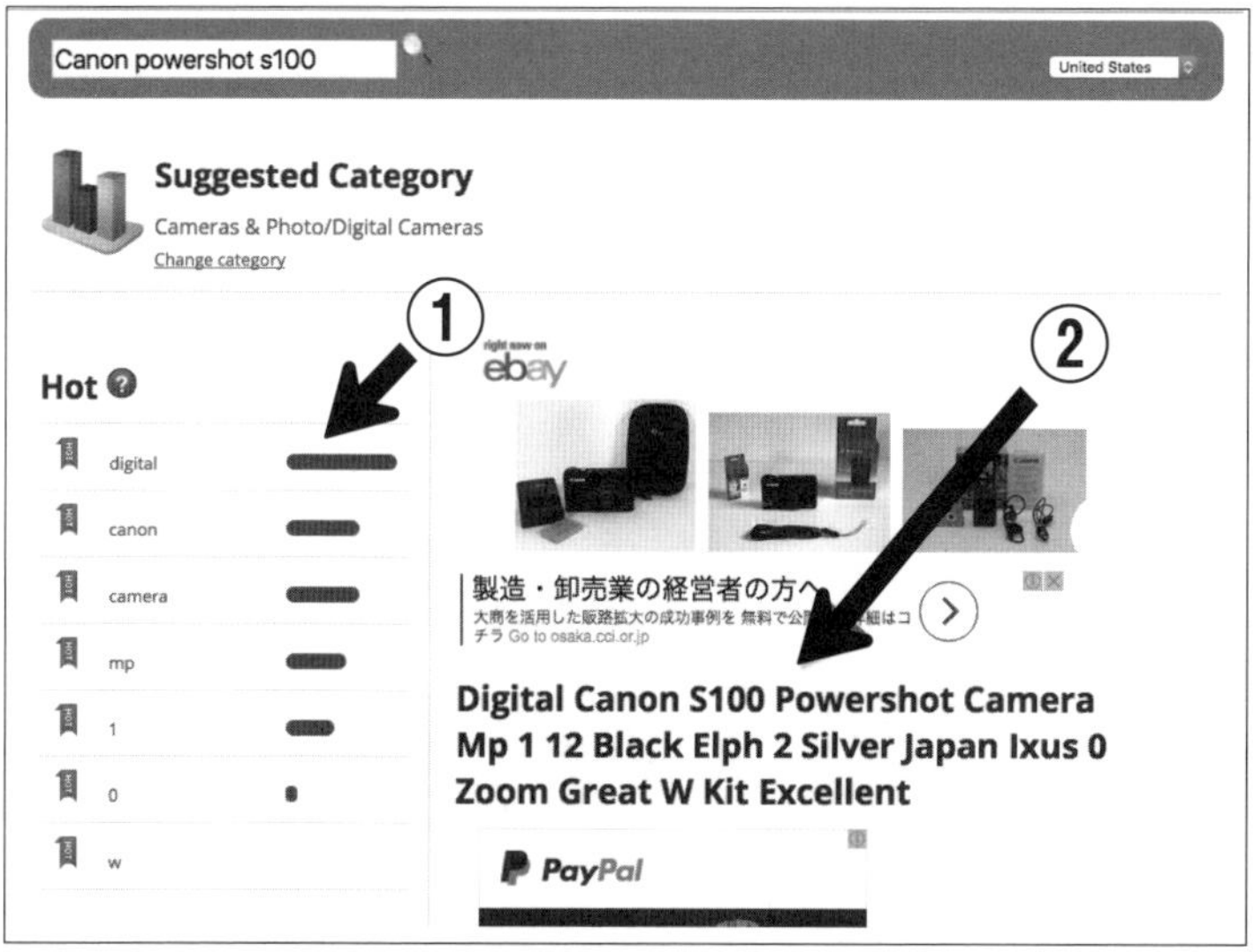

①に、重要単語が上から並んでいる。
②はタイトル候補。この中から不要なものを除けば「良いタイトル」ができる!

eBay

8章

eBayで稼ぐために必要なマル秘テクニック!

1 eBay Best Matchを理解しよう!

2 eBay検索エンジンを理解しよう!

3 在庫切れになった… でも安心の英文を公開!

4 お客様からの質問に
答えられない場合は?

5 「どんな商品が人気?」かを
一発で見つける方法とは?

6 寄付設定で社会貢献、
そして売上アップ!

1 eBay Best Matchを理解しよう！

eBayには、Best Matchという独特な検索アルゴリズムがあります。

このeBay Best Matchの目的は、お客様が求めている商品をできるだけ正確に見つけてもらうためのものです。ということは、再三強調していますが、「タイトルが重要である！」ことは明白です。

eBay Best Matchの捉え方

さて、Best Matchをどう捉えればよいのか。僕ら出品者側からすれば、どのように見込み客に近寄っていけるかが問題になります。

eBayが一番重視しているものは、価格です。ですから、まずは売れる価格で出せれば、早期に売れる確率を上げることになります。

eBayはあなたの商品を「これだ！」と確定できると、その価格をトップセラーの価格と比較するようです。ですから、該当商品を販売しているトップセラーの価格をリサーチすることは重要です。

価格の次に、現在のeBayで重要なのは、お客様への満足の提供です。その証《あかし》こそ、7章で紹介したTop Rated Sellerです。

eBayにBest Matchで優遇されたければ、Top Rated Sellerに絶対になりましょう。Feedback（評価）で悪い点をもらわないように、完全100％Positive（良い評価）を維持すれば、とても有利です。

「送料無料」は絶対条件

そして次に大事なのがFree Shipping（送料無料）で出品することです。

あなたがネットで商品を購入するときに、送料が加わると、購入するのに少したためらいませんか。eBayも同じです。逆に、「送料無料」と提示すると、確実にお客様の購入確率は上昇しますので、送料無料の出品をBest Matchは優先します。

そして現在のeBayはUPCコードの入力を必須にしています。UPCコードとは、前にも述べたように、日

1 eBay Japan Best Match 説明ページ

今すぐ出品 | My eBay | 登録する | 資料請求 購入はこちら サイトマップ FAQ デベロッパーポータル
ebay
If you are a buyer, please visit www.ebay.com
検索
ホーム ニュース eBay 出品ガイド 出品サポート 安全への取り組み 法人のお客様へ ブログ
ホーム > 出品サポート > 売上向上のために > ベスト・マッチについて
売上向上のために
eBayアドバンスド・サーチの活用
eBayバイヤーが実践する商品検索方法とは
Terapeak（テラピーク）の活用
ベスト・マッチ：7つのプラクティス
ベスト・マッチについて
売上向上のために
さらなる売上拡大に向け
ベスト・マッチについて
ベスト・マッチ（Best Match）とは、eBay（イーベイ）の商品検索エンジンを指します。
ベスト・マッチの目標は、売り上げを伸ばし、購買経験をサポートすることでバイヤーの満足度を高めることです。もちろん、ユーザーのニーズに合った商品を検索結果の上位に表示することで、将来もバイヤーにeBayで商品を購入してもらうことにも貢献しています。
ベスト・マッチでは、さまざまな要因が考慮され、出品形式（listing format）や選択したカテゴリーにより

https://www.ebay.co.jp/selling-support/increasing-selling/best-match-listing-style/

本でいうJANコードのことです。つまり、商品識別番号のことです。ですから、JANコードを入力することも忘れないようにしましょう。

●見込み客が買ったかどうか

そして次が最も大事なことなのですが、見込み客がキーワードを入力して、あなたの商品が検索結果に表示されたとします。これをインプレッションと言います。見込み客があなたの商品を見ているわけです。

ここから見込み客はどれかのタイトルをクリックします。このインプレッション数に対して何回クリックされたか、そして最も重要なのは何回売れたか。それをeBayは見ています。

つまり、いままで説明してきたタイトル、価格、Top Rated Seller、良い評価など、どれもが物凄く大事になることを頭に入れておきましょう。

2 eBay検索エンジンを理解しよう！

eBayの検索エンジンの現在のコードネームは「Cassini（カッシーニ）」と言います。

eBayはこの「Cassini」にどのようなプログラムを仕込んでいるのでしょうか。僕自身は開発者ではありませんので、逆に、いろいろと「Cassini」の謎を勉強して調べ尽くしてみました。その中でかなり信憑性の高い情報だけをあなたに伝えたいと思います。

ここでは、どのようなことが「Cassini」に悪影響を与えるのかということを中心に書いていきますので、じっくりと読んでください。

● Cassiniに悪影響を与えること

1 Feedback

あなたがどれだけ誠実に取引をし、どれだけ良いサービスを提供しても、たった一つのNegative FeedbackがeBayのSEOに与える影響はきわめて大きいと考えてください。

影響を与えるのはNegativeだけではありません。問題が発生した時に争議へエスカレートすることや、ポリシー違反で出品が削除される等が起こると、それまでどれだけ良い成績を維持していても、Cassiniはおそらく表示ランクを下げることでしょう。

残念なことに、Cassiniは一つのケースオープンですべての出品商品のランクを下げることが予想されるのです。ケースオープンされた時には、できるだけ早めに問題解決に努めましょう。

争議にエスカレートさせるのは、さらに悪い影響を与えます。とくにケースをオープンされている間には、すべての商品がランク落ちしていると思われるので、早期

解決は必須です。これらを考慮すると、返金してケースを終了させることがいかに大事かを理解してもらえると思います。

誠実な対応をする

もしNegativeやNeutralをもらった時には、放置せず、早期にFeedbackを変更してもらうよう、根気強く交渉を重ねてください。たった一度メールを送って反応がなかったからといって、決して諦めないことです。反応があるまで、真摯に対応しましょう。

ほとんどのケースでは、返金することによって解決しますので、必ず「返金します」というオファーを出しましょう。

NegativeやNeutralが残っているだけで、一年間はランキングに悪影響があることは覚悟するべきだと思います。常に顧客満足を心がけましょう。

トラブルを防ぐためのプロ思考を持つこと

この最悪なケースを避けるために一番僕が大事だと思うことは、プロの梱包をすることだと思っています。リアルにお客様と接する初めての機会です。SEOのためだけではなく、これからリピーターになってもらうためにも、梱包には気を使いましょう。

梱包が悪いと、商品を確認する前に心理的にネガティブな影響を与えてFeedbackへ影響する恐れがあるのです。プロの梱包が大きくFeedbackに影響することを自覚してください。

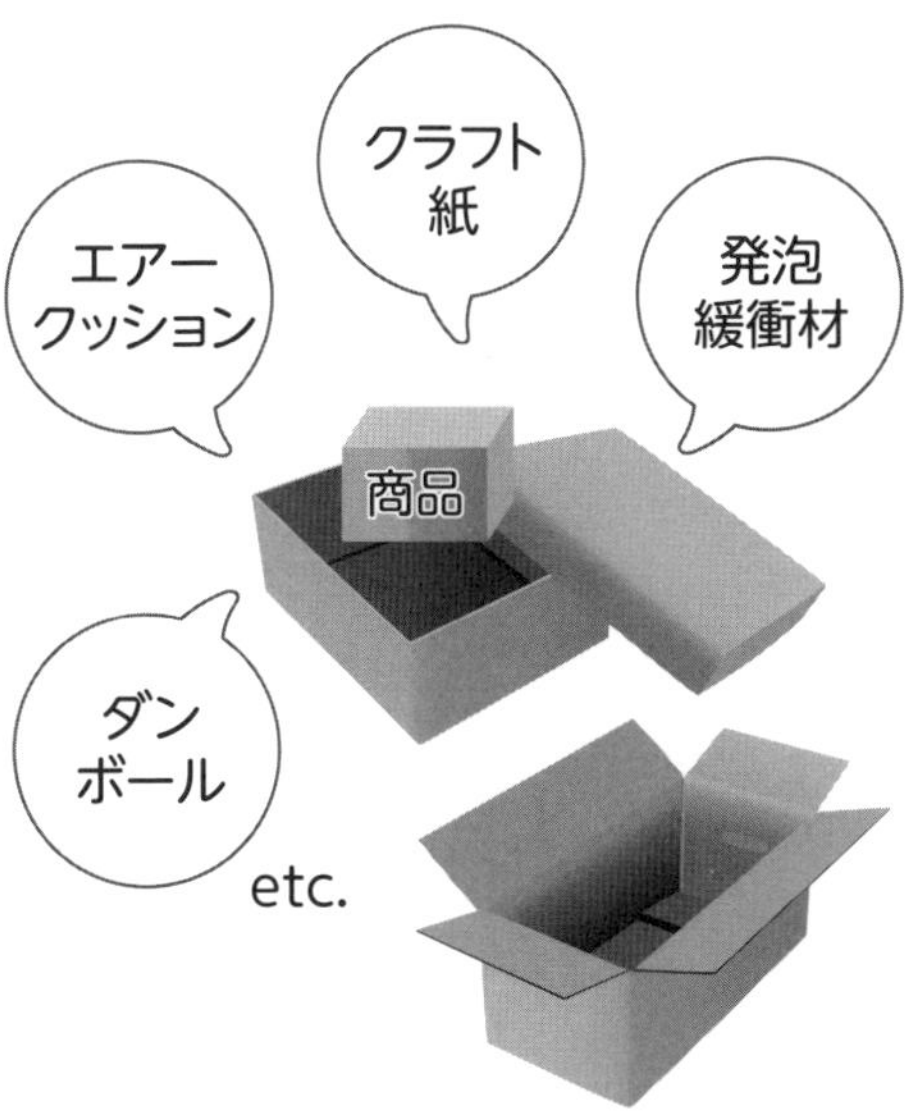

2 Free Shipping

送料無料をCassiniは好みます。そこで、できるだけ送料無料でも利益が取れるような価格設定をしましょう。とくに競争が激しい商品は、送料無料にするだけでも見込み客にリーチしやすくなります。

3 販売

ここは送料無料と関連するのですが、eBayは手数料で利益を得ています。ということは、送料無料の商品は通常価格に送料を含めます。するとどうでしょうか。商品単価自体は上昇しているわけです。

送料無料にする意味としては、少しでも売上を上げる。つまりeBayの手数料を上げることになり、売上も重要視するCassiniにとっては「大好き」ということを覚えておいてください。

4 返金、返品

返金、返品についてはできれば無条件が良いと思いますし、返品期間はeBayでの出品の際は最大で60日にしましょう。これだけでもCassiniには好影響を与えると予想されます。また、Cassini対策だけではなく、売上にも好影響を与えると予想されるので、いずれにしてもCassiniは満足する結果となるはずです。

5 Sell Through Ratio（販売率）

販売率も大きなポイントの一つです。Cassiniは、しょせん、プログラムです。どんな商品であるかまでは確実に把握していないと思われます。そこで、効率よく売れるセラーの商品を優先して上位にランクさせるはずです。そのため、高額の商品を販売している場合は、売りやすい商品も併せて販売し、販売率を少しでも高めるように努力してください。

6 Good Til Cancelledの使い方に注意

eBayで固定価格で販売する場合に期間を選択できます。その中にGood Til Cancelledがあります。つまり「キャンセルするまで自動的に販売させる」ことができるのです。ただし、出品手数料は30日ごとに更新されるので注意してください。

このGood Til Cancelledですが、ずっと続けて出していることに何か問題を感じないでしょうか。そうです、「売れない」という認識をCassiniに与えてしまうのです。ですから、30日出品にしてリセットする形で再出品したほうがランク付けがよいと言われています。

少々面倒ですが、売ることを目的に出品しているので、30日設定をお勧めします。売れている商品はそのままで続けると継続的に売れるので、売れない場合はリセットするようにしましょう。

無駄なHTMLコードが表示ランクを下げる

7 HTMLコード

eBayで出品する時には、商品の情報等をワープロ感覚で書けるので便利です。ただ、ひとつ気をつけて欲しいことがあります。それは商品説明等をメーカーのサイトからコピペ（コピー&ペースト）してくることです。ブラウザ上では、テキストだけに見えますが、ホームページからコピペすると、裏にあるHTMLのコードも同時に引っ張って来てしまいます。そのHTMLコードの羅列をCassiniが嫌うという情報もありますので、いったんテキストエディタ等でプレーンのテキストにして貼り付けるようにしてください。

8 Auction

いまはFixed Price（固定価格）が主流のeBayですが、低価格スタートのオークションをミックスして出品してください。低価格商品は売れる可能性が高いので、出品数に対しての落札率が高くなります。オークションを使えるのがebayの良いところです。オークションを上手に利用してCassiniに好かれるようにしましょう。

3 在庫切れになった… でも安心の英文を公開！

無在庫で販売している場合、起きてはならないこと、それは「**在庫切れ**」です。これは100%に近いくらい避けるべきです。

世界せどりの場合は、管理ツールを使えば最小限にリスクを抑えられます。手動で管理している場合は、常に出品商品が仕入先で売り切れになっていないかどうかを小まめに確認しましょう。

ただし、この世の中に絶対ということがないように、「在庫切れ」がまったく発生しないとは言えないと思います。何度も「在庫切れ」を引き起こしてしまうと、あなたのアカウントは途端に Below Standard に落ちてしまう可能性が高いので気をつけてください。

もし万が一、Below Standard になってしまったら、1章5項の「Below Standard を最速で解消する方法！」を参考に対応してください。

● アカウントに影響しない解決法！

ここでは、引き起こしてはならない「在庫切れ」になってしまった場合の僕の対処法をお伝えしたいと思います。

まず注文を受けて「在庫切れ」が判明した場合は、速攻で Paypal から返金処理をしてください。一番怖いのはオープンケースされることです。オープンケースされてしまうと Out Of Stock（在庫切れ）として取引を処理されてしまい、間違いなくあなたの大切な eBay アカウントにマイナス・ポイントが加算されてしまいます。そうならないように、お客様とあなたの間で問題処理をするほうが良いのです。

ただし、この場合、eBay 上では商品を発送した状態として処理する必要があります（トラッキング番号はもちろん付与すること）。

この処理をする場合は、eBay の落札手数料は取られてしまいます。しかしアカウントにマイナスが加算されるよりは格段によいので、この形で処理できるのが理想です。

● お詫びの英文を活用しよう！

もっと良いのは返金にプラスして、迷惑をかけた分のお詫び金を相手に送金すると、トラブル率は下がると思いますが、そこまでするかどうかはあなたしだいです。

とにかくお客様を怒らせたりするとNegative（悪い）評価をもらう可能性が高くなります。「在庫切れ」と悪い評価で、あなたの全商品の表示ランクは確実に落ちるので最大の努力をしてください。「在庫切れ」になった時にお客様に送る英文を参考までに掲載しましたので、もしもの時は、この英文を活用してみてください。

1 お詫びの英文例

在庫切れになった時の英文例

＜例文＞

We are very sorry that we are unable to fulfill this order and apologize for any inconvenience this may have caused you. There was a mistake on our end with inventory / listing and the item is out of stock. We issued a refund to give you a 10% discount on your next order. Thank you for your understanding and patience regarding this matter and for being an awesome customer.

＜訳＞

大変申しわけありません。今回商品をご用意することができない状況となりました。 在庫と出品に問題があり、商品がないという間違いがありました。 すでにご返金させていただいておりまして、次のご注文の際に 10% の割引をいたします。 この件に関しまして、ご理解をいただきまして、誠にありがとうございます。

4 お客様からの質問に答えられない場合は？

eBayで一番良いのは、「自分の商品」を販売すること、それもたくさん売れることです。自分の商品であれば、お客様からの質問にもまったく問題なく返答できると思います。

けれども、転売の場合はどうでしょうか。つまり、商品のリサーチをし、いまどんな商品がeBayで求められているかを調べ、その商品を仕入れて販売するパターンの場合です。実際には、そのケースのほうが多いと思います。それもあなたのアカウントのリミット枠が大きくなればなるほど、取扱商品数はどんどん広くなると思います。

このように、ニーズのある商品を、求められている価格で販売すること自体は、あなたの売上を伸ばすことにもなり、喜ばしいことです。

ただ、仕入れた商品に対する知識がない状態で販売することになり、お客様から質問があった場合、答えるのがかなりハードルの高い作業となりがちです。

お客様の質問に適切に返答できるかどうかは、販売にも大きくつながることです。もし、仕入れて販売している場合は、仕入先に聞いてみてください。十分な答えが得られない場合は、Googleで検索してみましょう。その場合は、早く正確な情報を得るために、重要なキーワードを検索フォームに複数入れて検索してみましょう。

情報がなくても伝え方を工夫して上手に説明する！

問題は、それでも答えが見つからない場合や、説明自体を自分で理解できない場合です。どうするか。

その場合、適当な返答をすることは絶対に避けるべきだと思います。正直に「知らない」と伝えてください。とくに転売をしている場合は、このようなケースが多発する傾向が強いのです。

返信しないという選択肢もありますが、それではお客様からの信用を得ることができません。また、「知りません」とだけ返信しても、逆に気分を悪くされてしまっては、マイナス印象を与えてしまうだけです。

僕は英文の雛形を用意しています。内容としては、「正確な情報がない」、つまり適当な返事をしてしまっては誤解を生じる場合もあるので、「適当な仕事はしていません！」と逆転の発想で考えた内容となっています。

まずは、正直に知らないことを謝ります。その理由としてお伝えしなければならない「正確な情報」を調べても見つけられなかったと書いています。ただし、こちらとしては購入して欲しいので、返金保障をつけていることを伝え、何か不満が生じた場合は「返金する」と相手に安心感を伝えています。

1 お客様からの質問に答えられない場合の返答例

（英文）

We're very sorry that we do not have an accurate answer to that question. We did some research and do not have an exact answer, however, please know that you can still order the item and there is a 14 day money back gurantee should you be unhappy with that item.

（訳）

大変申し訳ありません。ご質問に対しての正確なご返答ができません。いろいろと調べてみましたが、正確な答えが見つかっておりません。もし商品にご納得いかない場合は、14 日の返金保障を付けておりますのでご注文してください。

注意：上記では返金保障の数字を 14 日にしています。もし 30 日に設定している場合は上記の数値を変更してお使いください。

5 「どんな商品が人気?」かを一発で見つける方法とは?

人気商品を見つけたい!

eBayで商品を販売する場合、「どんな商品が人気なのか?」を見つけるのは凄く大変です。もし、その商品そのものでなくても、関連する商品を見つけられれば、それだけチャンスが大きく広がると思われます。

通常のリサーチでは、落札した商品をeBay上で見つけるのは「Sold listings」にチェックを入れるだけで簡単にわかります。

しかし落札された数だけが人気のバロメーターなのでしょうか。僕はそうではないと思います。Watch List、つまり「お気に入り」の数が多い商品を見つけたいと思いませんか。

WatchCountで人気の商品が一目でわかる!

どんな商品にたくさんの「お気に入り」が登録されているかが一発でわかる、無料の凄いツールをご紹介します。それがWatchCount.comです。

1 WatchCount.comで検索を始める

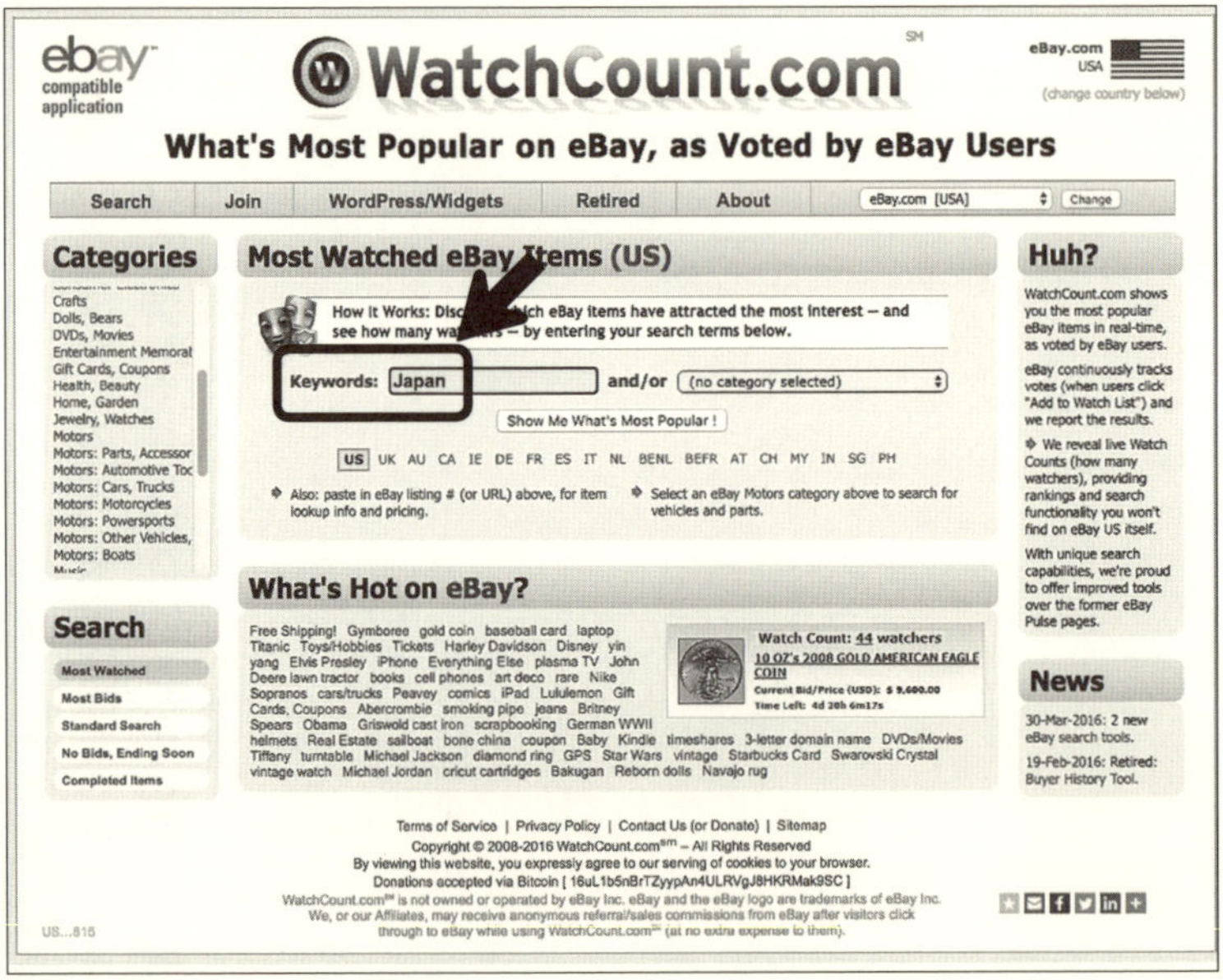

http://www.watchcount.com/

では、WatchCount.comの使い方を説明します。

前ページの1を見てください。わかりやすく説明するために、検索フィールドに「Japan」と入力しました。

2（検索結果）の太い矢印で指している所を見てください。ここが「お気に入り」の数を示しているのです。凄い数の「お気に入り」が入っています。もし価格勝負できれば、間違いなくどんどん落札されると思います。

WatchCount.comの使い方はこれだけでは

2「お気に入り」の数がわかる

3 出品したいカテゴリ内でのキーワードの使われ方

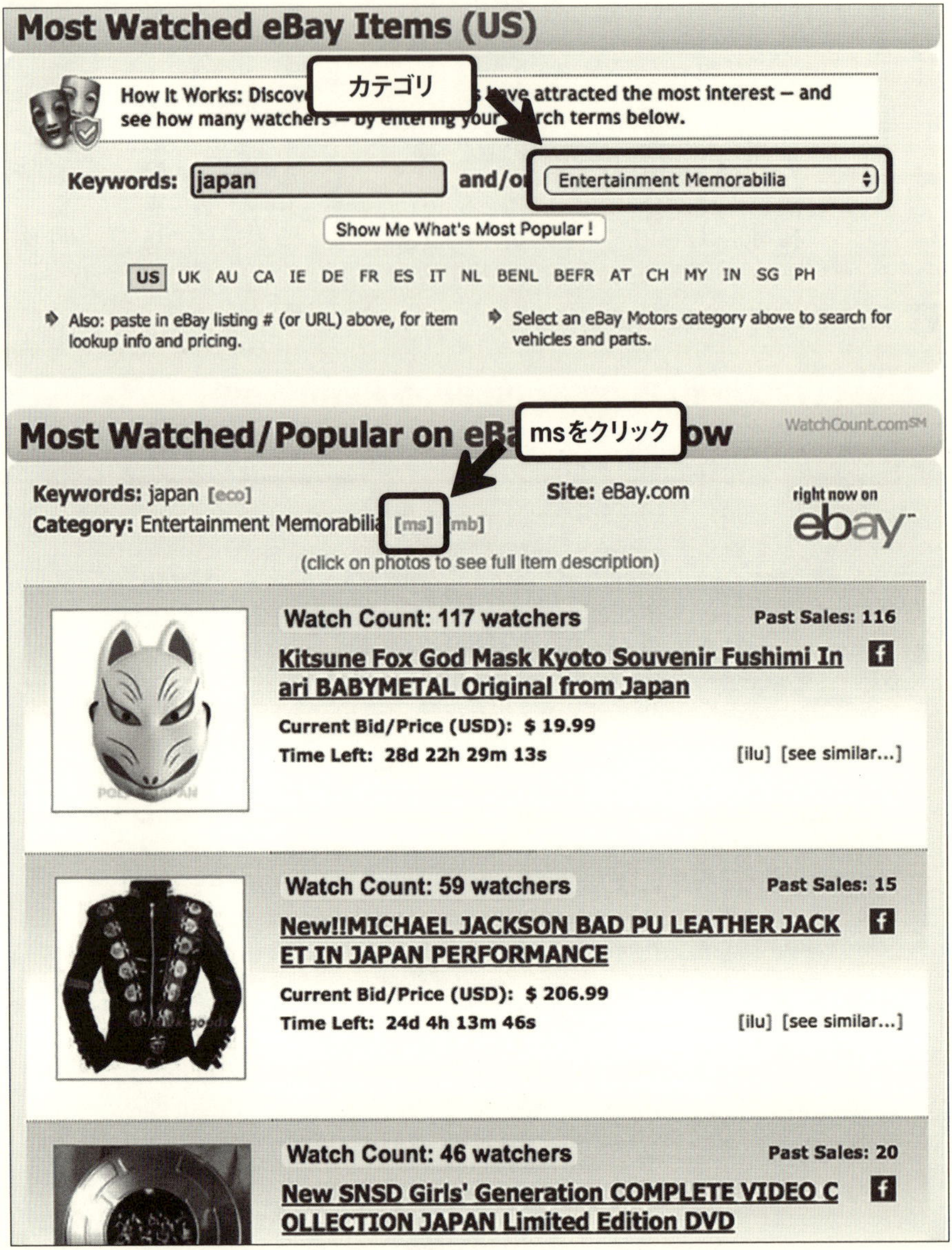

❹ 見込み客によるキーワードがわかる!

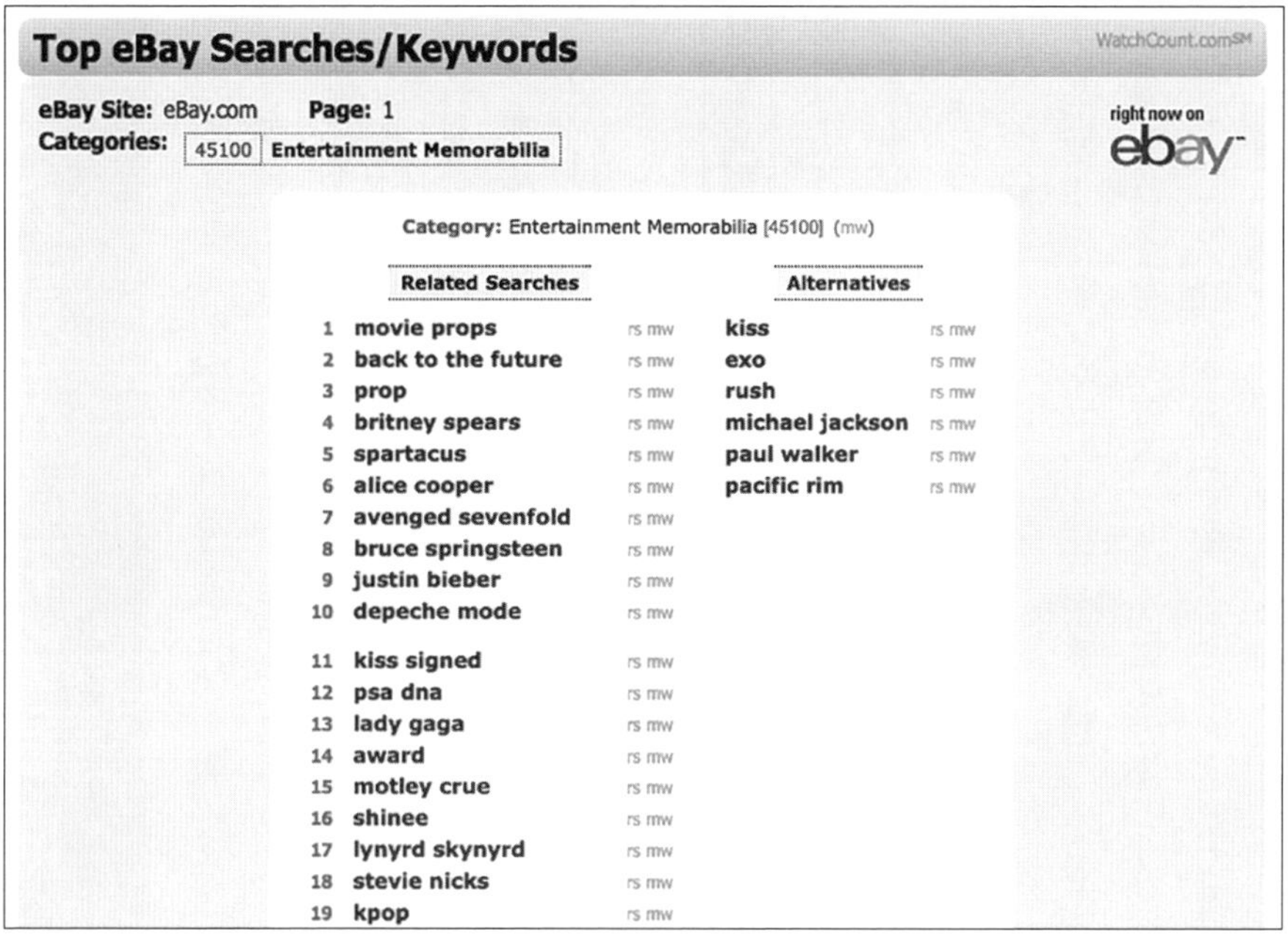

ありません。キーワード検索ツールとしても強力に力を貸してくれます。

❸をご覧ください。Japanというキーワードは同じです。ここではカテゴリをEntertainment Memorabiliaとして検索した結果が出ています。

ここまではカテゴリを追加しただけで同じですが、あなたが出品したいカテゴリで、一体どんなキーワードが多く検索されているかを知りたい場合には、それを見つけることができます。

二つ目の太い矢印が指している所に小さく「ms」というリンクがあります。ここをクリックしてください。

上の❹を見てください。どうでしょうか。このカテゴリで見込み客が入力している、つまり「お客様が探している商品のキーワード」がランキングで出てきているのです。

これらのキーワードから「売れる商品」が容易に推測できると思います。ツールを上手に使って販売効率を上げてください。

6 寄付設定で社会貢献、そして売上アップ！

あなたがeBayで利益を上げることは第一義ですが、それにプラスして社会貢献でき、しかもそれがあなたの売上にも貢献する……そんな相乗効果があればどうでしょうか。あなたも幸せですし、社会で恩恵を受けて救われる人も増えます。

実は、そんなシステムをeBayが用意してくれています。以前はeBay Giving Worksと呼ばれていました。現在はeBay For Charityと言います。

社会貢献と売上アップを望める

設定の仕方もとても簡単です。まず出品フォームの下の方にあるChoose a format and priceのところにAdd or remove optionsがありますので、そこをクリックしてください（**1**）。

するとウインドウが立ち上がります（**2**）。その中にDonate percentage of saleというところがあります。Give a percentage of the final sale price to a non-profit organizationの横にチェックを入れてください。そしてSaveボタンをクリックします。

すると、**3**が出品ページ上に出てきます。ここではAmerican Red Cross（アメリカの赤十字）が出ていますが、その下のOr, select another nonprofit you loveをクリックすると、**4**の別ウインドウが立ち上がり、その中から希望のチャリティに寄付することが可能となります。

3のDonation Percentageのドロップダウンメニューで寄付率を10％から100％まで選択できます。

こうして寄付をすると青いリボンが付き、検索結果も優遇されます。

1 eBay For Charityを設定する

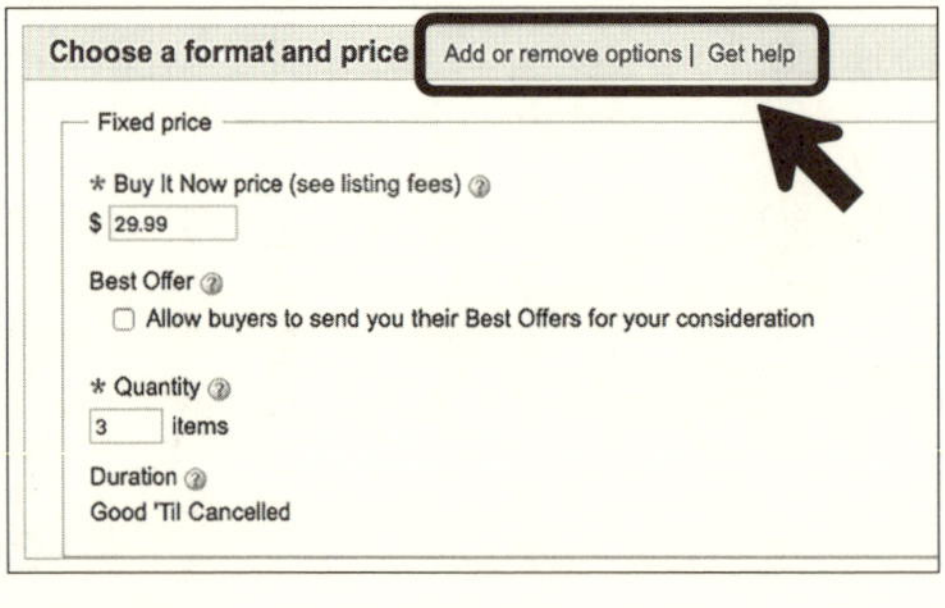

2 Donate percentage of sale にチェック

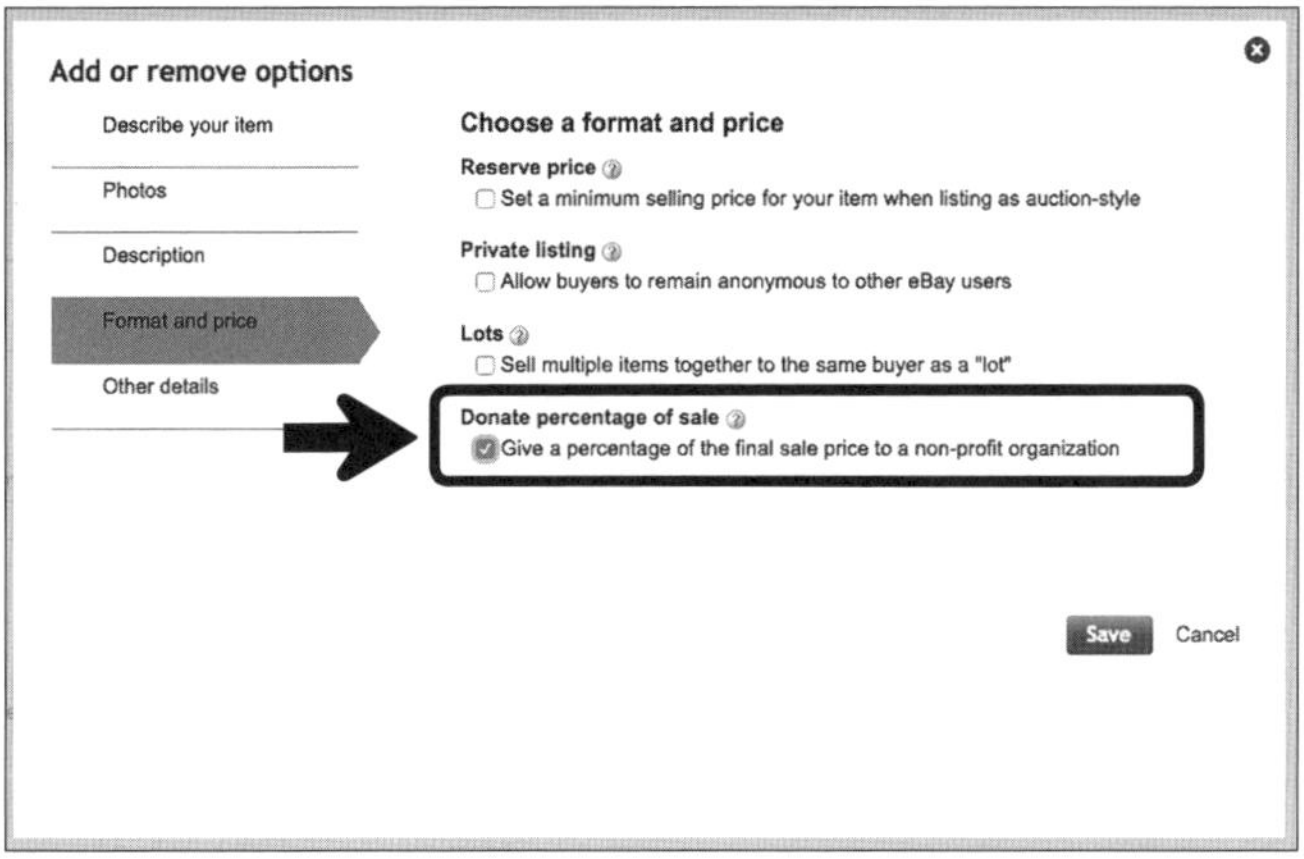

3 出品ページ

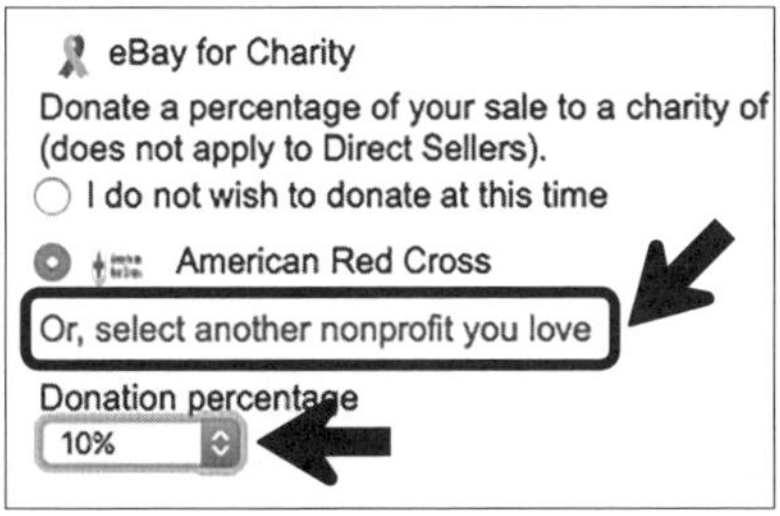

右で「アメリカ赤十字」以外を選ぶと、下の❹が表示される

4 希望のチャリティに寄付できる

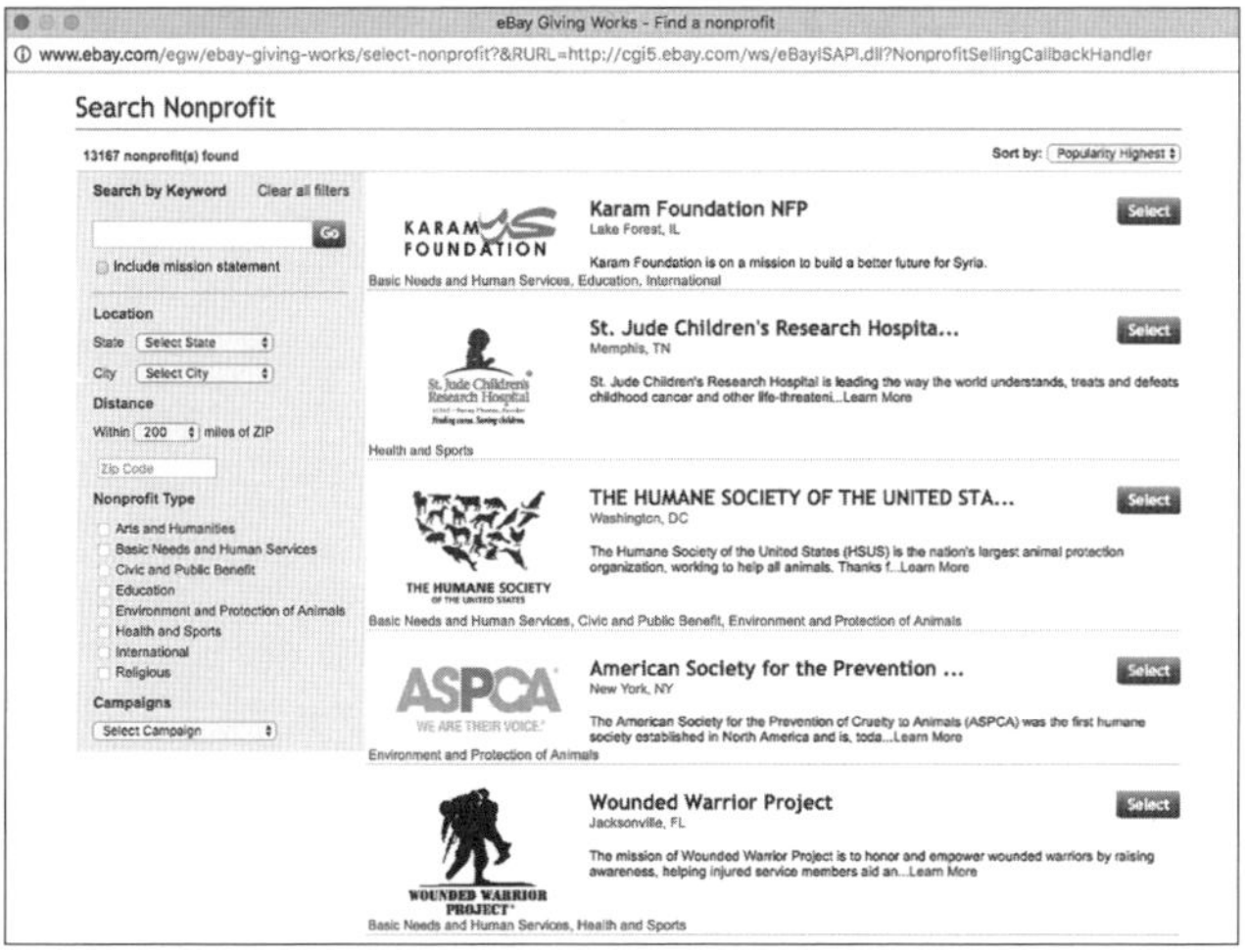

eBay

9章

eBay & Paypalの便利技を覚えて効率アップ!

1 Seller Hubで売上分析をしよう!

2 eBay Storeのメリットを知る!

3 eBay Storeでセールをする方法!

4 eBay Storeで休暇設定、安心して休める

5 数多くの出品を一発で変換する方法とは?

1 Seller Hubで売上分析をしよう！

以前、eBayのマイページと言えば「My eBay」だったのですが、現在は「**Seller Hub**」に移行しました。以前のMy eBayは機能がツギハギに補完された感があり使いにくかったのが、新しいSeller Hubはとてもシンプルで、抜群にわかりやすくなっています。

●シンプルで使いやすいSeller Hub

第一に、Seller Hubでは、マイページの機能を五つのシンプルなメニューに集約しています。たとえばOrders（注文）というページがあるのですが、あなたが欲しいOrders（注文）に関するメニューが整理されて並んでいます。

さらにSeller Hubではあなたの eBay上のパフォーマンスも解析しやすくなっていて、今後の対策も簡単に考えられるようになりました。またトラフィック（アクセス数）の確認もできるようになっています。これはタイトルの調整に凄く役立つと思われます。適切なキーワードを入れていれば必ずアクセス数は稼げるはずです。

さて、Seller Hubにログインしてみましょう。

はじめに**1** Overviewというページが開きます。メニューはシンプルです。左上にあります。Orders（注文）、Listings（出品）、Marketing（マーケティング）、Performance（パフォーマンス）、Growthと五つのメニューだけです。

このSeller Hubでは各セラーが自分自身のパフォーマンスレベルをわかりやすく把握することができます。とても簡潔に表示してあり、むずかしいことは一切ありません。今後どのような商品を伸ばしたり、どのような商品を撤退させるかなどがわかりやすくなりました。

簡単に言えば、売上アップのための、あなたのデータセンターのようなものだと思ってください。以前のMy eBayは操作が複雑だったのですが、新しいSeller Hubは非常に見やすくなっていますので、個人的には好感が持てます。

以下、Seller Hubの流れを図で示しましたので早く慣れて、売上向上のための分析をすることをお勧めします。

1 Seller Hubにログインすると、Overviewページが開かれる

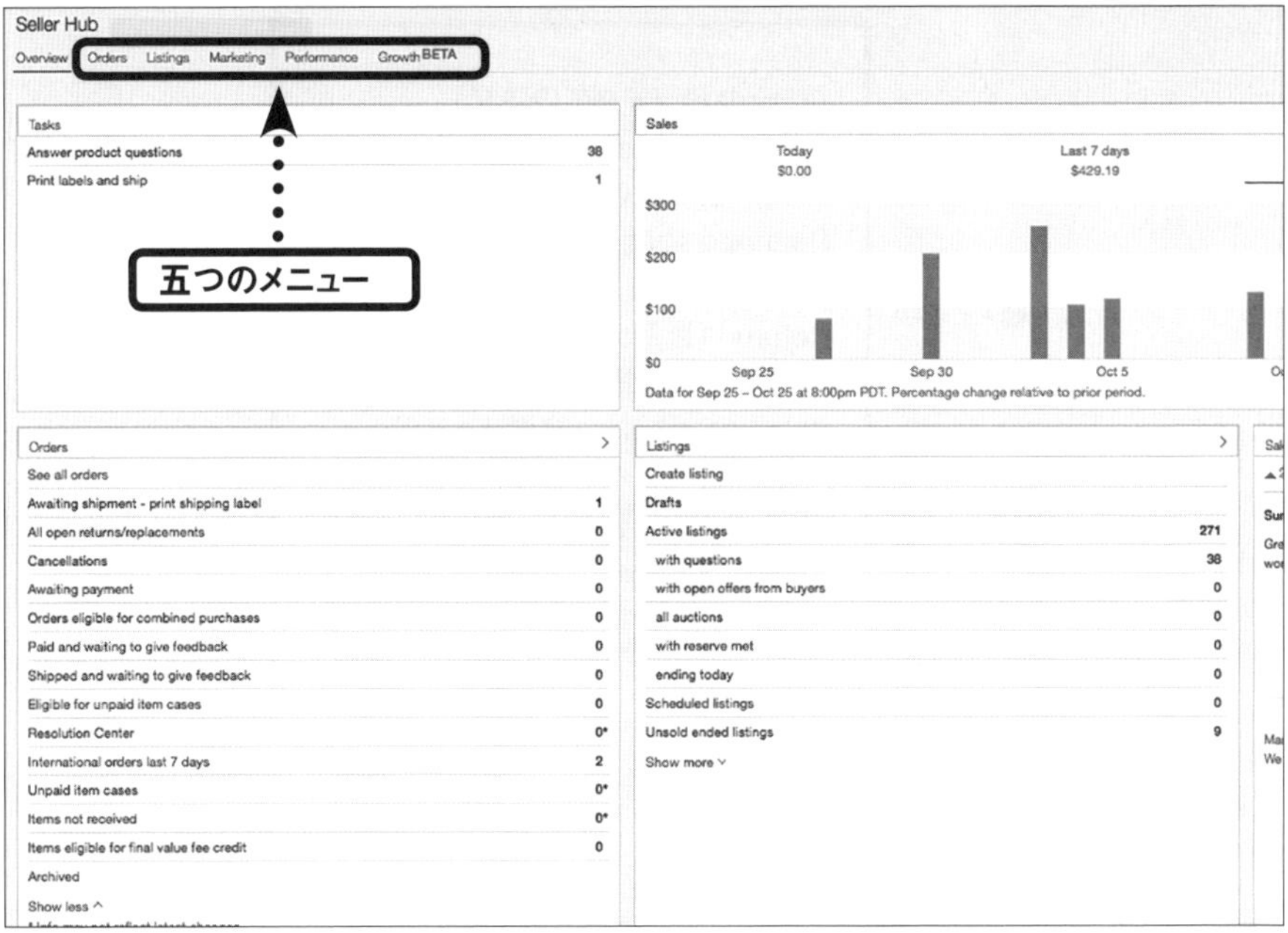

2 Orders（注文）の画面
注文が入った商品はすべてこのページに格納されている

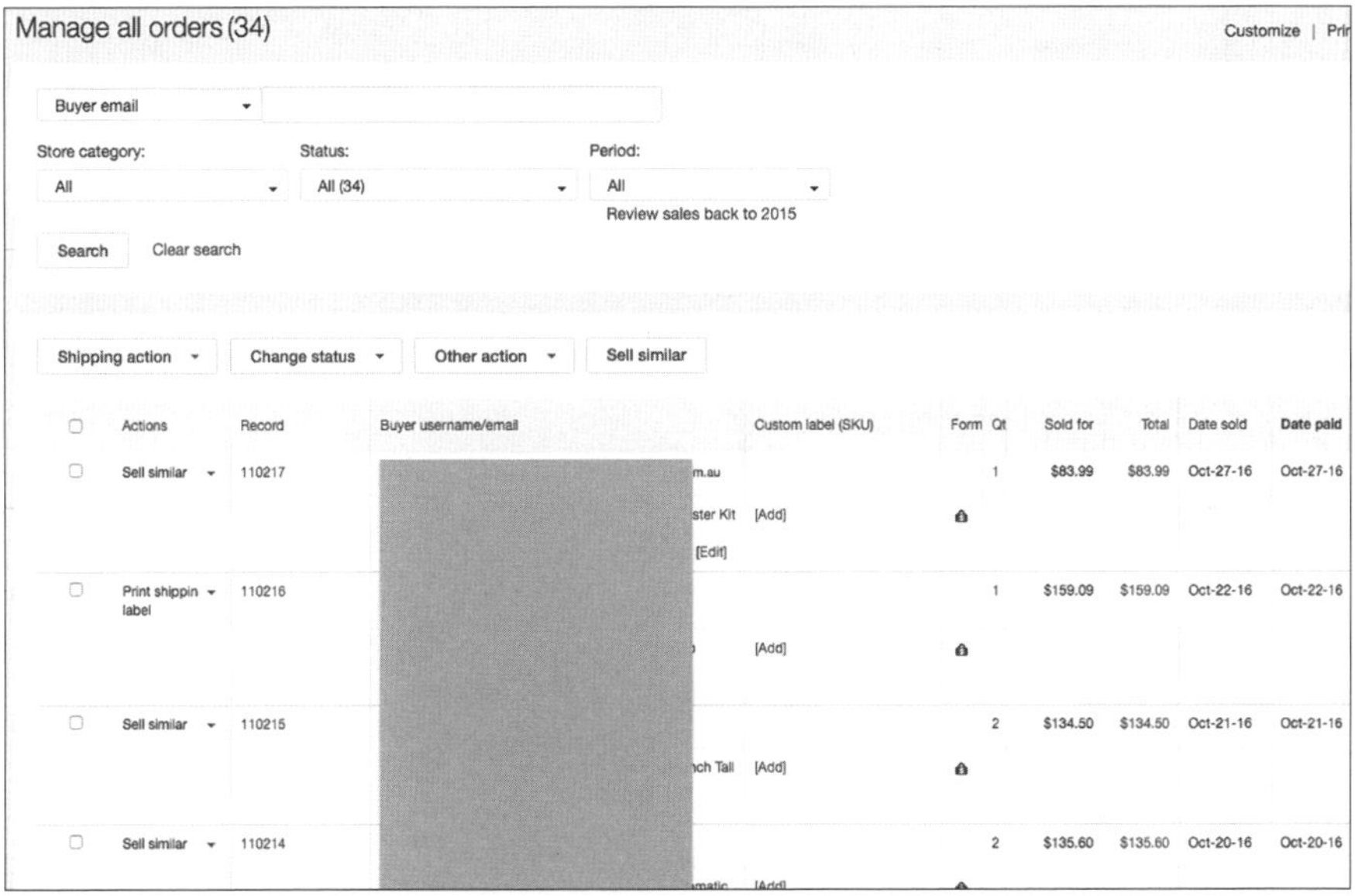

3 Orders のメニュー

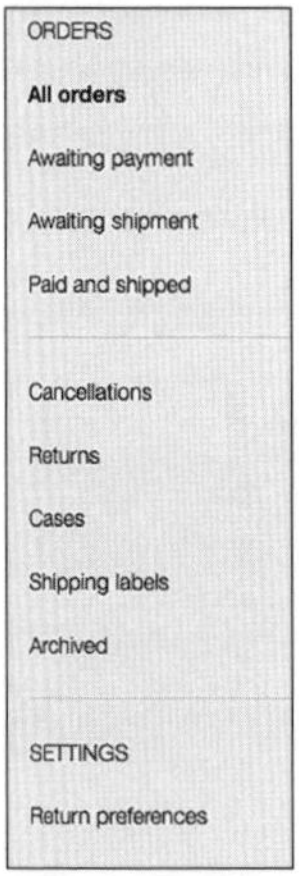

All orders（すべての注文）
Awaiting payment（入金待ち）
Awaiting shipment（発送待ち）
Paid and shipped（入金、発送済み）
Cancellations（キャンセル分）
Retuns（返品分）
Cases（争議提出分）
Shipping labels（発送ラベル）
Archived（アーカイブ）
SETTINGS（設定）
Return preferences（返品優先事項）

4 Listings（出品）

出品、下書き、未落札品、予約出品、終了商品を確認できる。

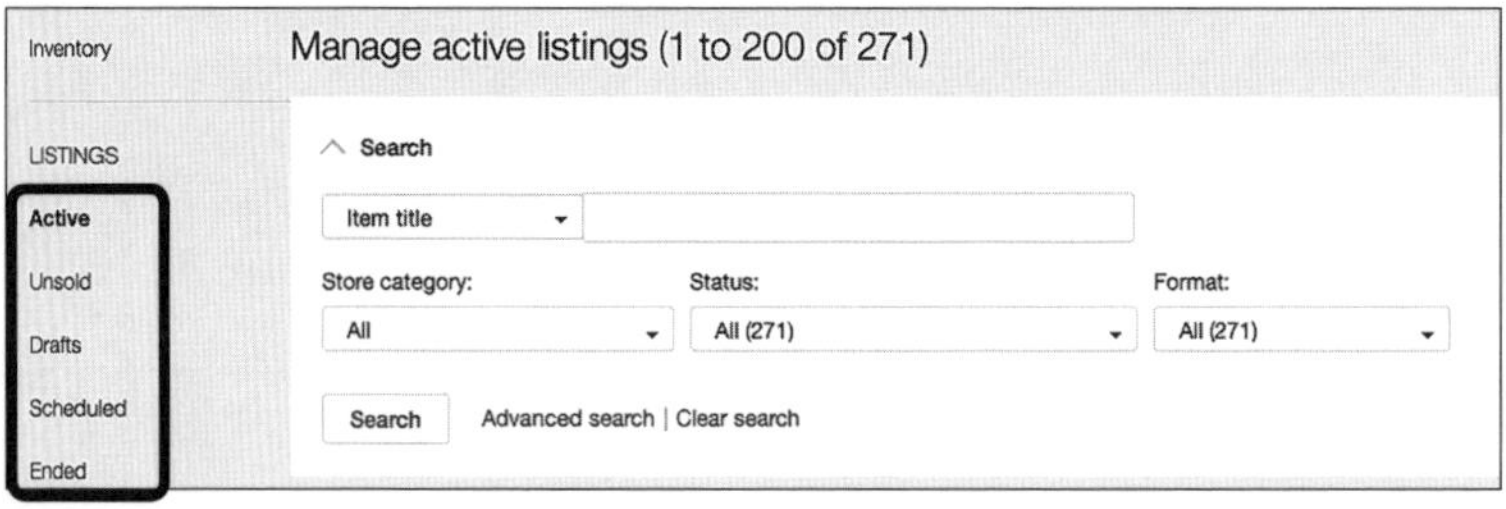

5 Marketing（マーケティング）

プロモーションの設定から eBay Store の設定、Vacation settings もできる。

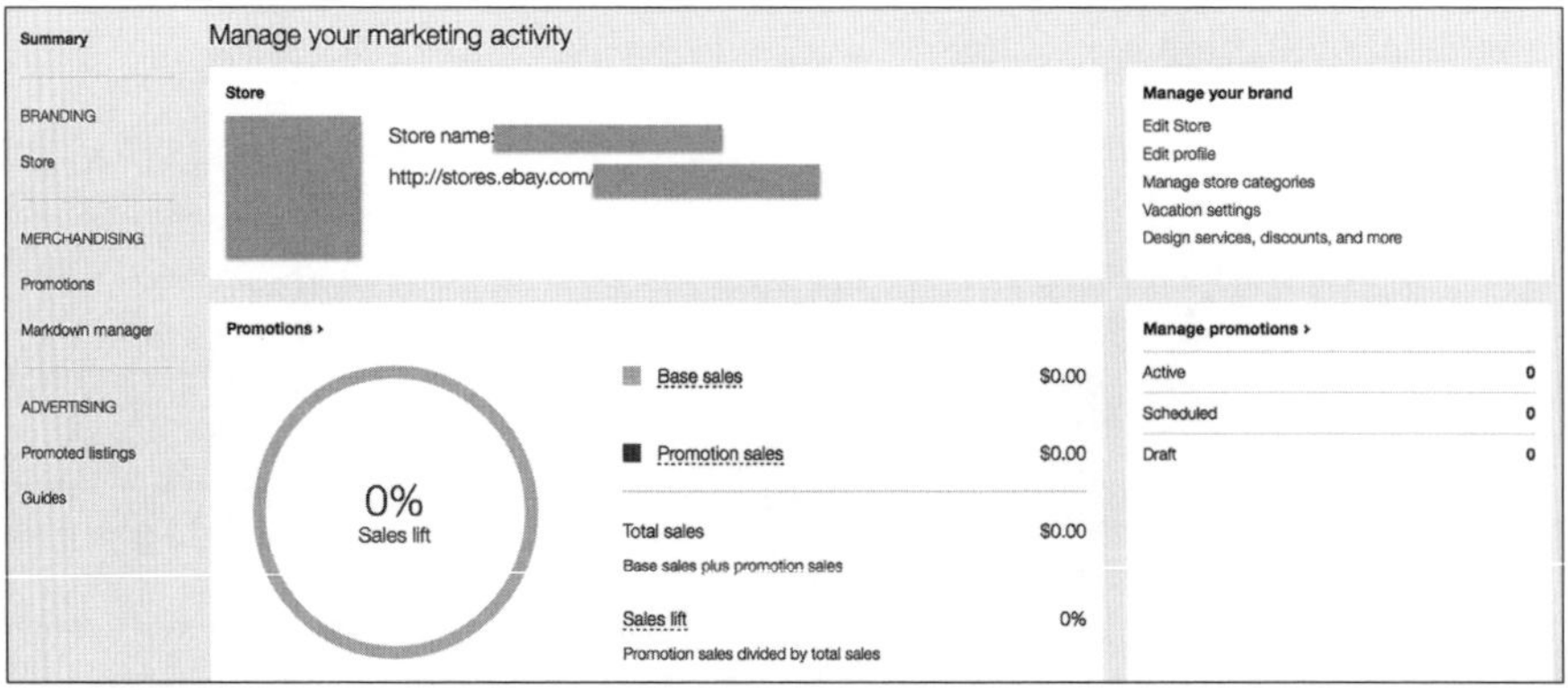

6 Performance（パフォーマンス）

現在のあなたの売上を多角的に検証できるようになっている。セラーレベル、売上、販売コスト、トラフィック、インプレッションを確認することができる。

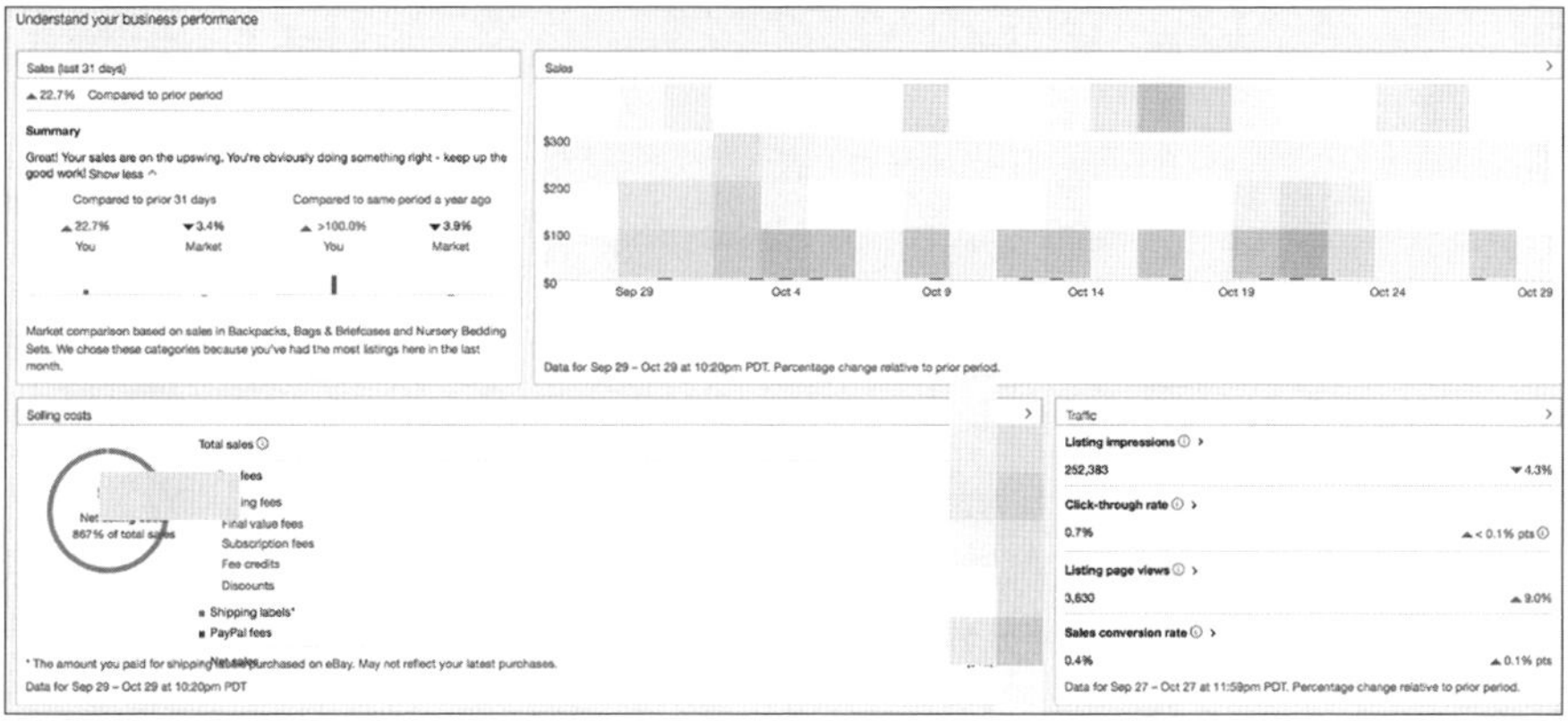

7 Growth（成長）

表示されている商品は成長度が芳しくないものが並んでいて、eBayのデータからのアドバイスが表示されている。動きが鈍い商品が並んでいるので、今後の出品をどうするか、どう工夫するかなどの分析ができる。

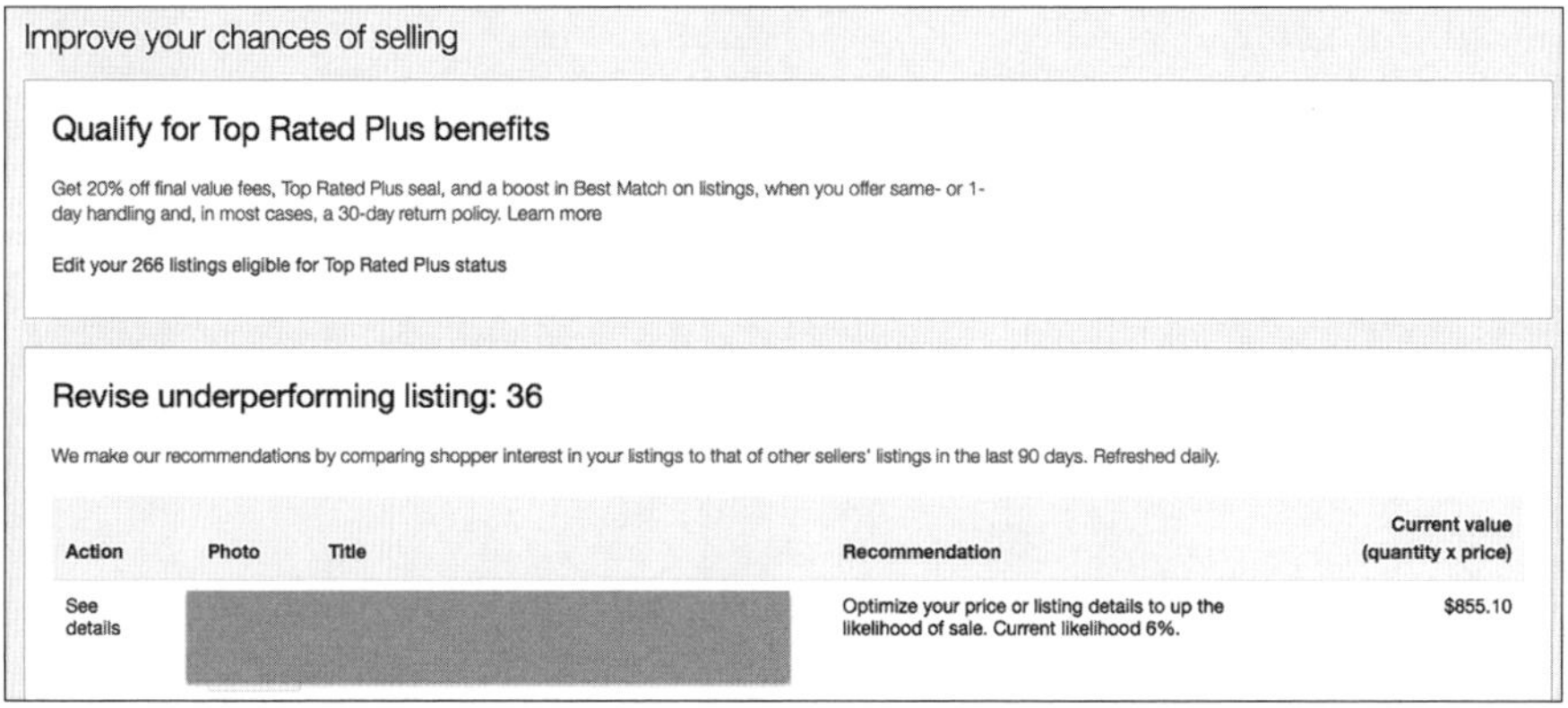

2 eBay Storeのメリットを知る！

eBay store はネットショップと同じ扱い

もしあなたが、すでにeBayで数多くの商品を出品しているのであれば、「eBay Store」を使うことは間違いなくメリットがあります。eBay Storeを持つことはネットショップを持つことと同じです。eBayから独自のＵＲＬをもらえますので、Googleにも登録されます。eBayのアクセスだけでなく、Googleからもアクセスを稼ぐことができるのです。

eBay store の五つのレベル

まずは、無料出品枠が一般の出品者とは大きく違うので、大量の商品を出品する場合はコストをかなり抑えることができます。具体的には毎月50商品以上を出品する場合はeBay Storeにアップグレードすることをお勧めします。

eBay Storeには五つのレベルがあります。それはStarter Store, Basic Store, Premium Store, Achor Store, Enterprise Storeの五つです。

利用料は、Starter Storeで年一括払いで月額4・95ドルからとなっています。無料枠もStarter Storeで１００出品、Basic Storeで２５０出品、Premium Storeで１０００、Anchor Storeで1万、Enterprise Storeで10万となっています（詳しくは**1**、**2**をご覧ください）。

五つのストアのどれがよいかを自動判断

eBay Storeでは無料枠を超えた出品手数料も通常より安くなっています。eBayの手数料は決して安くないので、商品数が増えてくればeBay Storeを利用することは断然お得です。ここで「お得」と書いても、なかなか実感は湧いてこないと思いますので、具体的な数値で見てみることにしましょう。

まず、**2**のディスカウントの箇所を見てみると、左端の上から4行めにあるFixed-price listing fee above free allocation（固定価格出品の無料枠を超えた場合）では、無料の枠を超えるとStarter Storeで30セント、Basic

1 eBay Storeについての説明ページです

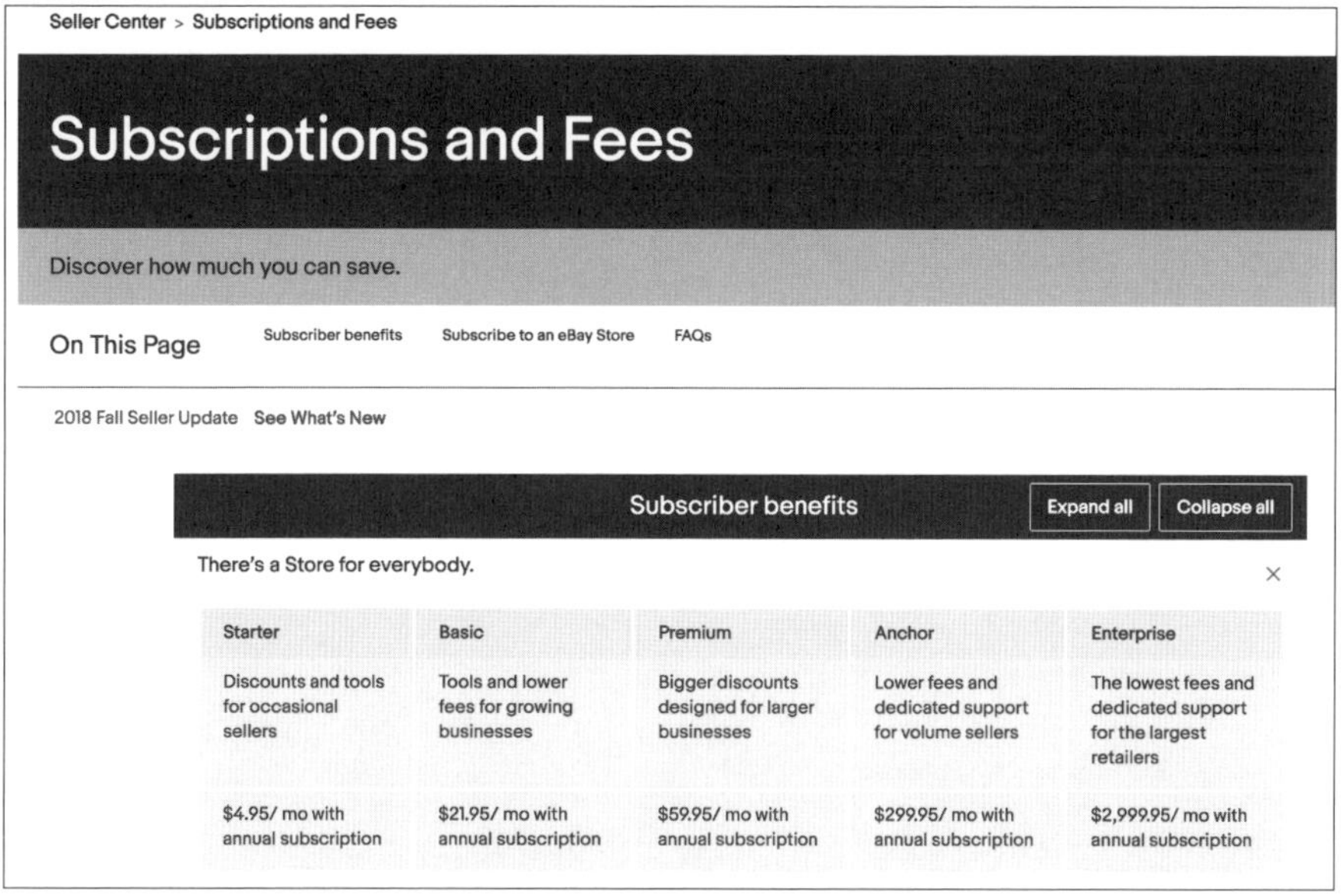

https://pages.ebay.com/seller-center/run-your-store/subscriptions-and-fees.html

Store で25セント、Premium Storeで10セント、Anchor Storeで5セント、Enterprise Storeで5セントとなっています。無料出品枠が大きいストアほど、無料枠超過の際の出品手数料は安くなっています。

また、上から6行目にあるFinal value fee(落札手数料)はBasic Store以上になればカテゴリによって違うのですが、4%から9・15%となっています。通常は10%ですので、出品数が多くなればなるほど、お得となっていることがわかるでしょう。

この他にも一般セラーではできないVacation Setting(お休み設定)や期間限定のセールを行なうこともできますので、本格的なビジネスを行なうには本当にお勧めです! お休み設定やセールの設定については別の項でご紹介します。

2 現在の eBay Store 利用料

On This Page　Subscriber benefits　Subscribe to an eBay Store　FAQs

	Starter	Basic	Premium	Anchor	Enterprise
Free fixed-price listings	100/ mo**	250/ mo	1,000/ mo	10,000/ mo	100,000/ mo
Free auction listings for collectibles and fashion	0	250/ mo	500/ mo	1,000/ mo	2,500/ mo
Free listings for guitars and basses	Unlimited	Unlimited	Unlimited	Unlimited	Unlimited
Fixed-price listing fee above free allocation	30¢	25¢	10¢	5¢	5¢
Auction listing fee above free allocation	30¢	25¢	15¢	10¢	10¢
Final value fee	10%	4-9.15%	4-9.15%	4-9.15%	4-9.15%
Final value fee for guitars & basses	3.5%	3.5%	3.5%	3.5%	3.5%
Maximum final value fee	$750	$250	$250	$250	$250
eBay-branded shipping supplies coupon†	$0	$25/ qtr	$50/ qtr	$150/ qtr	$150/ qtr
Discounts to business services	✓	✓	✓	✓	✓
Credit toward Promoted Listing†	$0	$0	$0	$25/ qtr	$25/ qtr

3 eBay Storeでセールをする方法！

eBay Storeのメリットの一つは、通常のお店のようにセールを開催することが可能なことです。そして、eBayでは、このセール一つにしても、さまざまなバリエーションを用意してくれています。これだけの機能を使えるeBay Storeは、本当に素晴らしいと思います。

eBay Storeのセール

では、どんな時にセールを活用すればよいかを考えていきましょう。eBayはセールを設定する際に三つの提案をしています。

一つ目は新しい商品をeBayに投入した際にインパクトを持たせるためのセール、二つ目はクリスマスや特別な販促時期に注目を集めるためのセール、三つ目はなかなか売れない商品を値引きして売り切ることを目的としたセールです。

もしあなたがこれらの目的とどれか一致する場合は、それをクリックすれば最適なプロモーション方法をeBayが提示してくれます。どれかよくわからない場合は、この提案をスキップすればすべてのセールの方法を提示してくれます。

次ページ以降の図解では「スキップしての選択方法」を解説しています。選択肢が多いので最初は迷うかもしれませんが、解説をじっくり読んでもらえれば、決してむずかしくはないと思います。

選択するだけでセール開始！

セールの方法は、大きく分けて4種類あります。

① Spend……いくら購入したら、これくらいお得になる
② Quantity……これだけの量を購入すると、これだけお得になる
③ Buy one, get one……一つ購入すると、もう一つもらえる
④ No minimum purchase……数に関係なく購入できるという意味です。

設定方法は、Seller HubのMarketing右側ドロップダウンメニューにOrder Discountをクリック、What do you want to promoteのページに解説したような三つの選択肢、ここでは**3**のように「Skip this step」をクリック、その後、4種類の大きな選択肢からあなたに適したセール方法を選びましょう。

次ページに二つの選択肢があります。By selecting items（アイテムを選択する）とBy creating rules（ルールをつくる）です。

ここではBy selecting itemsを選んでいます。次のページでセールしたい商品を選択、該当ルールを適用したいセール対象商品を選択します。Save and reviewをクリックして進めれば完了です。

1 まずはMarketingをクリックする。

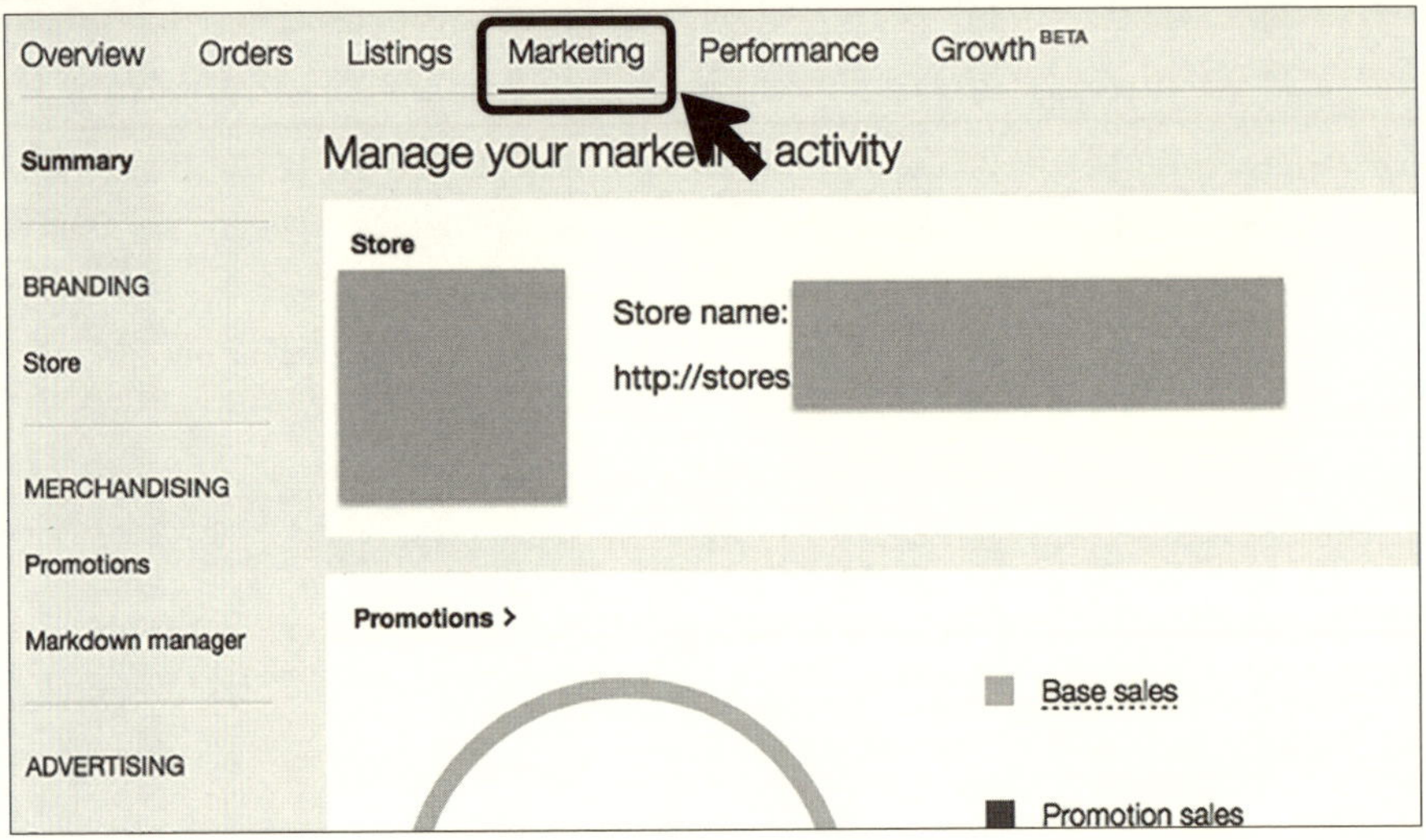

2 左側にあるPromotions salesをクリック。右側にあるドロップダウンメニューにOrder discountがあるのでクリック。

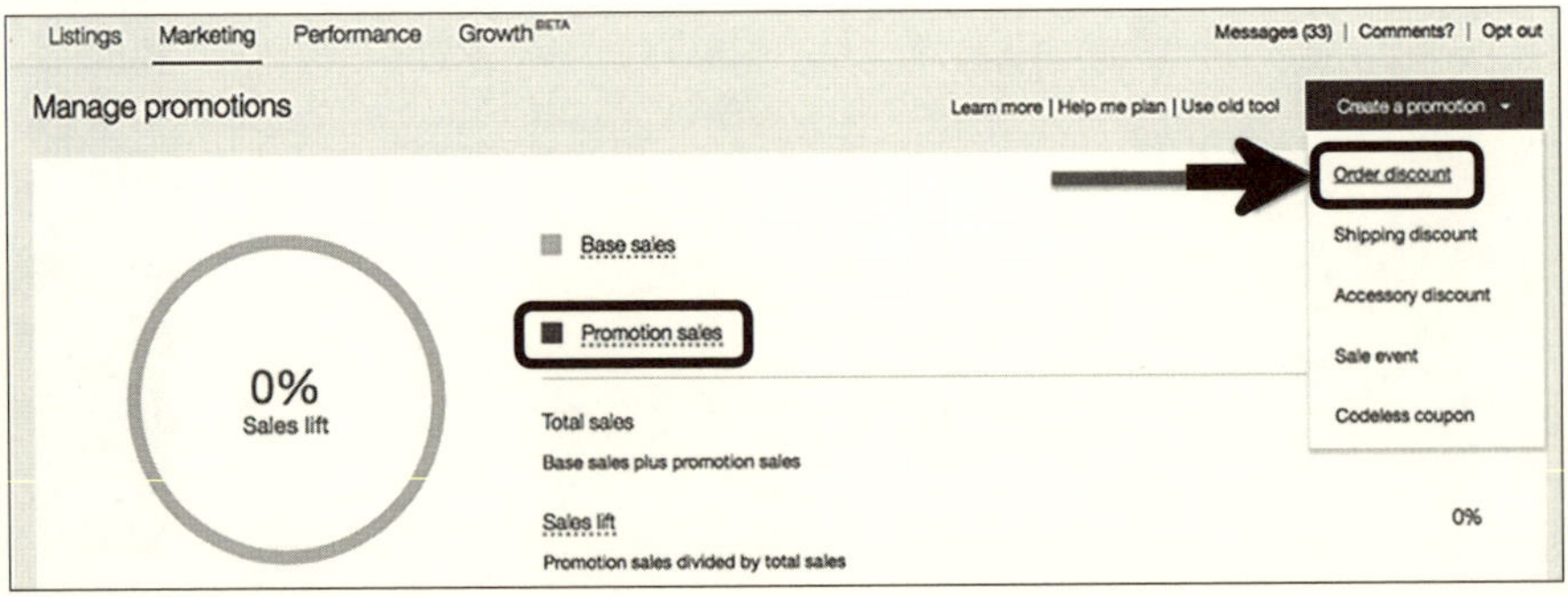

3 すると、下記のページが表示される。ここではSkip this stepをクリック。

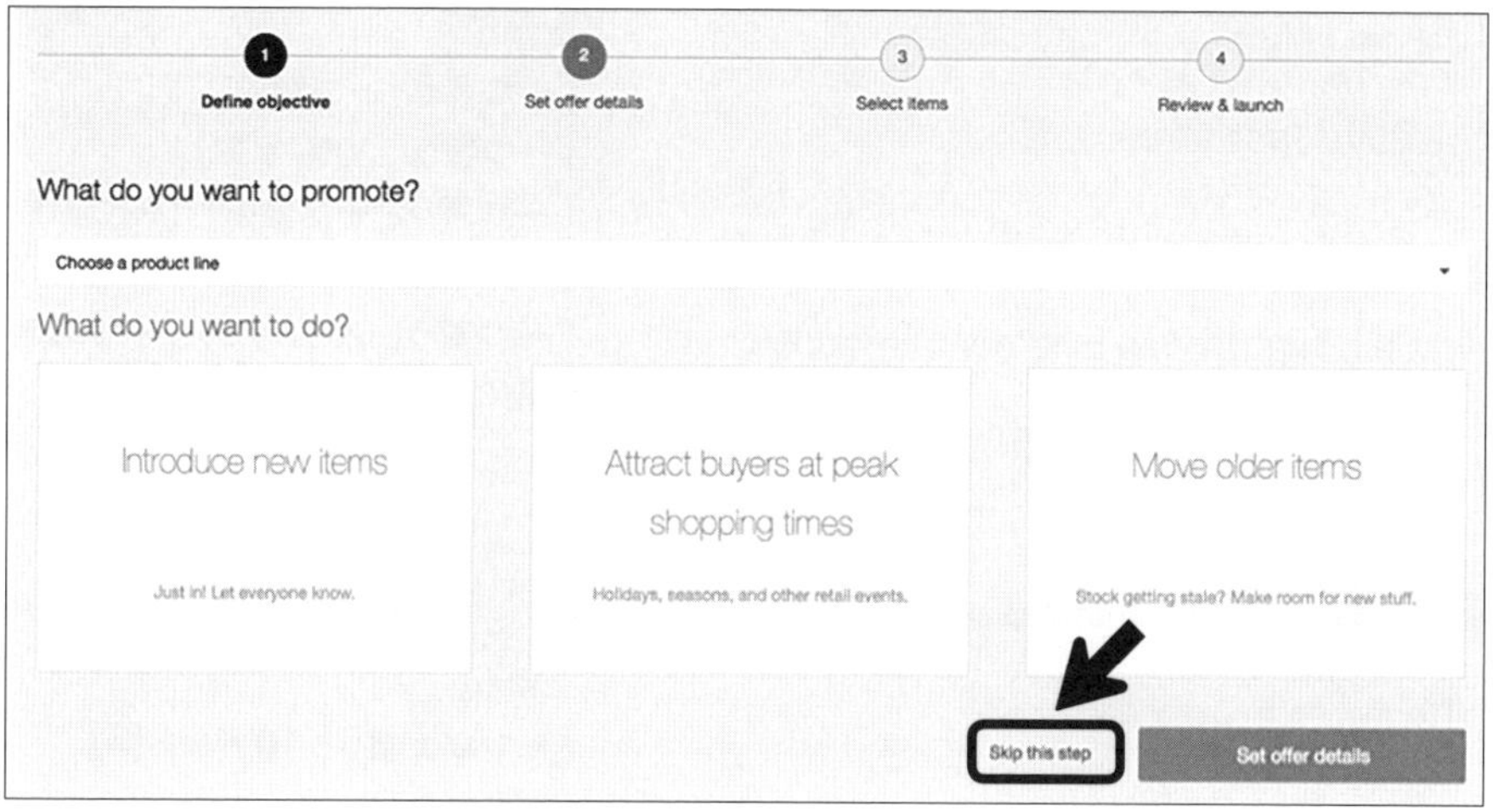

4 すると、以下、四つの大きな選択肢が表示される

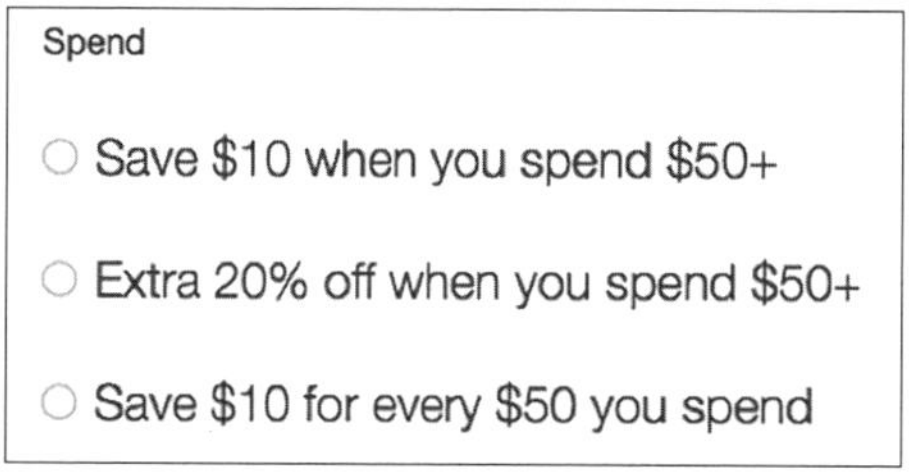

まず、「① Spend」――上から、「50ドル以上で10ドルお得!」「50ドル以上で20%オフ」「50ドル毎に10ドルお得!」となる。

5 次に「② Quantity」

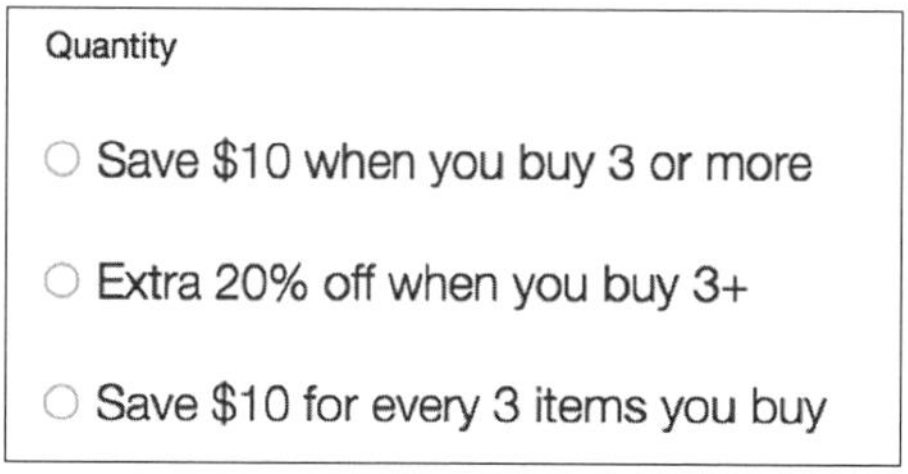

5 次に「② Quantity」―― 上から、「3個以上買うと10ドルお得!」「3個以上買うと20%オフ!」「3個購入毎に10ドルお得!」となる。

6 次に「③ Buy one , get one」

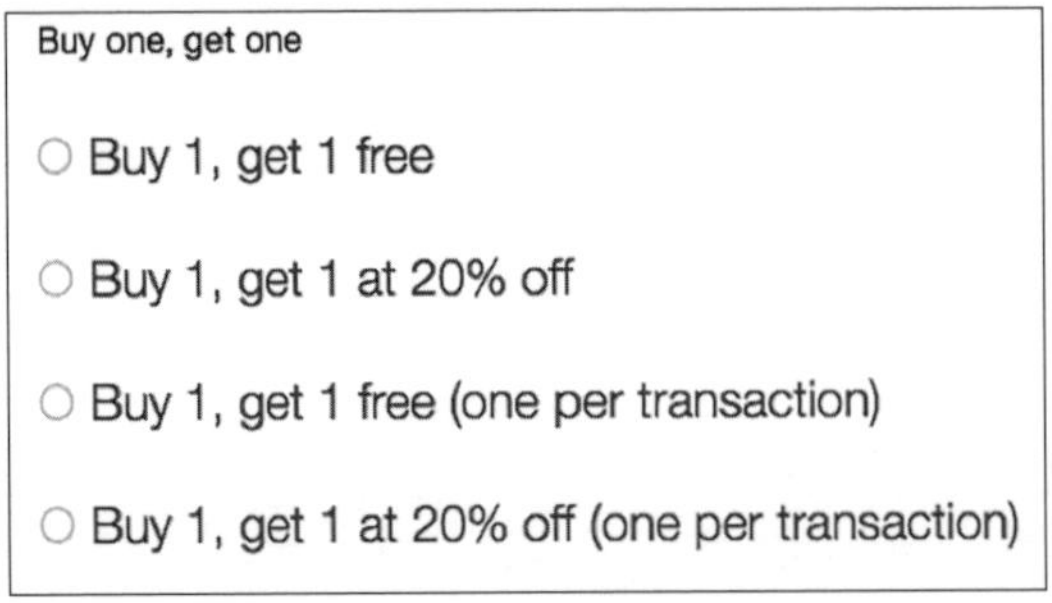

Buy one, get one
○ Buy 1, get 1 free
○ Buy 1, get 1 at 20% off
○ Buy 1, get 1 free (one per transaction)
○ Buy 1, get 1 at 20% off (one per transaction)

上から
「一つ買うと一つ無料!」

「一つ買うと 20% オフ!」

「一つ買うと一つ無料!（一つの取引毎に）」

「一つ買うと 20% オフ!（一つの取引毎に）」

7 最後に「④ No minimum purchase」

No minimum purchase
○ Save $10 when you buy 1 or more
○ Extra 20% off
○ Extra $10 off each item

上から
「一つ以上買うと 10 ドルお得」
「20% オフ!」
「商品毎に 10% オフ」

8 By selecting items を選ぶ。

9 セールする商品を選ぶ。

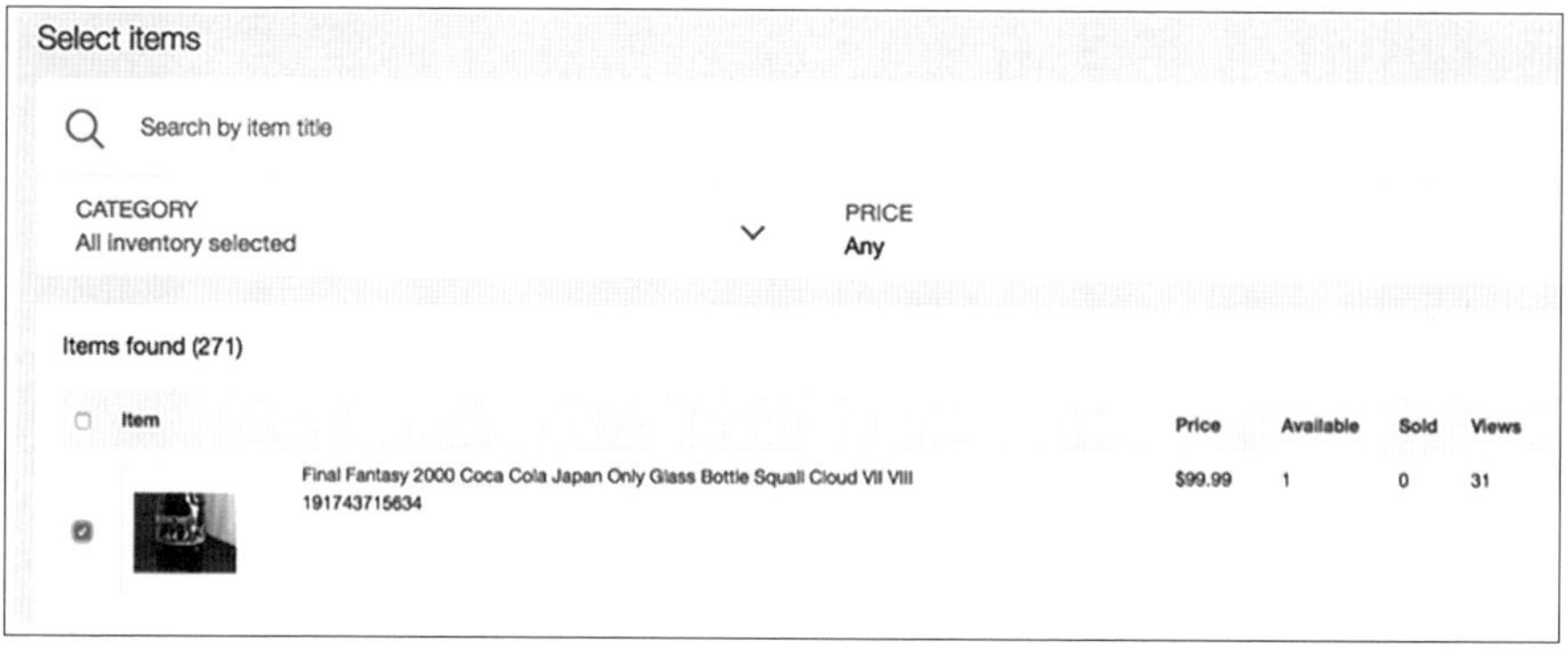

10 Cofirm your selections というボタンがあるので、そちらをクリック。

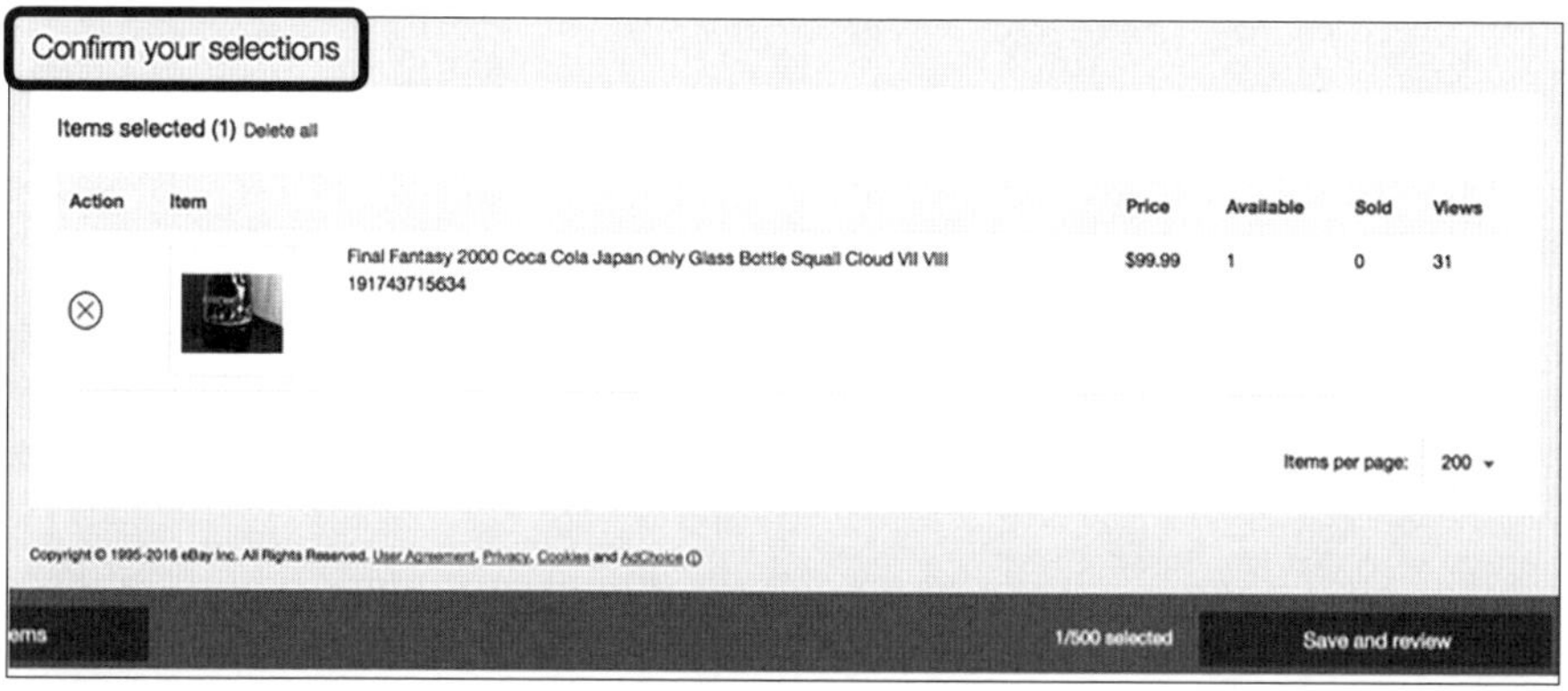

4 eBay Storeで休暇設定、安心して休める

eBay Store に登録して凄く重宝するのが Vacation Settings（おやすみ設定です）です。

この設定をすると、あなたが旅行に行って eBay の業務に対応できない時でも、一時的に取引を休止できる便利な設定です。一般の出品者にはない機能です。ですから、旅行や出張が多い人にとっても、eBay Store はメリットだと思います。一般出品者の場合、長期不在でも商品はそのまま出品されていますので、取引をしたくない場合は、いったん、すべての出品を取り消すことが必要となります。

それに対して、eBay Store に登録している出品者は、Vacation Settings を設定するだけで取引を停止することができます。出先で商品が売れた、問合せがあった、となると、旅行にも落ち着いて行けませんが、この設定をすれば安心です。

● 出品したままか、完全お休み型か

この Vacation Settings ですが、実は二つの使い方ができます。一つは「出品したまま、お休み設定」です。お客様は商品を買うことができるけれど、セラーに連絡を取れないという設定です。この場合、お客様は商品を購入しても、あなたとの連絡は休暇明けでないと取れないとなるのですが、お客様によってはあなたが「休み中」と表示していても必ずしも納得しない人が出てきます。このため、個人的にはお勧めしていません。

もう一つは「完全お休み設定」です。この場合は、商品自体が表示されていないため、安心して外出することができます。売上は上がりませんが、個人的にはこちらをお勧めしています。

● お休みの設定は

お客様に表示される英文は、商品を販売したままの「出品したまま、お休み設定」の場合は、

This seller is currently away until <mm/dd/yyy>. If you make a purchase-,-there may be a delay in processing your order.

（この出品者は、現在○年○月○日まで不在です。商品を購入される場合は、取引が遅れる場合があります。）

そして、商品をまったく表示しない「完全お休み設定」の場合は、

This seller is currently away until <mm/dd/yyyy>, and is not processing orders at this time. You can add this item to your watch list to purchase later.

（この出品者は、現在○年○月○日まで不在です。現在は注文することはできません。この商品をお気に入りに登録することはできます。）

1 Manage my Store をクリック

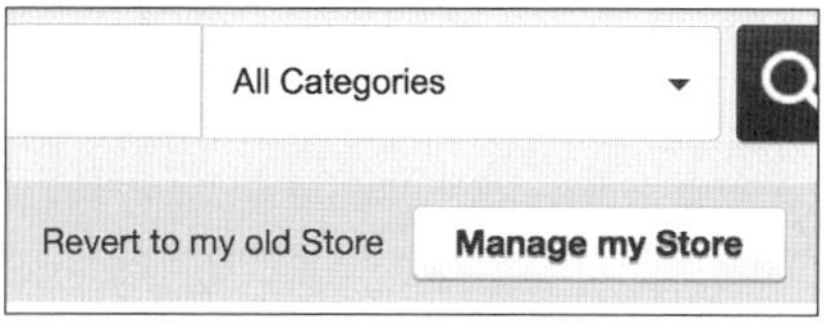

2 Related Links から選ぶ

設定が終了すると一番下にある Apply のボタンをクリックすれば完了です。

「Manage my Store」ページ（1）の左メニューの一番下に Related Links（2）があります。その中の Store Vacation Settings をクリックしましょう。すると Change Settings というページが表示されます。

ここで3の画面で Store Vacation Settings の Turn On ①をクリックすると図のような設定が表示されます。クリックする前は表示されていません。

次に②にチェックを入れてください。これをオンにすることで商品が表示されないので安心して休暇を取ることができますのでお勧めします。

③にチェックを入れて「いつまで休むのか」を表示することができます。

これでお客様は、あなたがいつストアを再開するのかを知ることができます。後は、eBay がメッセージを入れてくれますので、ここを変更したければ文章を入れることもできます。

設定が終了すると一番下にある Apply のボタンをクリック（4）すれば完了です。

3 Turn On（①）を設定し、商品表示の消去（②）、休みの設定（③）をする

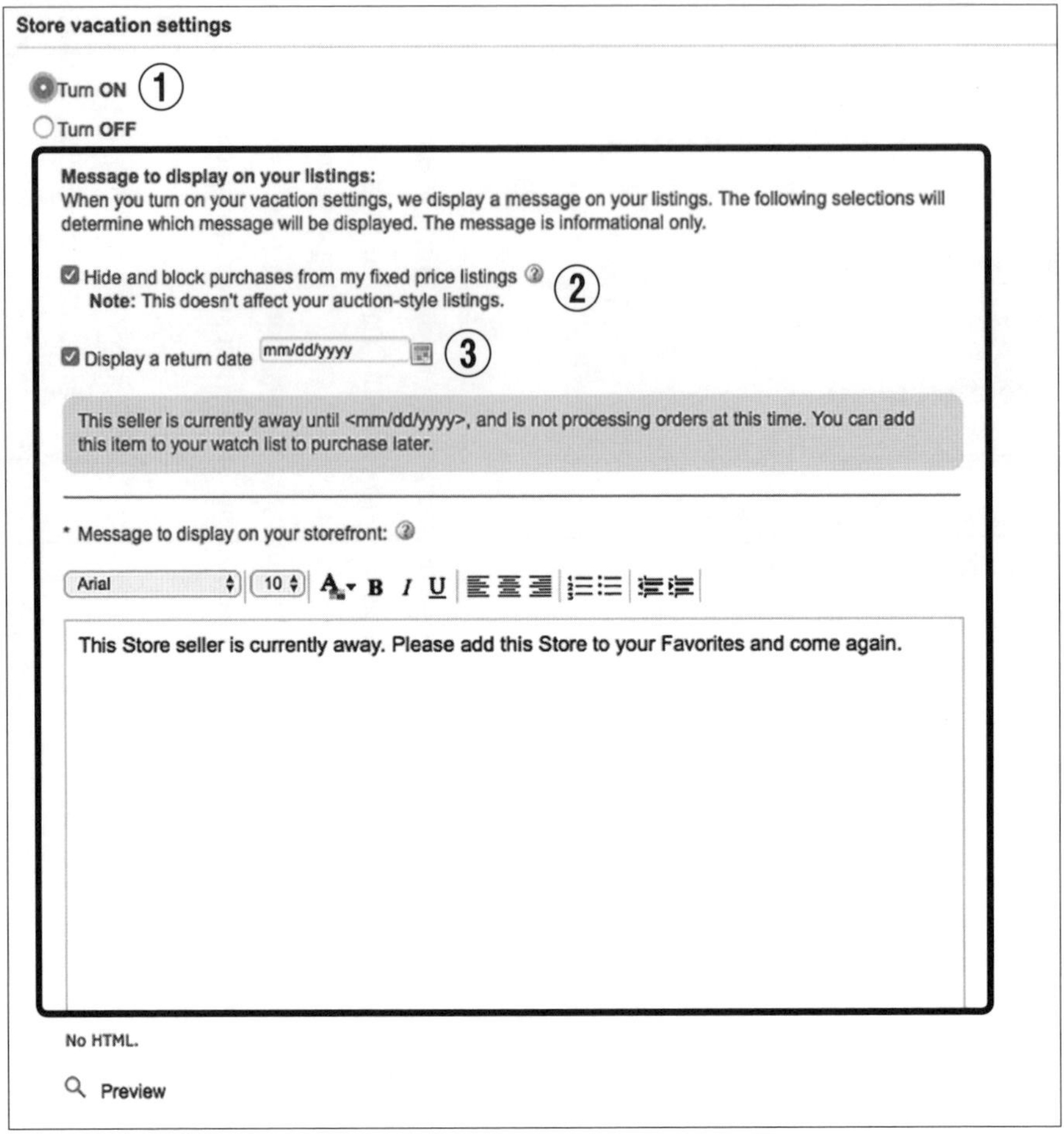
Store vacation settings
Turn ON ①
Turn OFF
Message to display on your listings:
When you turn on your vacation settings, we display a message on your listings. The following selections will determine which message will be displayed. The message is informational only.
Hide and block purchases from my fixed price listings ②
Note: This doesn't affect your auction-style listings.
Display a return date mm/dd/yyyy ③
This seller is currently away until <mm/dd/yyyy>, and is not processing orders at this time. You can add this item to your watch list to purchase later.
* Message to display on your storefront:
Arial
10
This Store seller is currently away. Please add this Store to your Favorites and come again.
No HTML.
Preview

4 すべての設定を終えたら、Apply のボタンをクリックすれば完了

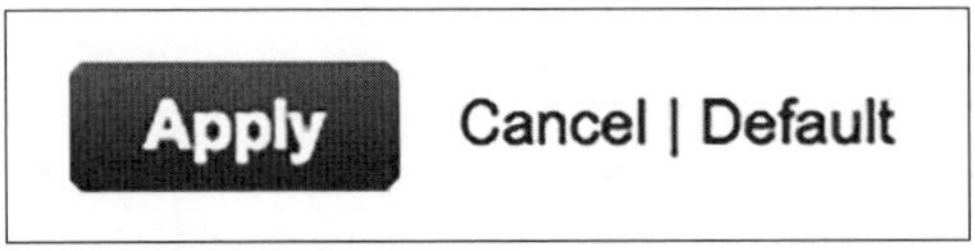
Apply
Cancel | Default

5 数多くの出品を一発で変換する方法とは？

eBayを始めてすぐは、出品商品の数量も少なく調整も簡単です。しかし、これが100商品以上を処理するとなると、大変な時間がかかります。この本を手にとっていただいたあなたには、新しいeBayのビジネスモデル「世界せどり」で数万点、数十万点の世界まで行って欲しいと思っています。それだけの商品数を出せれば、数千万円、数億円という売上も夢ではありません。

しかし、商品管理が大変です。とくにeBayは毎年春・秋に「セラー・アップデート」といって、ルールの改正があります。このとき、「設定の変更」を強要されることが多々あるのです。個々のタイトルは残念ながら一つひとつ変更しなければなりませんが、eBayが求める変更箇所はシステム的なことが多く、もし共通項を変更するケースでは、一度に変更する方法があります。当然、これを知っていればかなりの時短・省力化になりますので、ぜひ覚えてやってみてください。

その方法については、以下の図解で説明していますので、参照してください。

1 Seller Hub のメニュー LISTINGS をクリック

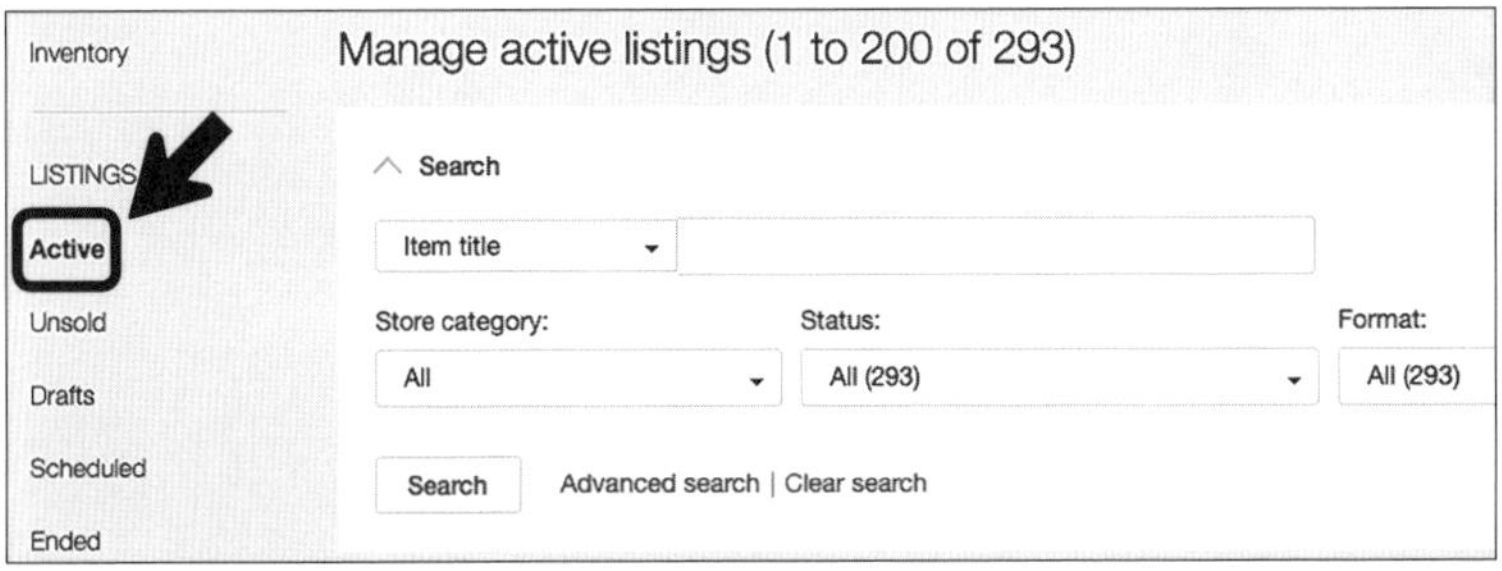

ここで、左メニューの「Active」をクリック。Activeとは、いま、あなたが出品中の商品を意味している。

2 Create listing では二つの方法がある

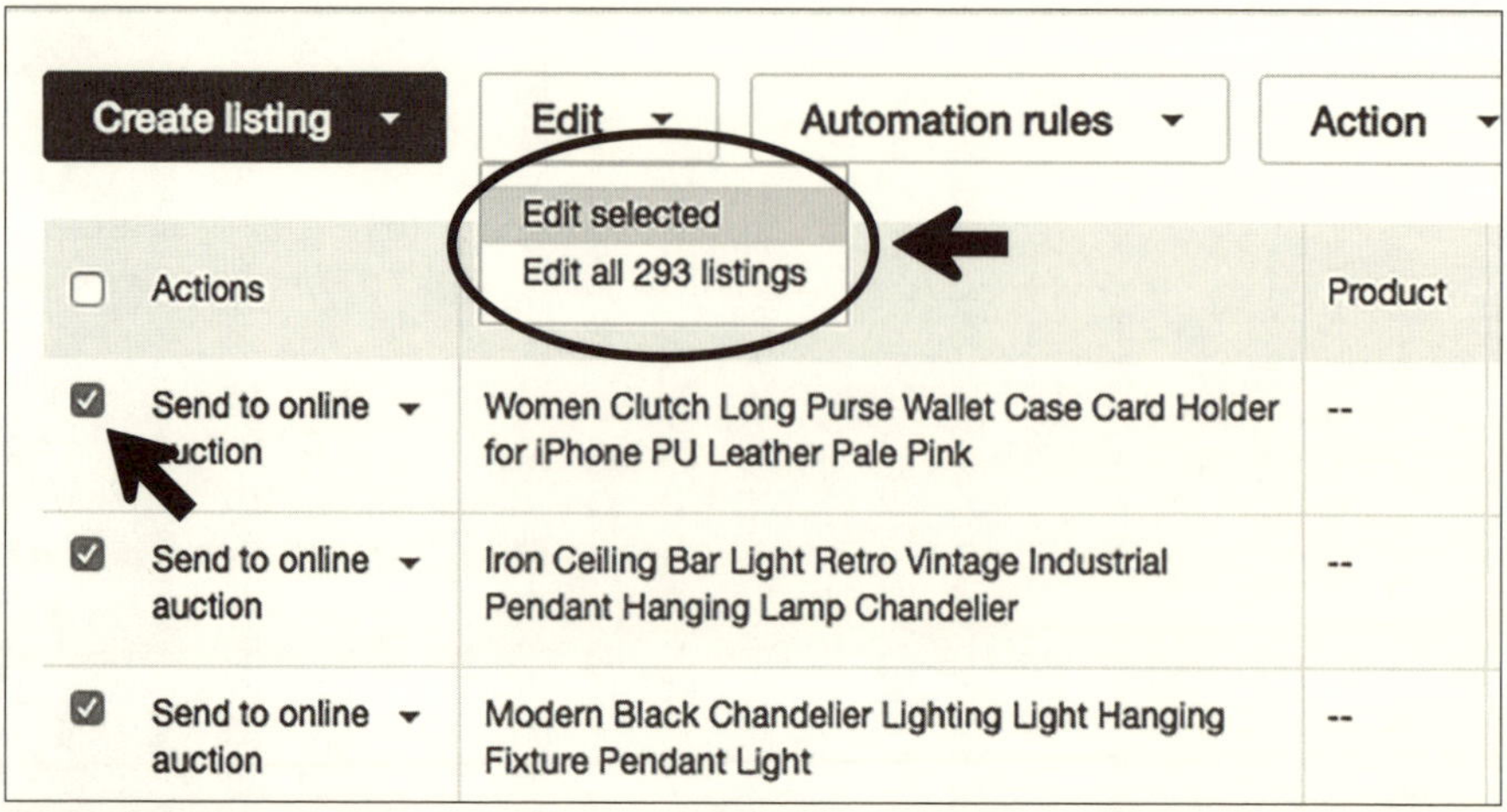

選択した商品のみ変更したい場合は、左側のチェック欄にチェックを入れ、Edit メニューの Edit selected をクリックする。すべての商品を変更したい場合は、Edit all XXX listings（XXX は数値）をクリックする。一部、全体の変更は、後も同じ。次の**3**の画面に移る。

3 再度、変更したい商品にチェックを入れる

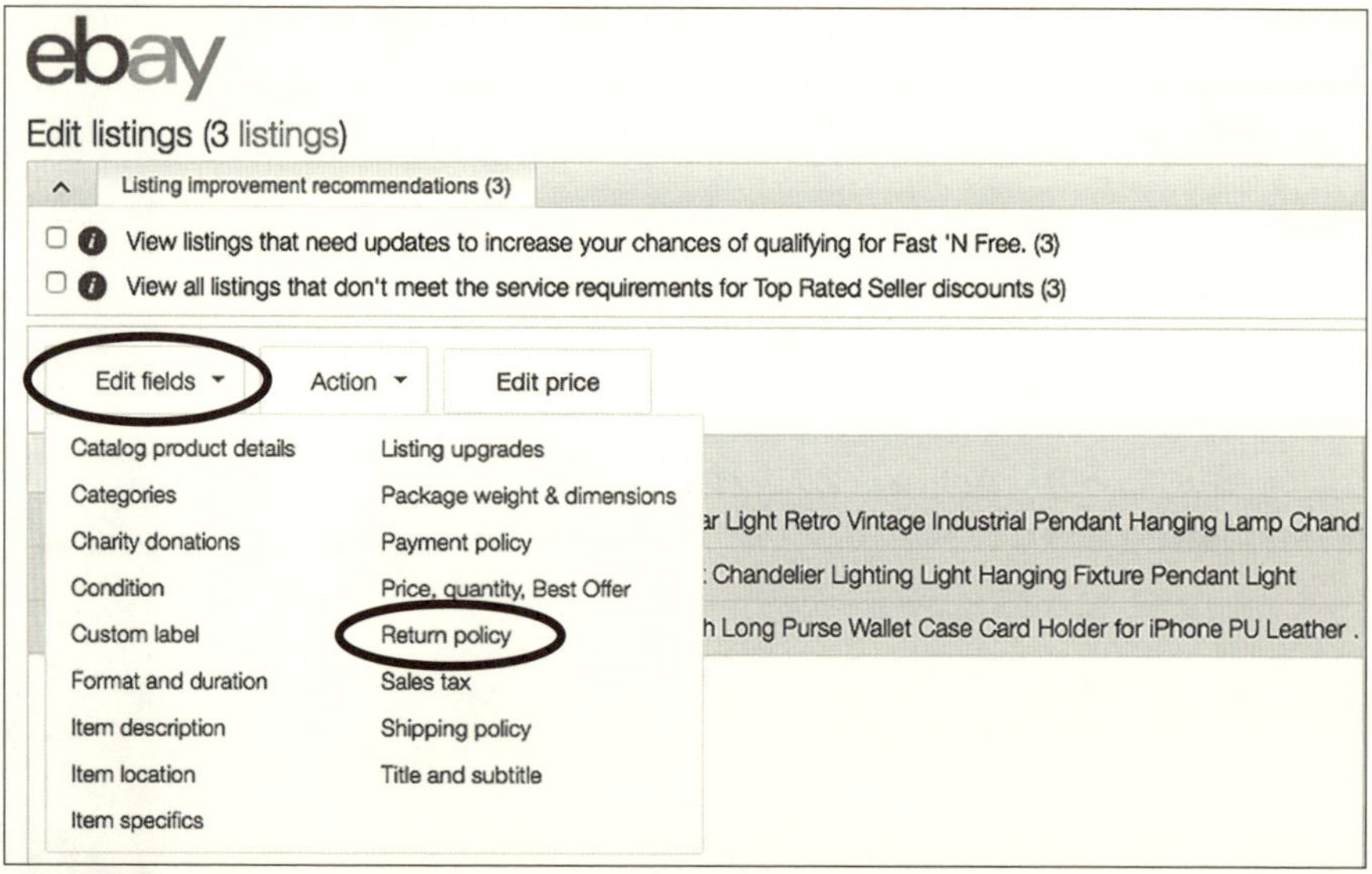

ここで再度、変更したい商品にチェックを入れて Edit fields というリンクをクリックすると、変更できるメニューが現れる。ここでは Return policy をクリックした。

4 前の 3 で Return policy をクリックすると、下の画面に飛ぶ

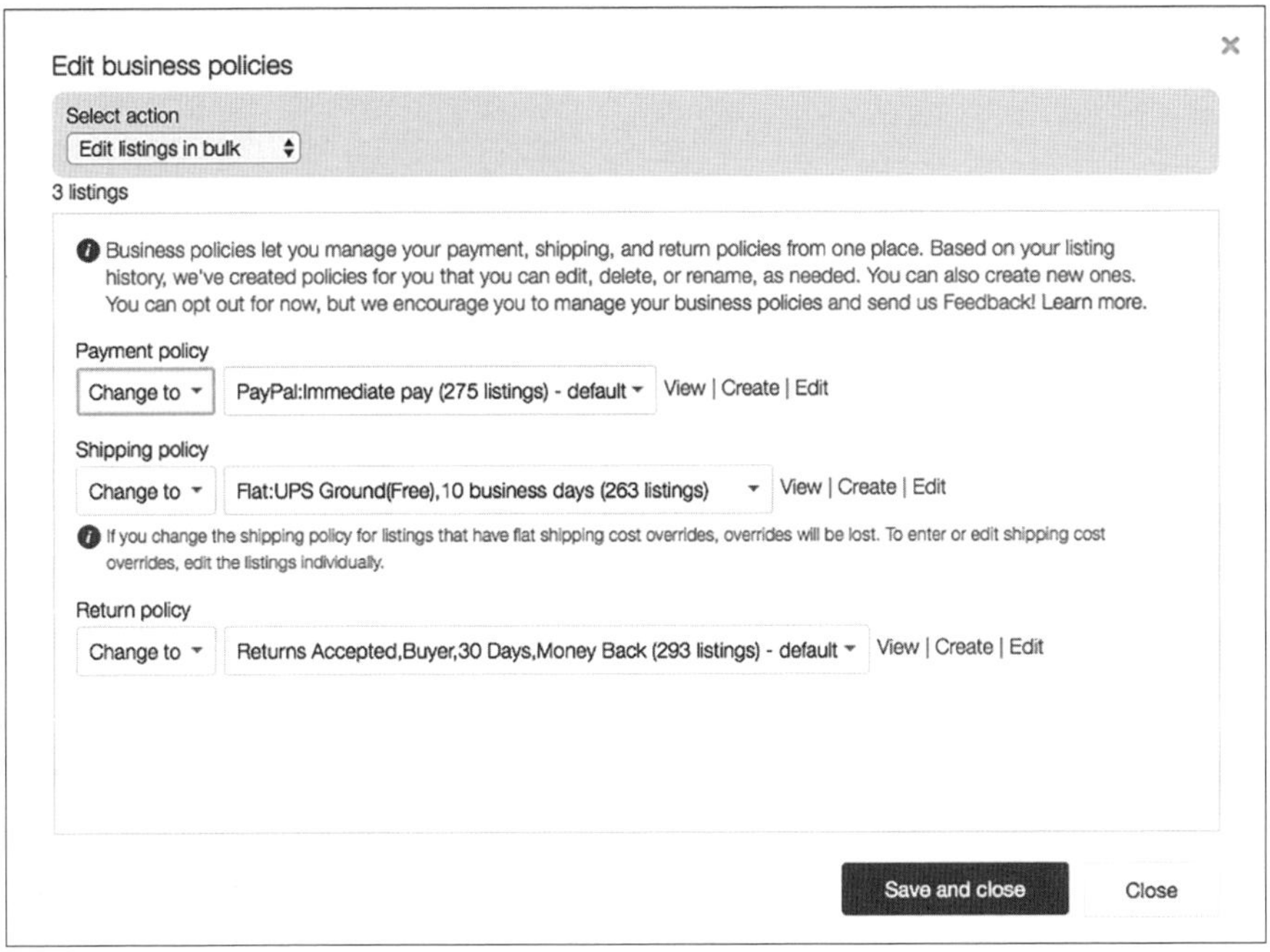
Edit business policies
Select action
Edit listings in bulk
3 listings
Business policies let you manage your payment, shipping, and return policies from one place. Based on your listing history, we've created policies for you that you can edit, delete, or rename, as needed. You can also create new ones. You can opt out for now, but we encourage you to manage your business policies and send us Feedback! Learn more.
Payment policy
Change to
PayPal:Immediate pay (275 listings) - default
View | Create | Edit
Shipping policy
Change to
Flat:UPS Ground(Free),10 business days (263 listings)
View | Create | Edit
If you change the shipping policy for listings that have flat shipping cost overrides, overrides will be lost. To enter or edit shipping cost overrides, edit the listings individually.
Return policy
Change to
Returns Accepted,Buyer,30 Days,Money Back (293 listings) - default
View | Create | Edit
Save and close
Close

Payment policy 、Shipping policy も同時に表示されている。全部変えたければ、その下にある Change to（ドロップダウンメニュー）に合わせると、Policy を変更できる。選択が終了すると、最下部の Save and close をクリックすることで変更される。

eBay

10章

最強の カスタマーサービス を知ろう!

1 プロの意識があなたの売上を押し上げる

2 リピーターをつくる
「おもてなし」戦略とは？

3 あなたが間違いを起こした時どうする？

4 藤木式、お客様と心の距離を縮める方法

1 プロの意識があなたの売上を押し上げる

最後の章ですので、少し厳しいことを申し上げます。eBay にお気楽な気持ちで参入すると痛い目に遭う、という点です。フリーマーケット感覚で eBay に参加し、取引をしていたら、遅かれ早かれあなたのアカウントは Below Standard になり、永久追放される可能性が高いと思ってください。

敷居が低くても、リアルと同じマインドが必要

これからのネットビジネスは、お気楽なマインドの持ち主では成功しません。リアルの世界でそんな軽い気分で店舗を構えるオーナーはいないはずです。新店舗のオープンには数千万円の投資を伴いますが、あなたもそんなオーナーと同じ厳しい気持ちで eBay に取り組み、店舗を構える必要があるのです。

たしかに、ネットビジネスの最大の利点は初期投資がとても低いことです。この点は何事にも代えがたい恩恵です。けれども、この初期投資の低さが、実は大きな落とし穴になっていることに、早く気づいて欲しいと思っています。

参入のための敷居が低いが故に、そのマインドまで低くなりがちです。そして、このマインドの低い人たちが「ネットビジネスは儲からない」と愚痴っているのです。

もう一度、厳しく申し上げます。そんな人が儲かるはずがありません。お気楽マインドで、どうして成功するのでしょうか。本来、真剣に、そして本気で取り組みさえすれば誰だって成功できるはずなのに、本気度が低いために継続できず、途中で放り投げてしまう。そして、次のネットビジネスに気やすく移ってしまい、そこでもすぐに諦め、また次へ……。あなたは絶対にこのパターンに陥らないでください。

リアル感覚を持つことが大事

eBay での物販は真剣に取り組めば稼げます。結果が付いてきます。輸出や世界せどりを真剣に取り組んでみてください。あなたの努力は決してムダになりません。

あなたに必要なこと、それはプロとしての自覚です。

ただこれ一点だけです。どんなビジネスを行なうにしても、成功のカギとなるのは、「あなたの考え方」なのです。eBayで稼ぐノウハウについては、この本に詰め込んであります。後は実践するだけです。プロとしての実践あるのみです。

先ほど、「リアル店舗のオーナーのように！」と書きましたが、わかりやすく言うと、「ふつうの店舗のようにeBayのストアを運営してください！」ということです。リアルの店舗は、休日以外は毎日シャッターを開けて待っています。これです。eBayは毎日ログインする人が大好きです。毎日eBayに触れる人、eBayを訪れる人を高く評価する、と僕は見ています。

もう一つ、リアル店舗では、商品の価格変更や入れ替えを頻繁に行ないますが、これはeBayでも同じです。実は商品の入れ替えをすると、eBayからの評価は高くなります。陳列を並び替える等、リアルの店舗でやっていることをあなたのeBayストアでも、ぜひこまめに実践してください。

●More Than 期待値で感動してもらおう

eBayはプロを求めていることを再度認識してください。日々どんな商品がお客様に求められているのかを考え、商品構成を練ってください。真剣に考えれば考えるほど、売上は必ず付いてきます。

eBayがリアル店舗に比べて大きく優れていること、それは集客をしなくてよいことです。この恩恵は大きいと思います。宣伝費がゼロなのです。集客することに経費はかかりませんし、時間も取られません。

あなたがすることはたった一つ、「お客様は何を求めているか？」を考えることだけです。これは凄いことではないでしょうか。成功するハードルの半分はeBayが用意してくれているという認識を持ちましょう。そしてプロとして大事なのは、たった1ミリでもよいので、「お客様の期待値を超えること」です。

More Than 期待値！ これは僕の座右の銘でもあるのですが、お客様に少しでも感動してもらうことが肝要です。たとえば「5営業日以内に発送」と表示していた場合、1営業日で発送してあげるとお客様の心の中に小さな感動が生まれます。これは本当です。実に小さいことですが、このような心遣いがeBayではとくに大事だと思います。

2 リピーターをつくる「おもてなし」戦略とは？

2割のリピーターが8割の利益を運ぶ

ビジネスで一番大事なことは、同じお客様に何度も足を運んでもらうことです。飲食店などそうです。味が良ければ行列までできる。僕も福岡に大好きなラーメン屋さんがありますが、毎回長蛇の列で。それでも並んでしまいます。

一般に、「2割のリピーターが8割の利益を持ってくる」と言われています。それだけ「リピーターづくり」というのは、ビジネスに大切な要素です。そうです、あなたのeBayストアにも、できるだけ多くのリピーターに付いてもらうことが大事なのです。

「おもてなし」で差別化する

eBayではさすがに「味で勝負」とはいきませんが、「おもてなし」というあなたのカスタマーサービスの独特な味は演出できるはずです。

前にも述べたように、ライバルに打ち勝つコツは「人と少しでもよいので、違うことをする」ということです。お客様は少しの心遣いでも凄く喜んでくれます。

そもそも、転売を中心にしてeBayビジネスを展開するということは、商品による差別化はほとんど期待できませんので、後は「心のサービス」が中心になります。そこでの差別化でお客様に喜んでもらいましょう。

梱包も一つひとつ丁寧に

まず梱包は綺麗に、できれば新品の箱を用意しましょう。そして透明のビニールテープを丁寧に貼ってください。外国の人はエコの気持ちが強いので、「これは違う」と前書のレビューで言及されている方がいましたが、それは違うと思っています。

美しいものは全世界共通だと思います。この気持ちを理解するためには売るばかりでなく、買う側に立ってみればすぐに理解できることです。このことは僕が留学していた時に、イギリス人家族が日本のプレゼントを包む技術に感動していた経験からも間違いありません。

梱包の中にはできれば笑顔の写真付きの「Thank you card」を入れてください。そして何かちょっとした物でよいので、プレゼントを同封できると、さらによいと思います。

僕も何度もeBayで商品を購入していますが、何かを同封してくれた買い物はなかなか忘れられないもので、いつまでも強い印象が残っています。

予想外のおもてなしは、それだけ心に印象付けられます。そして商品をそのままで入れるのではなく、少しお洒落な透明の袋に入れてあげると、好感度はさらにアップすると思います。

そして「ありがとう」の気持ちを伝えるために「Thank you card」は箱を開けた時に初めに出てくるようにしておきましょう。

こうすることで箱を開けた瞬間、お客様にあなたの「ありがとう」が届けられます。

●プロは手を抜かない！

もちろん、目的の商品だけに関心があって、それ以外のことには目もくれないお客様もいるかもしれません。それでも、一人でも多くの方に笑顔を届けられるなら、そうすべきだと僕は思います。

もしあなたが今回のお客様がリピーターだと気づいたなら、文面も変えてみましょう。

「またお会いできましたね！　今回も本当にありがとうございます」

とあなたの笑顔と共に、感謝の言葉が飛び出してくる。想像しただけでも心が温まりませんか。

その大事な「Thank you card」ですが、商品の上に乗せただけでは輸送中にどこに入ってしまうかわからないので、透明のテープで四方から固定するようにしてください。お客様が箱を開けたら、真ん中から必ずお礼が目に飛び込んでくるように工夫してください。プロは一切手を抜かないのです。

3 あなたが間違いを起こした時どうする？

お客様の気持ちを最優先に対応しよう

eBayで数多くの取引をしていると、どうしても間違いを犯してしまいます。商品管理が徹底してなかった時に僕自身がやってしまったケースでは、伝票を貼り間違えたため、お客様二人に別々の商品を送ってしまったことが数回ありました。当然、出荷時には間違いに気づいていません。後日、お客様からの指摘で初めて知らされることです。

メッセージを受け取った直後はさすがに焦ってしまいました。間違いは間違いです。このような場合は、とにかく真摯に、すぐに謝罪すること。これが最優先です。なぜなら、対応策を考えてからでは返信が遅くなり、お客様を不安にさせてしまうからです。大きなマイナスになりかねないので、すぐにメールしました。

「ご連絡を頂き、誠にありがとうございます。そして今回のトラブルにつきましては誠に申し訳ありません。対応策を考えまして、できるだけ早くご連絡いたしますので、お待ちくださいますようお願いいたします」

と送りました。

楽しみにしていた商品なのに、まったく違うものが来て、お客様もかなり落胆しているのは間違いありません。ですから、まず、謝罪のメールを送りましょう。

そして一呼吸置いてどうするかを僕は考えました。即返金が一番楽ですが、当時、僕の場合はレア物を中心に取り扱っていたので、やっと見つけて落札されたお客様の気持ちを優先に対策を考えました。

そして、違う商品が届いた二人のお客様に対して、①商品代の一部返金、②二人のお客様にそれぞれ、「商品を相互に送ってもらことは可能ですか？」と尋ね、それぞれから提案を受け入れていただいたので、無事に商品は本来のお客様の元へ届けられました。

ほとんどのお客様は良い人たちです。僕らは出品者なので、問題解決としては返金が一番早いのですが、あなたが出品している商品に応じて、対応策を熟考する必要があります。

4 藤木式、お客様と心の距離を縮める方法

eBayではとくに、「お客様に好かれる出品者」になる必要があります。ネットビジネスであっても、「パソコンの向こうには顔がある」という認識でビジネスをしていけば、心の距離も縮まり、売上も自然に上がっていくと思います。

そこで、僕はこの心の距離を縮めるにはどうしたらよいか、と常に考えていました。そのなかで、一気にお客様との距離が縮まった事例をご紹介します。

eBayで商品が落札されるとeBayのシステムから落札通知のメールがお客様に行きます。商品を発送した時もそうです。効率だけを考えるとお客様に個別にメールを送らなくても、eBayがアクション毎にメールを出してくれるので用件としてはそれで済んでいます。

でも、それでは温かみがないと思いませんか。印刷だけの年賀状よりも、手づくりの年賀状のほうが喜ばれるように、eBayからの連絡とは別に、あなた自身の言葉でメールを送ることをお勧めします。

●個別にメールを送ることから交流が生まれる

とは言っても、「ありがとうございました」だけでは距離は縮まりません。

そこで、僕はお客様が住んでいる国・地域を住所で確認して、いつも数行の文章を入れてみました。たとえば、イギリスのお客様の場合には、「イギリス大好きです!ロンドンの南の都市に留学したことがあります。セインズベリーでいつも買い物をしていました!」と書いたり、「デンマークはテレビでしか見たことがないのですが、素敵な国ですね、一度行ってみたいです!」とお礼にプラスして送っていました。

すると、多くのお客様から「日本に行ったことがある」とか「行ってみたい」といった返信がかなりの確率であります。自分の国を褒められて嬉しくない人はいません。こうしてきっかけをつくり、返事が続く限り交流をしましょう。あなたのことを知ってもらうと、あなたに親近感を感じてもらえると思います。

そして大事なのは、メールは必ずあなたから終わらせることです。

付録

読者の皆様へ プレゼントのお知らせ!

読者の皆様へ感謝の気持ちとして
ダウンロード特典をご用意しました!

- 藤木雅治 eBay ビジネス塾へ無料ご招待!
- eBay で儲かる商品リスト300点!
- eBay アカウントの作り方
- Paypal アカウントの作り方
- eBay での出品の仕方

なお、特典URLは次のとおりです。
https://tokuten.freelifestyle.jp/
また、QRコードからもアクセス可能です。

おわりに

僕の初の著作、『「eBay」で月50万円稼ぐ法』から数年が経過しました。お陰様で多くの方々に手に取っていただき感謝しています。この本は僕の経験談を主に詰め込んだ、いわゆる僕の成功法則として「有在庫で販売する手法」について書いたものです。

それから数年を経過して僕自身も成長し、多くの生徒さんを抱えるまでになったのですが、数百人という生徒さんと交流してきて多くの人たちの共通の悩みが明確になってきました。「eBayをやりたくてもやれない」という、そんな相談を何度も受けてきました。その悩みというのが「独立、脱サラしたい！お金がない、時間がない」ということでした。

この悩みを何とか解決できないか。その思いで、アメリカのトップセラーを研究して見つけた手法こそ、本書で主に解説している「世界せどり」です。いままでeBayといえば「日本から輸出する！」というビジネスモデルばかりでした。「世界せどり」はこの常識を覆すビジネスモデルです。この手法を使えば、あなたは商品を梱包し、発送する必要もありません。何と一生、商品を見ることもないのです。

通常の物販では、梱包、発送作業があるため、その時間が取れず、諦めている人が実に多いのです。実際、僕のスクールに興味を持ってもらった人の中にも、それが理由で断念した方々も凄く多かったことを覚えています。

もし、あなたがそのような理由で物販をする時間が取れないのであれば、ぜひ、「世界せどり」を試みてください。いまの日本では、6人に1人が貧困と言われています。実に厳しい時代です。これから所得格差はさらに広がっていくと僕は思います。

けれども、僕たちにはインターネットがあります。このインターネットをうまく駆使すれば、豊かな生活を手に入れる方法があるのです。個人だからできるビジネスがあるのです。僕が解説してきた手法は誰でもできるビジネスです。ただ、コツコツやる必要があります。継続する力が必要です。

でも、むずかしいことは何もありません。特殊な技術もないのです。僕はこの本に許されるページ数の中に、高額塾でしか学べないノウハウを詰め込みました。しっかりと熟読して、順序よく進めてもらえれば、あなたにも必ずできます。結果は出ます。

もし不安なら僕に直接相談してください。Facebookで友達申請し、最初にメッセージを送っていただければお答えします。一人でも多くの人が僕と同じようにフリー・ライフスタイルを実現することを切に祈っています。

最後にeBayの本を再び出版する機会を与えていただいた同文舘出版、古市達彦編集長には本当に感謝しています。また、僕と一緒に「世界せどり」ビジネスモデルの実現に尽力いただいたハーフウエスト代表、西村泰一さんに感謝します。そして僕の無理難題に嫌な顔ひとつせず付いて来てくれている大事なスタッフのみんな！　そしてそして、いつも僕を支えてくださっている数多くの皆様、ありがとうございます。

この本を手にとっていただいたあなたと、セミナー等でお会い出来る日を楽しみにしています。

藤木雅治

著者略歴

藤木 雅治（ふじきまさはる）

eBay 輸出専門家
1965 年生まれ。福岡市出身、久留米大学卒業。高級輸入家具専門会社退職後、ネットビジネスに開眼。海外ネットオークション eBay と出会い、2005 年より eBay を使って本格的に eBay ビジネスをスタートする。
お金に困ったとき、仕方なく愛用のギターをヤフーオークションに出品。見事落札されて安堵していたある日、たまたま目にした eBay に、自分のギターが出品されているのを発見。その落札価格に愕然とした経験から、内外価格差と eBay の研究を始める。eBay が収入の問題を解決してくれたことを切っかけに、同じような思いで困っている人にも成功体験をして欲しいという想いから、eBay 専門家として起業。当初は、試行錯誤を繰り返しながら、徐々に独自のノウハウを構築し現在に至る。eBay では Gold Power Seller まで昇格し、成功者として eBay Japan 公式サイト上で紹介される。eBay 専門家として活動しながら、現在も eBay 出品者として活動中。「誰でもネットで稼げる方法を、eBay を通して実現してほしい!」をモットーに、日本郵政主催の海外通販セミナーや株式会社オークファンの公認講師としてコラムを執筆。また、セミナーなどでも活躍中。
著書に『「eBay」で月 50 万円稼ぐ法』（同文舘出版）がある

メール　masaharu.fujiki@freelifestyle.jp
ホームページ　https://www.freelifestyle.jp/

eBayで月50万円を確実に稼ぐゴールデンルール

平成 30 年 11 月 1 日初版発行

著　者 ―― 藤木　雅治
発行者 ―― 中島　治久
発行所 ―― 同文舘出版株式会社

東京都千代田区神田神保町 1-41　〒 101-0051
電話　営業 03（3294）1801　編集 03（3294）1802
振替 00100-8-42935

ISBN978-4-495-54019-7
印刷／製本：萩原印刷
Printed in Japan 2018